「量子力学的」幸せな生き方大全

The Quantum Way to a Happy Life.

人生10分野を
量子思考で
徹底解明

高橋宏和

KADOKAWA

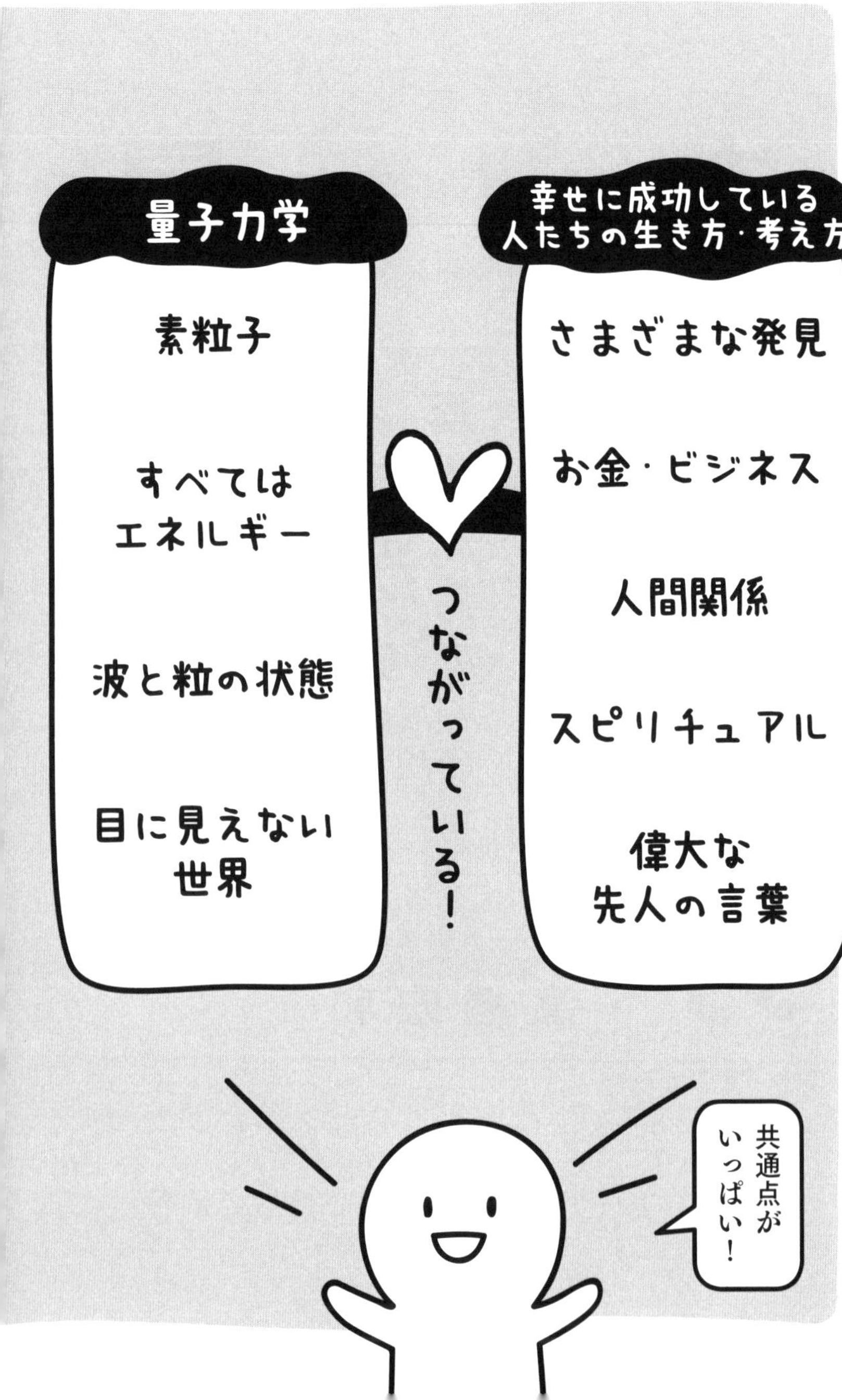
量子力学
素粒子
すべては
エネルギー
波と粒の状態
目に見えない
世界
幸せに成功している
人たちの生き方・考え方
さまざまな発見
お金・ビジネス
人間関係
スピリチュアル
偉大な
先人の言葉
つながっている！
共通点が
いっぱい！

私が考える量子力学の世界とは

量子力学の世界はとても小さい、目に見えない自然の振る舞いを探究する分野です。社会人になり脳科学、心理学、哲学、宗教などさまざまな分野を学ぶうちに、これらの共通点がすべて量子力学で説明できるのではないかと気づきました。なぜなら、量子とはすべての物質の根本であり、あらゆるものは量子から成り立っているからです。

より具体的に言えば、

- 自然科学や医学、脳科学、コンピュータなどにおけるさまざまな発見
- ビジネスで成功し、お金に恵まれる法則
- 人間関係を良好にするための法則
- 占いや超能力などのスピリチュアルな世界
- お釈迦様やキリスト、孔子や老子といった宗教や哲学における偉大な先人が残した言葉

までが、量子力学の世界で見出された現象とつながっています。

本書は、私がこれらのさまざまなジャンルを量子力学的な観点で解明し、幸せに成功するための原理原則をまとめたものです。

はじめに

「幸せ」と「成功」の違いとは？

あなたにとって「幸せ」と「成功」の違いはなんでしょうか？　私はよくセミナーや講演会でこの質問をしますが、明確に答えられる方はあまりいません。多くの人は幸せと成功を区別できていないからです。

そして、「成功すれば幸せになれる！」とお金や地位、条件の良い相手との結婚など目に見えるものばかり追いかけ、不幸せになっている人もいるのではないでしょうか。私は幸せと成功について、次のように定義しています。

幸せ……得られる感情のこと。例えば、うれしい、楽しい、ワクワクするなど、心で感じる「目に見えないもの」です。

成功……得られる結果のこと。例えば、マラソン大会で優勝した、タワーマンションに住めた、結婚できた、月収100万円を達成したなど「目に見えるもの」です。
本当に幸せになるためには、目に見える成功だけでなく、目に見えない幸せを大切にする必要があります。目に見えない幸せに気づいた瞬間、豊かさや喜びで心が満たされ、見える世界での成功につながり、両方をバランスよく手に入れられるのです。

私は本書で、「①お金」「②ビジネス」「③人間関係」「④成長」「⑤健康」「⑥貢献」「⑦メンタル」「⑧時間」「⑨出会い」「⑩スピリチュアル」という10分野について幸せな人生を手に入れる生き方をまとめました。なぜなら、人生のさまざまな分野でバランスを取ることが幸せに生きるためには大切だからです。

考えてみてください。人はお金だけあれば幸せでしょうか？　いくらお金があっても健康を害していたり、人間関係に恵まれていなかったりしたら、幸せとは言えませんよね？　反対に、健康で人間関係に恵まれていても、お金にいつも不自由していたのでは、それもまた苦しいでしょう。

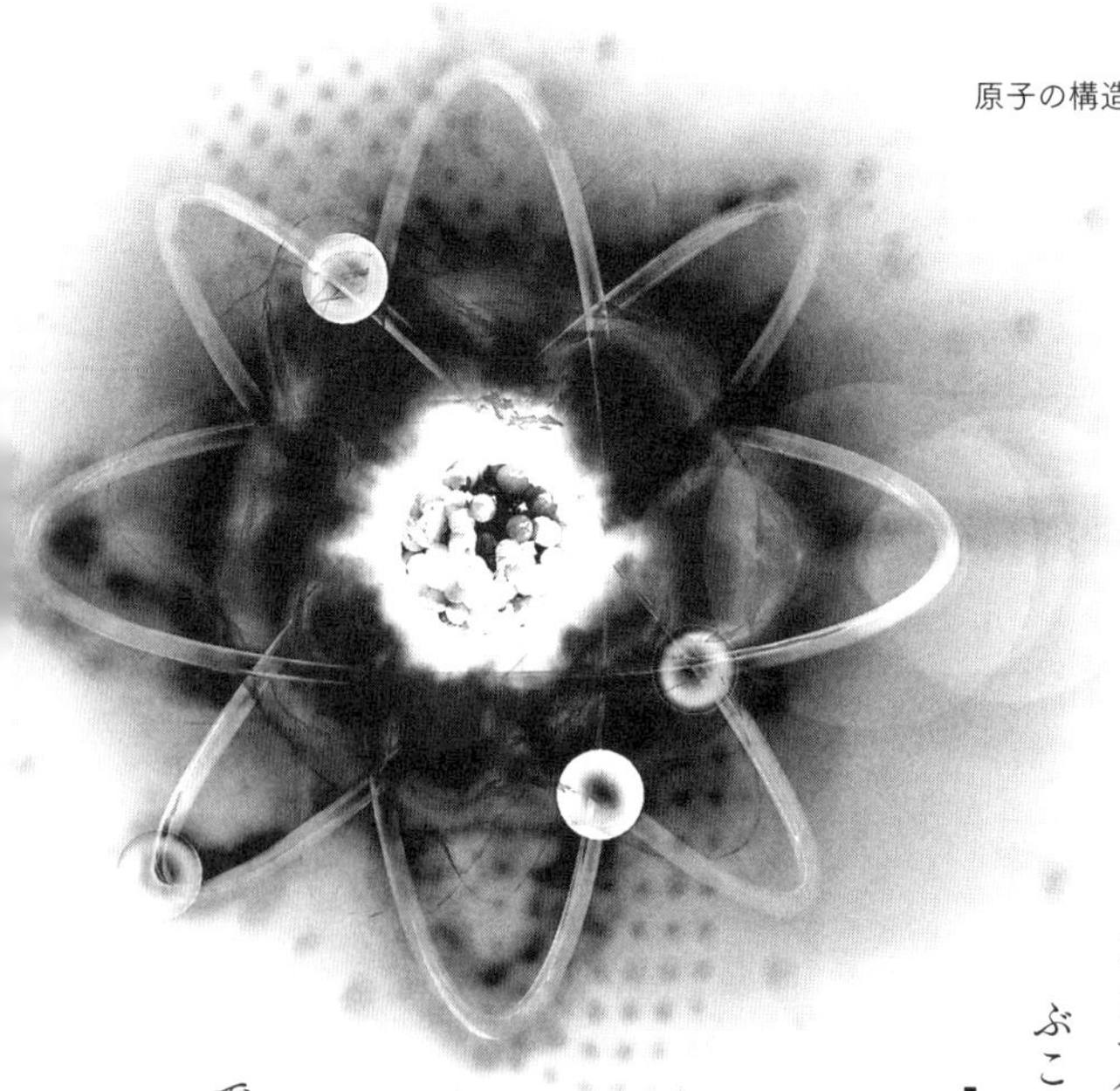
原子の構造イメージ

量子力学を学べばこの世界の原則を理解できる

ここで役に立つのが量子力学です。量子力学を学ぶことで、

■「世界は素粒子から出来ている」
■「素粒子は目に見えない波の状態と目に見える粒の状態を併せ持つ」
■「すべてはエネルギーに変換できる」
■「世界は5％の目に見えるものと95％の目に見えないものから出来ており、大切なのは目に見えない95％の部分である」

といった、この世界の原則を知ることができます。

これらの原則は、「お金」「ビジネス」「人間関係」「成長」「健康」「貢献」「メンタル」「時間」「出会い」「スピリチュアル」という10分野で大切な知識やノウハウを理解し、納得する上で非常に役立ちます。なぜなら、それらの知識やノウハウは、量子力学で解明された事実と共通しているところがたくさんあるからです。

おそらくこの本を読み進めることで、皆さんは今までなんとなく知っていたものの、今ひとつ実行できていなかった知識やノウハウが、腑に落ちる感覚を体験し、一気に実践できるようになるでしょう。

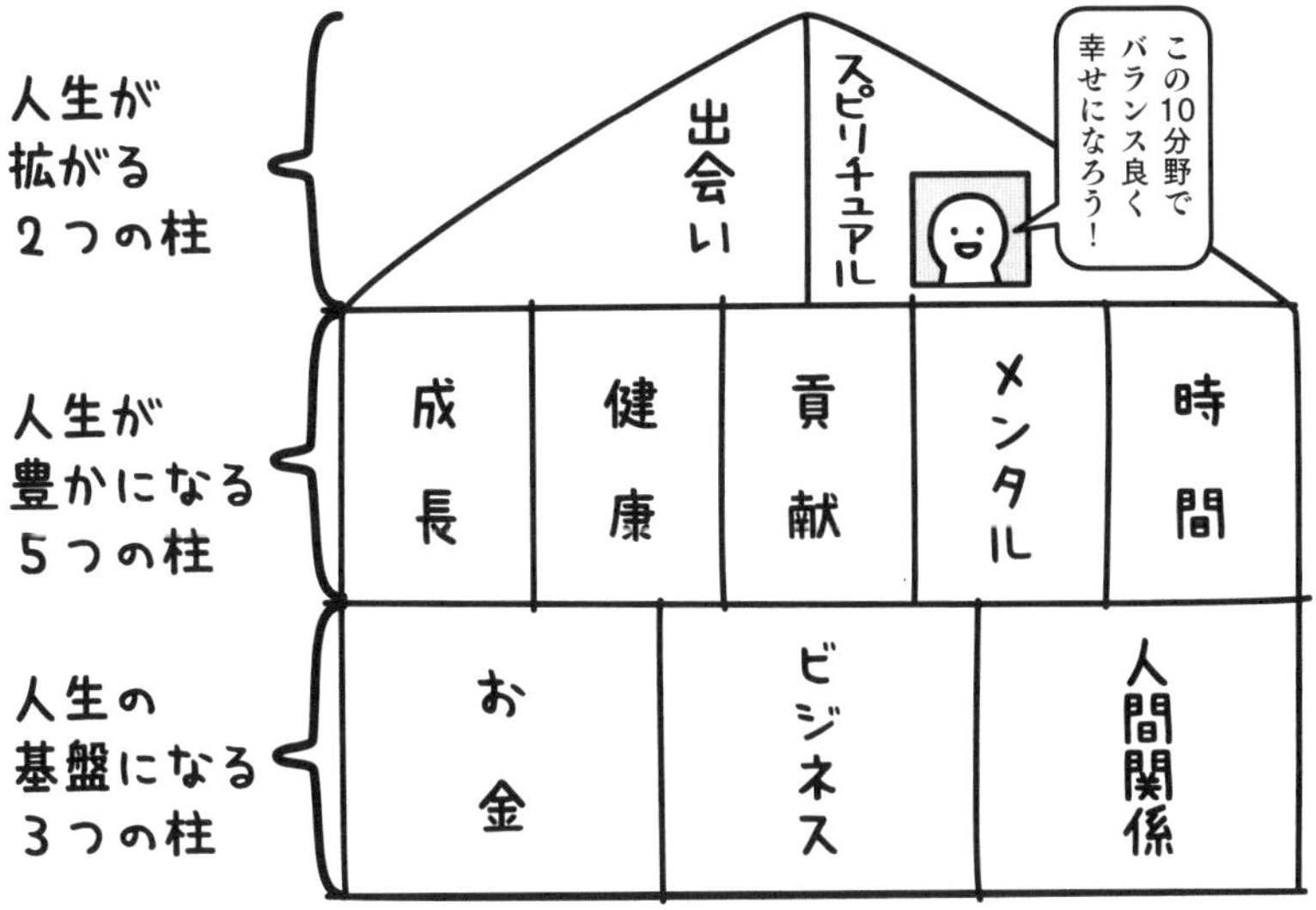

この本は辞書的に、読者が伸ばしたい分野から読むことを想定しています。プロローグの「この本を読む上で知っておきたい4つの知識」を読んでいただいた後は、どこから読んでも構いません。本書を通じてものの見方や考え方が変わり、さまざまな気づきを得ることで、きっと皆さんの人生に良い影響があると思います。

私自身も量子力学を通じて人生が激変した

私自身も、この10分野でのバランスを高めることを意識してきました。しかし、今でこそセミナーの受講生が累計4500人を超え、LINE登録者数12万人、著書も累計5万部を達成しましたが、最初から順調だったわけではありません。

かつては30代という働きざかりの会社員なのに、貯金は数十万円あるかないか……という状況でした。お金にも苦労していましたが、仕事の上でもサラリーマンとして働き、残業続きのつらい日々を送っていました。プライベートもまた散々で、元妻と一緒に暮らしていた2年間、「お前はミジンコ以下だ!」

と罵倒され続けていたのです。
そんな状態から抜け出すため、私は学生時代からのめり込んでいた物理学だけでなく、脳科学、心理学、医学、哲学、宗教などさまざまな分野の本を読み漁りました。また、これらの分野のセミナーや講演会にも参加しました。そうして世の中で成功している人々の生き方や考え方を学んでいったのです。

その結果、私は最先端科学である量子力学と、幸せに成功している人たちの生き方や考え方、彼らが伝えていることの間に、意外なほど多くの「共通点」を見出しました。

私にとって、これは「ニュートンの万有引力の法則」という自然界の原理原則を改めて教えられたような、驚きと感動に満ちた発見でした。そして、それらの原理原則に従って生きていくと、私の人生は驚くほど変わったのです。これまでのさまざまな悩みが解決し、夢がつぎつぎと実現していきました。

例えば、次のような夢が叶いました。

■理想の女性と出会い、幸せな結婚生活を送る（人間関係、出会い）
■駅直結のタワーマンションで快適に暮らす（お金）
■ビジネスで成功し、数億円の年商をあげる（ビジネス、成長）
■本を2冊出版し、いずれもベストセラーになる（貢献、スピリチュアル）
■心身ともに健康で、イキイキとした毎日を過ごす（健康、メンタル）
■時間の自由を手に入れ、好きなときに好きなことができる（時間）

実際に量子力学を学ぶことで幸せに成功したケース

これは私だけに起きたことではありません。量子力学で解明した幸せや成功の原理原則をまとめ、これまで数千人の方にお伝えしたところ、同じように悩みが解消され、夢を実現する人が続出したのです。

その喜びの声は、例えば次のようなものです。

■預金通帳に現金35億円が振り込まれた（お金）
■1億円の詐欺にあって落ち込んでいたら、4億円の収入があった（お金）
■ビジネスの売上が5倍になり、会社員を辞めて独立できた（ビジネス）
■DVで心が麻痺していたが、自分の本当の気持ちに気づけた（メンタル）
■ダイエットに成功し、理想の体形を実現できた（健康）
■コーチングを受けた1週間後、理想の恋人が見つかった（人間関係）
■コーチングを受けた1週間後、ハリウッド映画に出演できた（成長）
■出会う人の質が大きく向上した（出会い）

量子力学で幸せと成功の原理原則を解き明かせる

私自身や私のコーチング、セミナーを受けた方にこのような結果が出た理由は、人間が持つ「ある特徴」のためです。それは、人は「本当に納得し、腑に落ちたことしか信じられないし、行動できない」という特徴です。

世の中にはさまざまな幸せや成功のためのノウハウがありますが、本気でそれを信じ、実行しなければ人生は変わりません。右脳で「なんとなく良さそう……」と思っても、左脳で「なるほど！　それなら効果がありそうだ！」と納得できなければ、本気で取り組めないのです。これが「引き寄せの法則」や「願望実現の仕組み」をいくら学んでも、なかなか現実が変わらない人が多い理由です。

本書では、量子力学など最新科学の知識をアナロジーとして活用し、幸せに成功するための原理原則をお伝えします。いわば、この世界の自然の法則を使って、幸せと成功の原理原則やノウハウを解き明かしていくのです。

それにより、幸せや成功を手に入れるための原理原則が「腑に落ちる感覚」を味わっていただきます。そして、あなたは圧倒的に行動できるようになります。その行動の結果、あなたを取り巻く現実が大きく変わるのです。

本書を通じてあなたが10の分野で理想を現実化し、幸せに成功することを心から願っております。

目次

CONTENTS

HUMAN RELATIONS

人間関係

CHAPTER 3

大切なのは自分と相手の価値観を知ること

GROWTH
成長

CHAPTER 4

成長の秘訣は……素直さ!

HEALTH
健康

CHAPTER 5

心と体のエネルギー状態に注目しよう

CONTRIBUTION

貢献

CHAPTER 6

もっと高次元に生きてみよう

MENTAL
メンタル
CHAPTER 7

「今・ここ」に集中し、五感力を鍛えよう

TIME
時間
CHAPTER 8

使命に時間を投資すると人生は最高に楽しい

CHAPTER 9
ENCOUNTER
出会い

縁によって新しい縁が生まれる

CHAPTER 10
SPIRITUAL
スピリチュアル

見えない世界を科学的に理解する

CONTENTS

本文デザイン・図版・DTP　荒木香樹
校　正　あかえんぴつ
写　真　アマナイメージズ
編集協力　上村雅代、関 和幸、平 史絵
編　集　清水靜子（KADOKAWA）

PROLOGUE

この本を読む上で知っておきたい4つの知識

素粒子

知識その1　世界は素粒子から出来ている

世の中のいろいろな物質を細かく分けていくと、原子と呼ばれる小さな粒になると学校で習ったのを覚えていますか?

この原子をさらに細かく分けると、原子は電子、中性子、陽子から成り立っており、最終的に中性子や陽子はクォークと呼ばれる素粒子（物質の最小単位）で構成されていることが分かっています。そして、これまで自然界には、電子やクォーク、ニュートリノなど合計17種類の素粒子が発見されています。

あなたが着ている洋服もあなたが住んでいる家もすべて同じ素粒子から成り立っています。つまり、**世の中に存在するすべての物質は素粒子から出来ているる**のです。世界にはさまざまなモノがあるように見えますが、実はそれらはすべて素粒子という同じ要素から出来ているのです。

もし、素粒子を肉眼で見ることができれば、私たちが住む世界は素粒子の海が広がっているように見えるかもしれません。このような電子やクォークなどミクロの世界の自然の振る舞いを探究する物理学の分野を量子力学といいます。

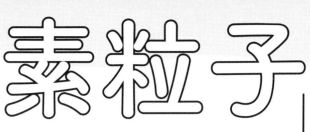

さて、この量子力学の世界では、不思議な現象がいくつか確認されています。ここで量子の不思議な振る舞いについて最も有名なものを紹介します。

○ 素粒子は観測されるか、されないかで振る舞いを変える

素粒子は、波動と粒子の2つの相反する性質を持っていることが分かっています。このような2つの性質を二重性といいます。このような性質は次に説明する二重スリット実験で確認されています。

この実験から私たちが素粒子を**観測しないときは「波の状態」なのに観測した瞬**

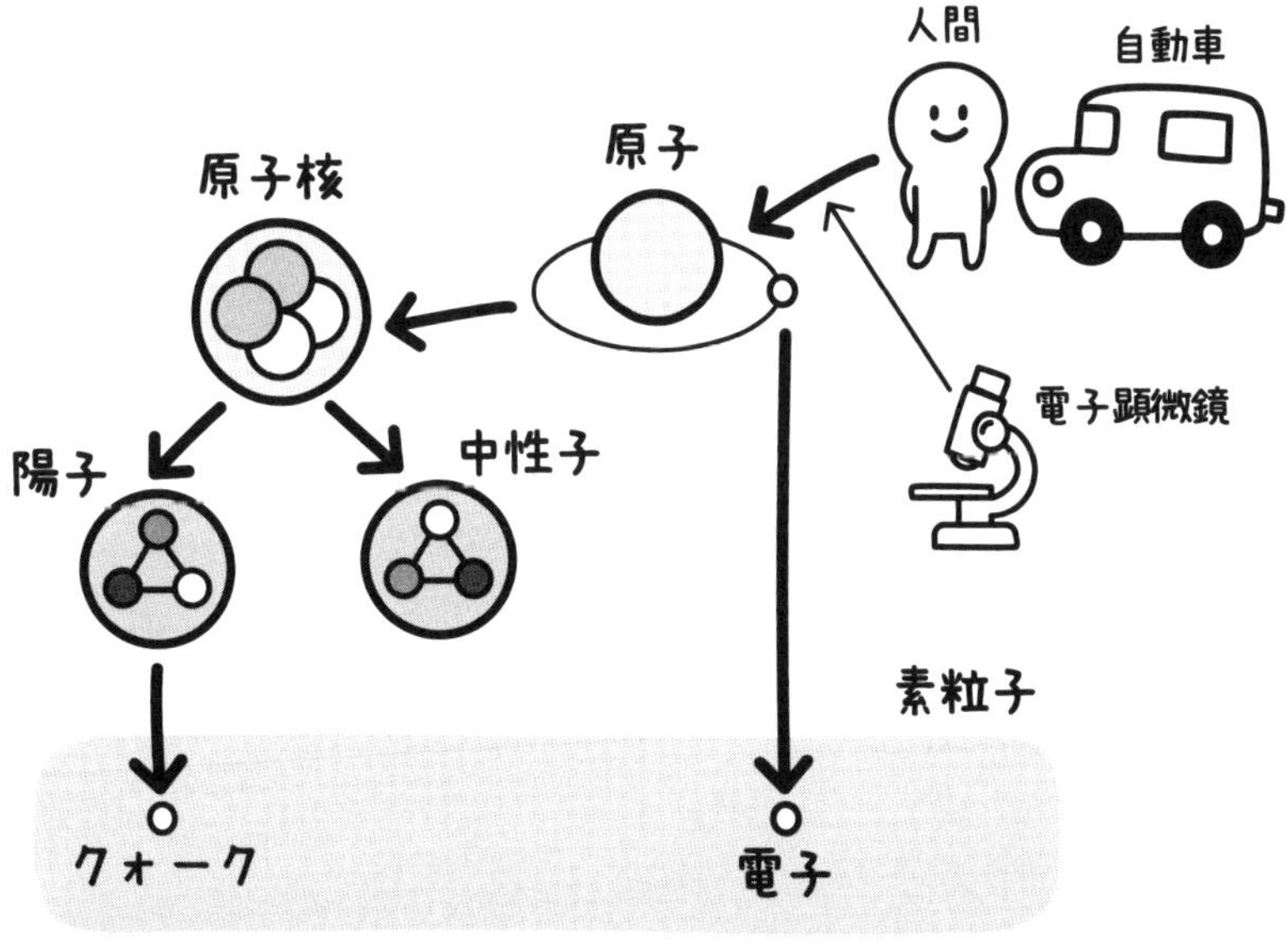

間「粒子の状態」になることが分かったのです。

二重スリット実験では、光子や電子などの微小な素粒子を2つの狭いスリットを通して壁に向けて発射します。このとき、スリットから放たれた素粒子は、波として広がりながら、壁にある別のスクリーンに到達します。

ここで、粒子が通過するスリットの数と位置によって、スクリーンに形成される波の干渉縞が異なることが観測されます。この波の干渉縞のパターンが発生することは、素粒子が波として振る舞うことを示しています。このような性質を素粒子の「波動性」と言います。

ところが、まったく同じ実験を行っても、観測装置の有無によって素粒子の振る舞いが変わることが分かったのです。実際に、どこのスリットを素粒子が通過したかを確認するために観測装置を設置すると、スクリーン上の干渉パターンが消失してしまいます。そして、スクリーン上には「2本の線」が投影されることが確認され、これまで波のように振る舞っていた素粒子が粒子の性質を示したのです。このような性質を素粒子の「粒子性」と言います。これは

観測されていないときの素粒子

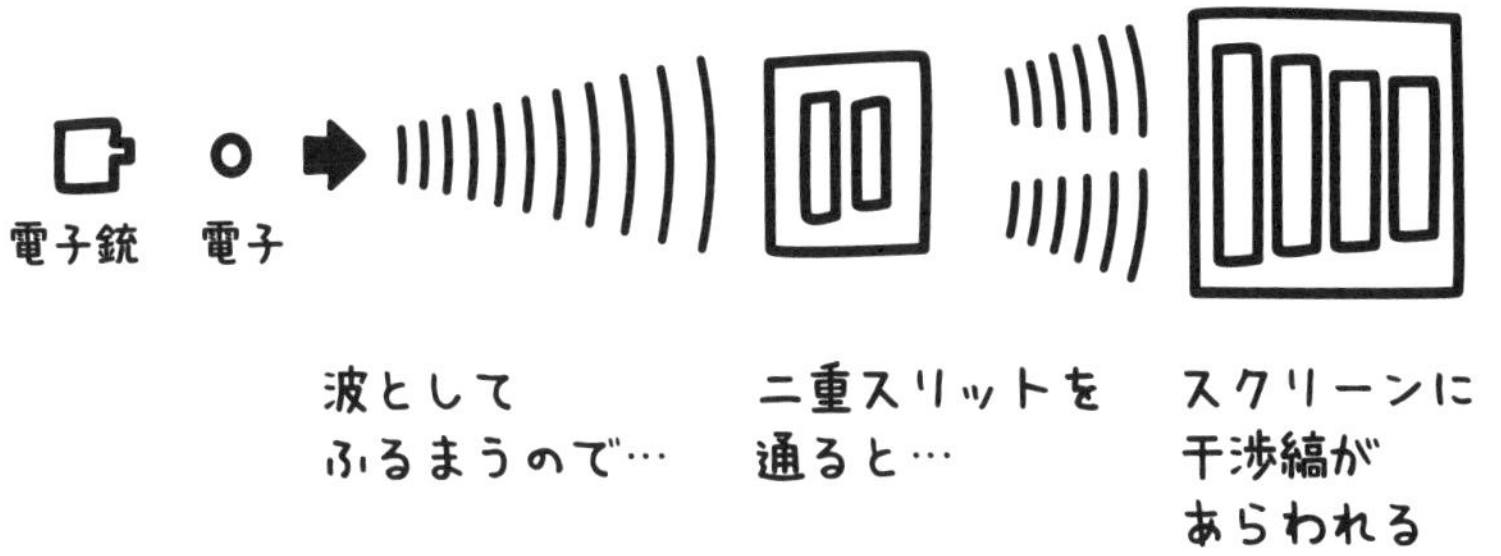
電子銃
電子
波として
ふるまうので…
二重スリットを
通ると…
スクリーンに
干渉縞が
あらわれる

観測されているときの素粒子

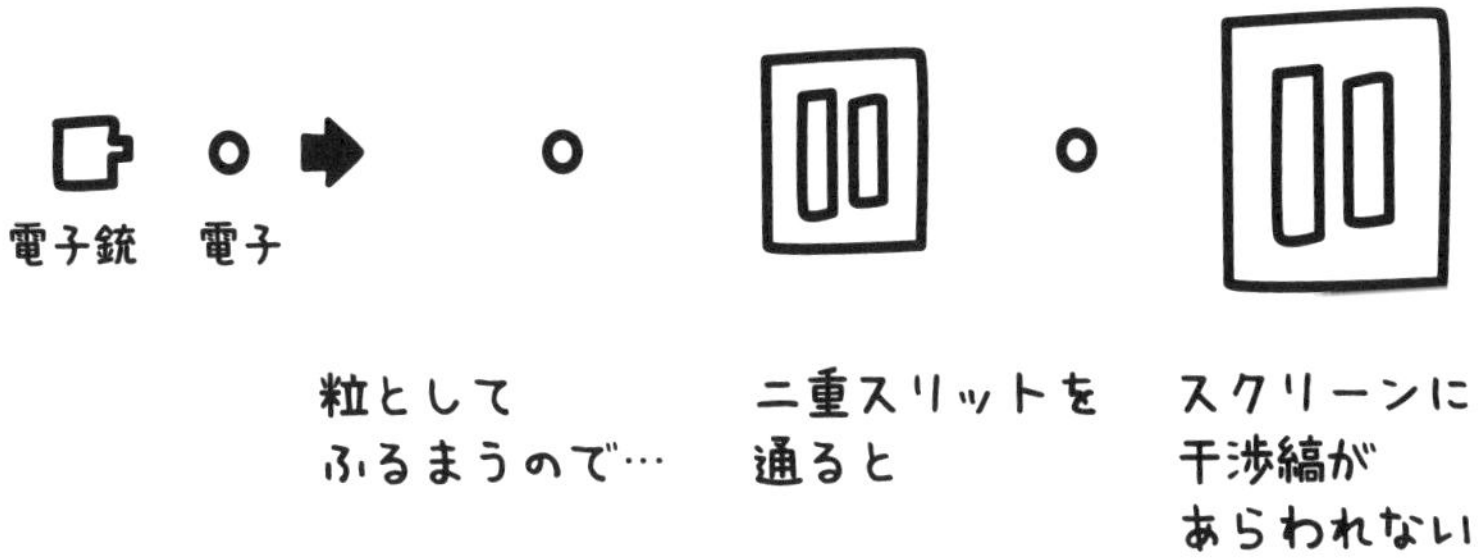
電子銃
電子
粒として
ふるまうので…
二重スリットを
通ると
スクリーンに
干渉縞が
あらわれない

「ダルマさんが転んだ」に例えるとイメージしやすいかもしれません。素粒子は誰も見ていないところでは、ふらふらと波のように動きまわり、誰かに見られるとピタっと粒のように動かなくなるイメージです。

　この現象は、量子力学における「観測者効果」として知られており、物理学者たちの間では長年の議論の対象となっています。例えば、この現象を説明するために素粒子が波動として振る舞うように複数の状態が重な

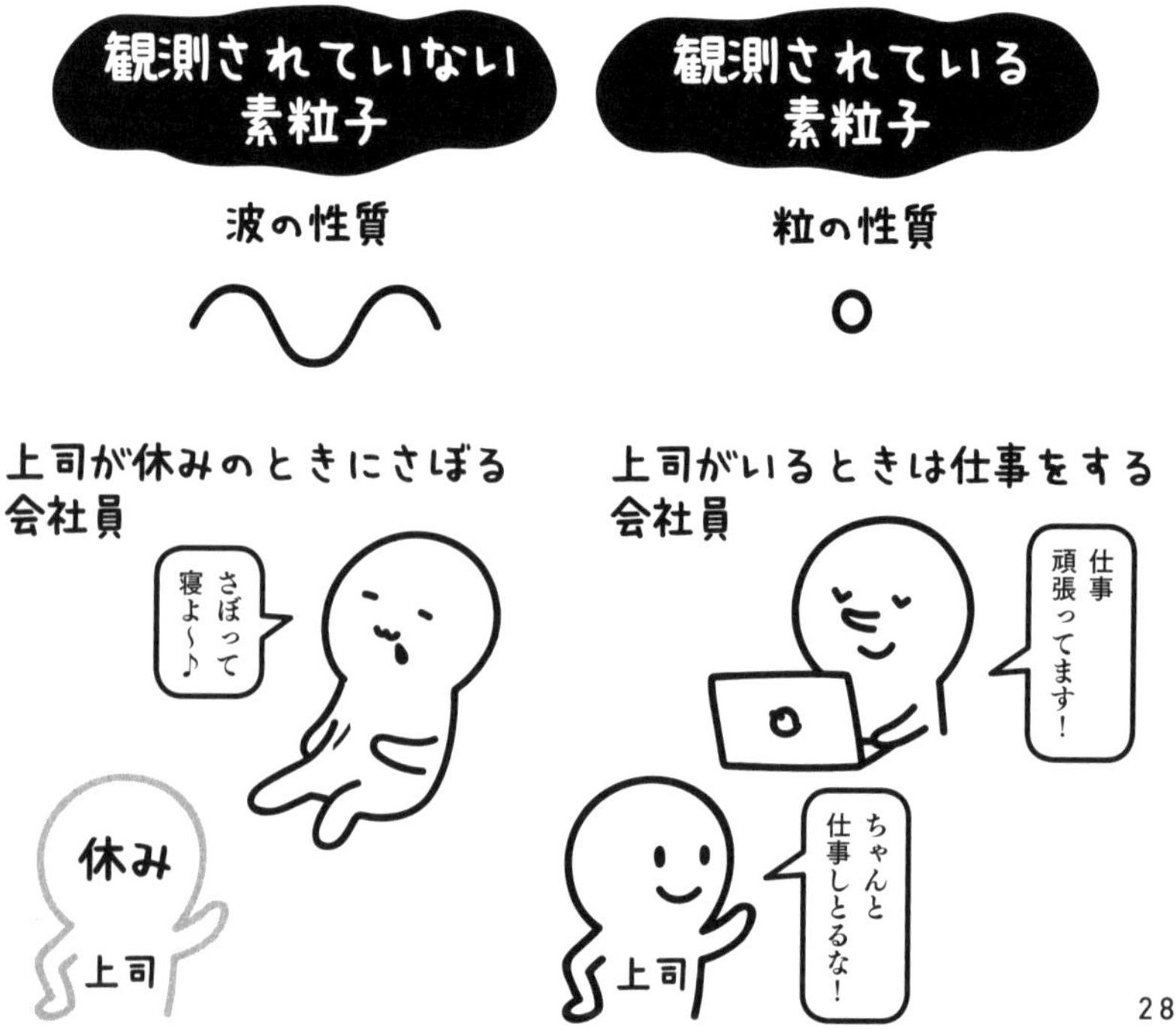
観測されている素粒子
粒の性質
上司がいるときは仕事をする会社員
仕事頑張ってます！
ちゃんと仕事しとるな！
上司
観測されていない素粒子
波の性質
上司が休みのときにさぼる会社員
さぼって寝よ～♪
休み
上司

り合っている状態（重ね合わせの状態）から観測によって一つの状態に収縮するという解釈（これをコペンハーゲン解釈という）もあります。また、あらゆる可能性の世界がすでに存在していて観測することでその一つの世界に入り込むという解釈（これをエヴェレット解釈という）もあります。いずれの解釈も観測するという「意識」が素粒子に何かしら影響を与えているのではないかと考えられています。

観察されるか観察されないかで素粒子の振る舞いが変わることは、まるで上司が休みの日はダラダラと怠けているのに、上司がいるときは熱心に仕事をする会社員のようですね。

○ この世界は「見える世界＝粒子性」と「見えない世界＝波動性」に分けられる

このように世の中のあらゆる物質を構成している素粒子が、観測される前と観測された後で振る舞いを変えるということは、この世界を次のように「見える世界」と「見えない世界」に分けることができるのではないでしょうか。

見える世界＝粒子性
見えない世界＝波動性

ここでは、**「世界は素粒子の海である」「観測されないときの素粒子は波の状態で、観測されると粒の状態になる」**ということを覚えておいてくださいね。

コラム

物理学で最も美しい実験

ここでご説明した「二重スリット実験」の元祖は、1807年にイギリスの物理学者トマス・ヤングが行った実験です。光源とスクリーンの間に二重スリットを設置し、光がどのように進んでスクリーン上に模様として映し出されるか確認するというものでした。

実験の結果、スクリーン上には美しい縞模様が映し出されました。この縞模様が、光は波であるという証拠になったのです。

波はお互いに強め合うと明るくなり、弱め合うと暗くなります。スクリーン上に白と黒の縞模様が映し出されたということは、2つのスリットを抜けた光が波のように重なり合い、明るい部分と暗い部分ができたということでした。この現象を干渉と呼び、映し出された縞模様は「干渉縞」と呼ばれています。

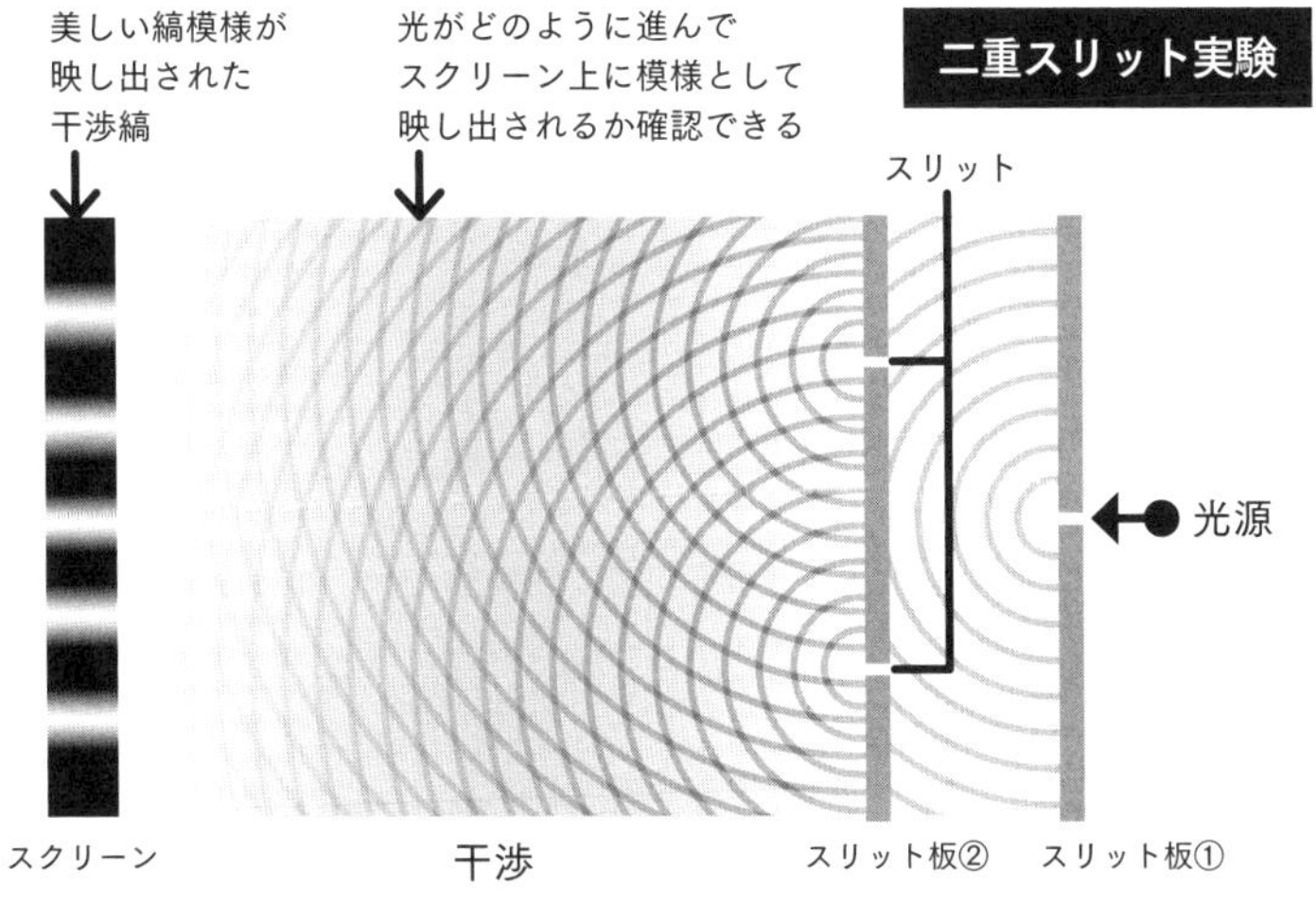

エネルギー

知識その2　すべてはエネルギーに変換できる

量子の存在に初めて気がついたのはドイツの物理学者、マックス・プランクです。彼は、1900年に溶鉱炉の電磁波の種類を研究していて理論の式が実験結果と合わないことに気づき、その式を修正しようとしていました。

すると、電磁波のエネルギーがそれまで考えられていたように連続的に変化するのではなく、とびとびに変化するという結論に至りました。つまり、電磁波はアナログではなく、デジタルの性質を持っていることに気づいたのです。このとびとびのエネルギーの最小単位のことを「量子」といいます。

その後、相対性理論で有名なアルベルト・アインシュタインはプランクの式について研究しているうちに、「光にも最小単位があるのではないか」と考えました（光も電磁波の一種です）。

マックス・プランク

目に見えない世界のエネルギーは、E=hνで表せる

そして、それを「光子」と名付け、「光量子仮説」を提唱しました。「光量子仮説」とは、光が粒子として振る舞うことを示す仮説です。これは、光が波動として振る舞うという従来の考え方に対する反論となりました。

光量子仮説によると、光の正体は光子という素粒子です。これは、光はエネルギーを伝達する電磁波の振動としての波動性と、光子としての粒子性という2つの性質を同時に持っていることを示します。

光子が持つエネルギーは、次の式で表されます。

$$E = h\nu$$

ここで、Eは光子のエネルギー、hはプランク

定数、νは光の周波数です。この式から、光の周波数が高いほど、光子のエネルギーが大きくなることが分かります。

光量子仮説は、光電効果の解明に大きな貢献をしました。光電効果とは、金属の表面に光を当てると電子が放出される現象です。アインシュタインは光が粒子として振る舞うと仮定することで、光のエネルギーが電子を放出するための最小エネルギーとして作用することを示し、これが光電効果の解明につながりました。

また、光量子仮説は、後に量子力学の発展にも大きく貢献しました。これまで波の性質を持っていると考えられていた光が粒子として振る舞うことを示すことで、その他の電子などの素粒子も粒子性と波動性を持つことが示唆され、量子力学の発展に寄与しました。

さらにアインシュタインは、特殊相対性理論から次のようなエネルギーと質量の関係式を導きました。

アインシュタイン

目に見える物質のエネルギーは、$E=mc^2$で表せる

$$E = mc^2$$

ここで、Eはエネルギー、mは物体の質量、cは光の速度です。

この式は物質とエネルギーが等価に交換できることを示しています。つまり、質量はエネルギーの一形態であり、エネルギーは質量の一形態であるということです。

この式が応用されている有名な例の一つは、原子爆弾の開発です。アインシュタインがこの式を提唱したのは1905年であり、爆弾の開発は40年後の1945年に実現されました。

原子爆弾は超高速の核分裂反応によって巨大なエネルギーを放出します。この反応には、軽い原子核の質量欠損によるエネルギーが含まれており、

このエネルギーの一部がエネルギーと質量の関係式によって計算されます。

また、陽電子放射断層撮影法（ＰＥＴ）と呼ばれる医療技術でも、この式が応用されています。ＰＥＴは放射性同位元素を体内に注入することで、代謝活動の激しい部位を検出する技術です。

放射性同位元素の崩壊によって放出される陽電子は、陰電子と相殺されて消滅する際に、エネルギーと質量の関係式によって計算される２つの光子を放出します。これらの光子がＰＥＴカメラによって検出され、体内の代謝活動を可視化することができます。

以上のように、光子のような質量のない見えないもののエネルギー量は、「Ｅ＝ｈν」で表現でき、そのエネルギーの大きさは周波数に比例します。この式から、エックス線やガンマ線など目に見えない電磁波のエネルギーも計算することができます。

一方、質量のある目に見える物質のエネルギー量は、「Ｅ＝ｍｃ²」の式で計算することができます。このことから、見える物質も見えない物質もあらゆるものはエネルギーに変換できることが分かるでしょう。

つまり、人間、植物、動物、機械などすべての目に見える物質も、放射線や電波などすべての目に見えないものも、エネルギーに変換できるのです。

さらに、量子力学では素粒子は観測されるまでは波動の性質があり、観測されると粒子になることが確認されています。このことから、私は目に見えない思考やイメージは波動の性質を持っていて、観測されることによって粒子化するというように、観測者の意識によって現実が創り出されるのではないかと考えています。

目に見えないもの……意識、感情、思考（波動性）

目に見えるもの……物質（粒子性）

先ほどの「目に見えるものも、見えないものもエネルギーに変換できる」という原則により、どんなことでもエネルギーに変換して考えることができます。例えば、お金を増やすことも、健康になることも、エネルギーを増加させるという観点で語ることができるのです。

ここでは、**「目に見えるもののエネルギーは質量に比例する」「目に見えないもののエネルギーは周波数に比例する」**ということを覚えておいてくださいね。

95%

知識その3　「目に見えない95%」が大切

宇宙は大きく分けて、

・通常物質（原子、分子など）
・ダークマター
・ダークエネルギー

の3つで構成されています。通常物質とは、私たちの目に見える星や惑星、銀河、ガス、塵などです。

ダークマターは、通常の物質と異なる性質を持っているため、観測することができていません。

通常の物質が光を放出するのに対して、ダークマターは光を放出しないため、光学的に観測が困難なのです。地球から光学的に観測できないため、真っ暗闇な物質という意味でダークマター（暗黒物質）という名前が付けられました。

ダークマターの存在は、観測された天体の運動や宇宙背景放射の観測結果から推定されています。

ダークエネルギーは、宇宙の加速膨張を引き起こす原因と考えられています。これは宇宙の膨張が加速度的に進行していることが観測されたため、導入された概念です。ダークエネルギーは宇宙全体に均等に分布していると仮定されており、宇宙の膨張を加速させる役割を担っています。

ダークエネルギーの正体は解明されておらず、その起源や性質については多くの研究が進められています。

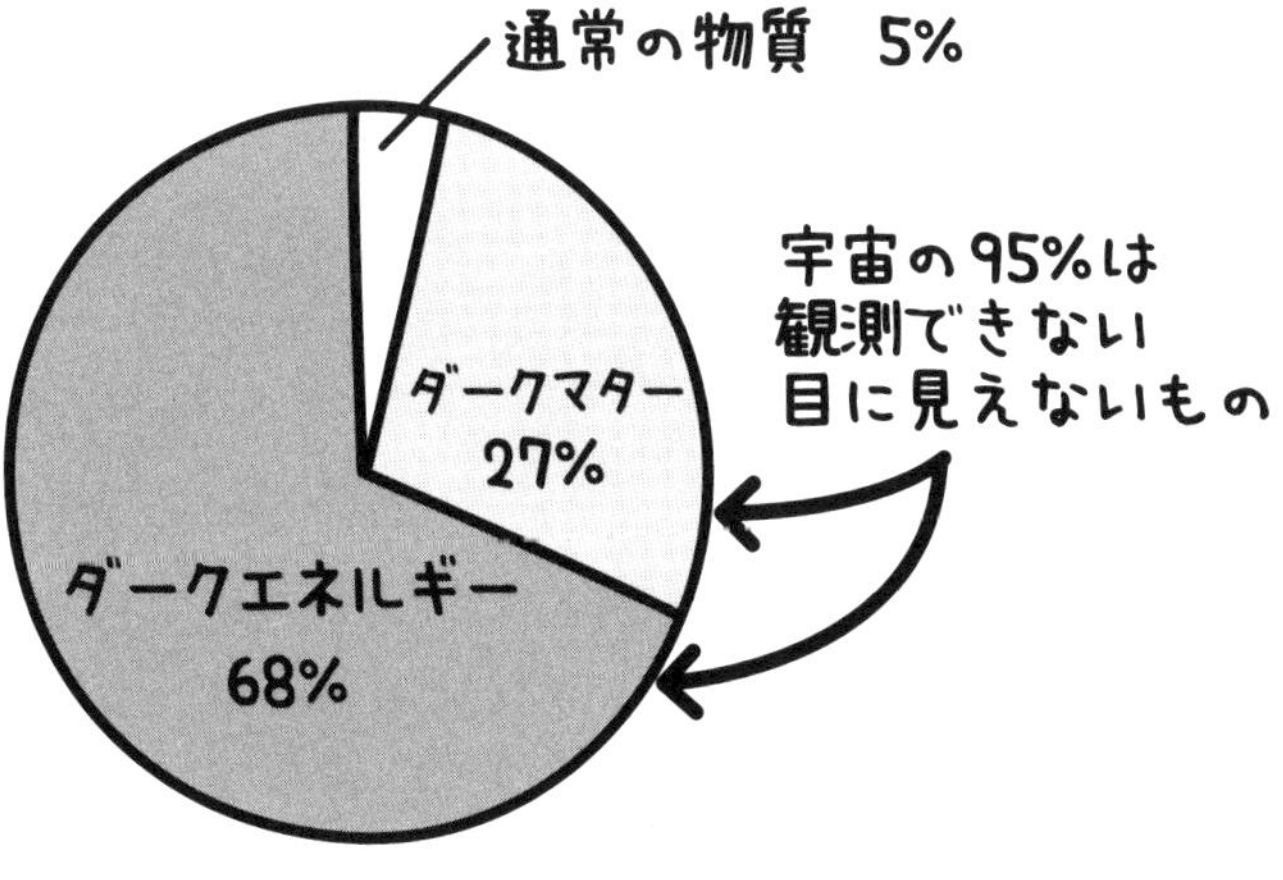

○宇宙の95%は観測できない

東京大学宇宙線研究所の研究データによると、この宇宙で光学的に観測できている物質はわずか5%。残り95%はダークマターと、ダークエネルギーが占めていることが分かっています。つまり、**宇宙の95%は観測できない目に見えないもの**とも言えるでしょう。

○無意識の範囲である潜在意識も95%

また、心理学の世界では私たちの意識は顕在意識と潜在意識から構成されていると言われています。顕在意識と潜在意識は、心理学や精神分析学において非常に重要な概念です。

顕在意識は、私たちが意識的に認識しているこ

と、つまり意図的に考えたり、行動したりする思考、感覚のことを指します。例えば、「今日の夕飯は何を食べようか」「今月はダイエットしたいな」などと考えていること、現在のあなたの生活環境で起こっていることを思考していることなどが顕在意識に属します。つまり、私たちが日常的に認識できる意識が顕在意識です。

一方、潜在意識は、私たちが意識的に認識していないこと、つまり無意識のレベルで思考や言葉、行動に影響を与える意識を指します。潜在意識は、人が過去の経験や情報を処理したり、感情を扱ったりするなかで意識できない、無意識の欲求や願望を表します。潜在意識は人が意識的に意識しなくても、日常生活や行動に大きな影響を与えることがあります。

簡単に言うと、顕在意識は自覚できる意識の範囲であり、潜在意識は無意識の範囲であると言えます。一般に認識できる顕在意識に対して、**認識できない潜在意識が全体の95%を占めている**と言われています。これはちょうど海に浮かぶ氷山のうち、水面上に出ている部分が5%、水面下の部分が95%であることにちなんで、「意識の氷山モデル」と言われています。

例えば、まばたきは意識的に行っているでしょうか？　心臓を意識的に動かしている人はいるでしょうか？　これらはすべて無意識で働いており、潜在意識によって動かされていると言われています。

この「目に見えない・認識できないものが宇宙や意識の95%を占めている」という事実から、目に見えるもの

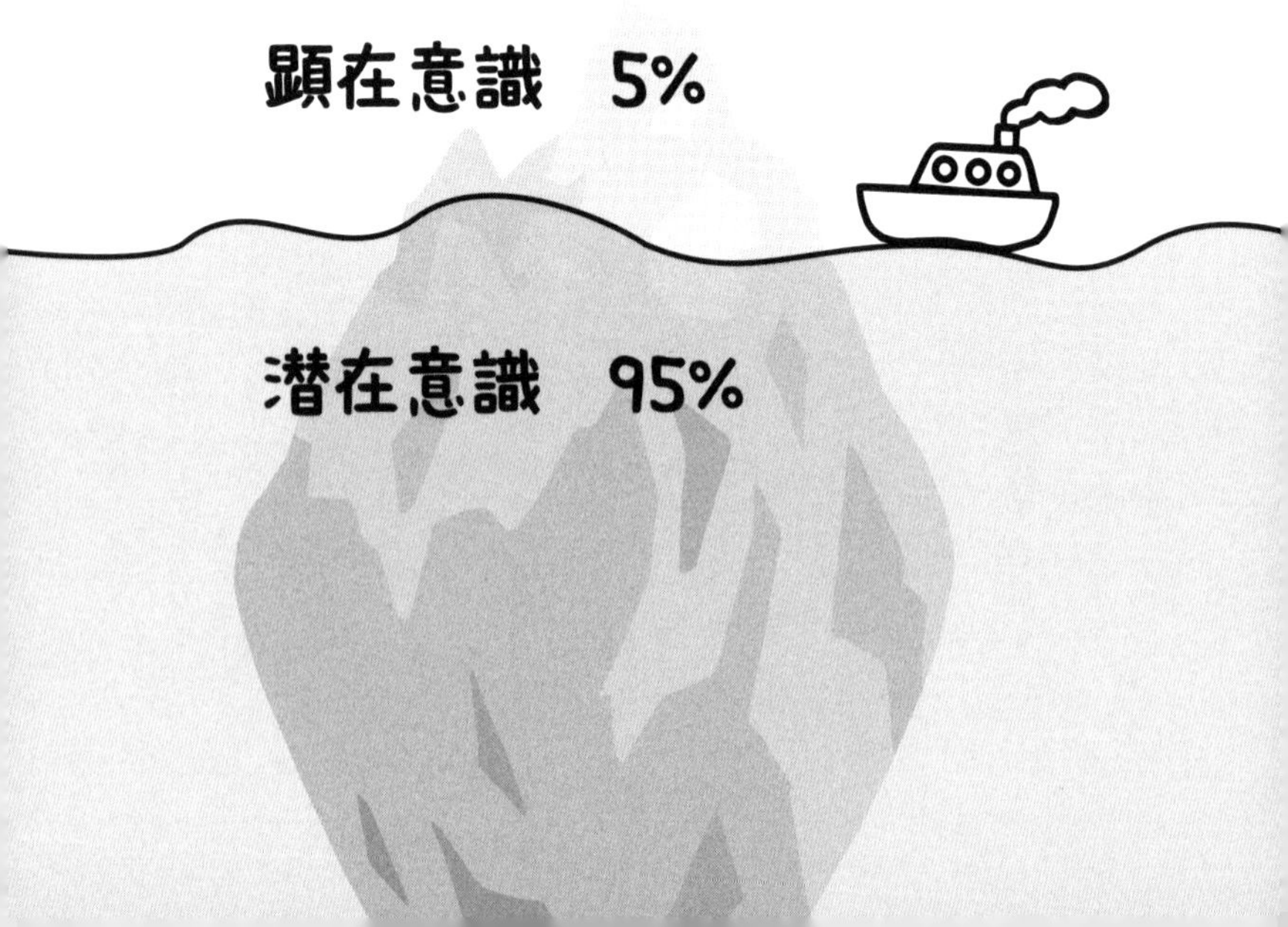

や認識できるものよりも、そうではないものの方が全体に大きな影響を与えていることが分かると思います。

例えば、大きな木をイメージしてみてください。目に見える枝や葉は、木にとってそれほど大切ではありません。冬になれば落葉しますし、枝が折れることもあるからです。

つまり、木にとって大切なのは目には見えない部分。土の下の根なのです。しっかりと根を張ってさえいれば、どんなことがあっても木は影響を受けないでしょう。

ここでは、**「目に見える部分は5%、目に見えない部分は95%」「目に見えない部分が大きな影響を与えている」**ということを覚えておいてくださいね。

周波数

知識その4 「周波数」が同じものは引き寄せ合う

すべての物質は、固有の周波数で振動していることが分かっています。周波数とは1秒間あたりに振動する回数のことで、振動数とも言います。これは、物理的な振動によって生じる波の動きを数値化したものです。例えば、1秒間あたりに100回振動することは、100ヘルツと表現します。

また、量子力学の最先端の理論の一つ、「超ひも理論」によるとあらゆる物質の最小単位は、丸い粒のように「点」の形ではなく輪ゴムのような「ひも」、糸くずのような「ひも」でできていると言われています。バイオリンの弦のようにこの「ひも」が振動することによって電子やクォークなどのさまざまな素粒子を生み出していると考えられています。バイオリンの振動による音色の違いが素粒子の違いを生み出しているということですね。

さらに、1918年にノーベル物理学賞を受賞した量子論の創設者、ドイツの物理学者マックス・プランクは「すべては振動であり、その影響である。現実に何の物質も存在しない。すべてのものは振動で構成されている」という言葉を残しています。

このように目に見えるマクロの世界からミクロの量子の世界まであらゆるものが「振動している」ことは、100年以上も前から言われていたことなのです。

◯あらゆるものは固有の周波数を持ち、同じ周波数で引き寄せ合う

つまり、この世界のすべての物質や自然現象（光や風、雷や地震など）は、目に見えないミクロの世界において固有の周波数（振動数）を持っているのです。そして、実は**この世界は、同じ周波数や波長のものが共鳴して引き寄せ合って成り立っています。**

例えば、心臓や肺は同じ周波数を持っている細胞同士が結合して、構成されています。そのため他人の臓器を移植した場合、振動数が合わずに拒否反応が

起きると言われています。また、机やパソコン、建物などのモノも同じ周波数の原子や分子が引き寄せ合ってできているのです。

人間関係においても「波長が合う人」「波長が合わない人」がいるように、同じような価値観や考え方を持っている人が引き寄せ合っているのです。これを「類は友を呼ぶ」と呼んでいるのです。

人の感情や思考も脳波というエネルギーの振動として表現することができますから、脳の状態も固有の周波数があり、私たちが放つエネルギーの周波数が、私たちに起こる出来事や人々との出会いに影響を与えていると言えるでしょう。

つまり、これらの現象は私たちが意図的にまたは無意識に放つエネルギーが周囲のエネルギーと共鳴し、同じ周波数のエネルギーを引き寄せるという「引き寄せの法則」の考え方に基づいていると言えるでしょう。

具体的には、私たちがポジティブなエネルギーを放てば、そのエネルギーの周波数と共鳴してポジティブな出来事や人々を引き寄せることができます。逆に、ネガティブなエネルギーを放てば、そのエネルギーと共鳴してネガティブな出来事や人々を引き寄せることになるのです。

ここでは、**「この世界は、同じ周波数や波長のものが共鳴して引き寄せ合って成り立っている」**ということを覚えておいてくださいね。

周波数が同じだと…
引き寄せ合う！

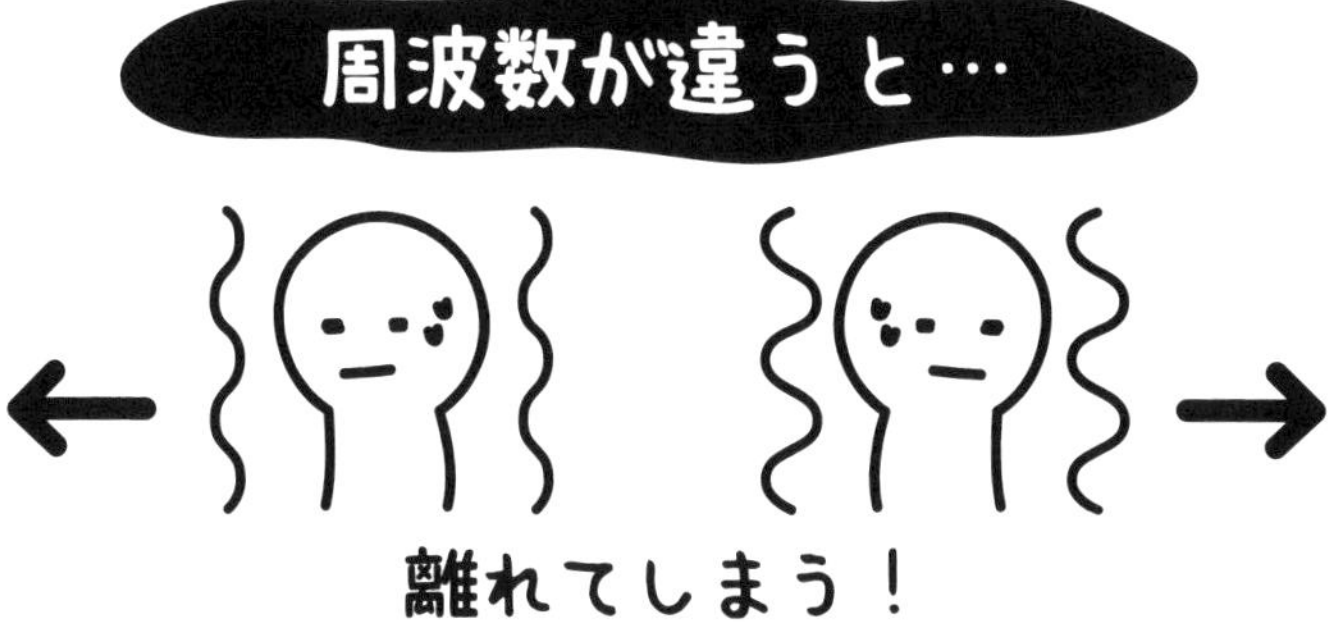
周波数が違うと…
離れてしまう！

まとめ

知識その1

世界は素粒子から出来ている

- 世界は素粒子の海である
- 観測されないときの素粒子は波の状態。
観測されると粒の状態

知識その2

すべてはエネルギーに変換できる

- 目に見えるもののエネルギーは質量に比例する
- 目に見えないもののエネルギーは周波数に比例する

知識その3

「目に見えない95%」が大切

- 目に見える部分は5%、目に見えない部分は95%
- 目に見えない部分が大きな影響を与えている

知識その4

「周波数」が同じものは引き寄せ合う

- この世界は、同じ周波数や波長のものが共鳴して
引き寄せ合って成り立っている

CHAPTER 1

お金のイメージを変えよう

MONEY

お金

- お金はエネルギーであり、それはお金のイメージに左右される
- お金を引き寄せるのに大切なのは、豊かさのイメージ
- どれくらいのお金持ちになりたいのか、決めておこう
- お金は資産価値が高まるものに使おう

豊かさを左右する「お金のイメージ」

量子力学的には、お金とはエネルギーです。

お札や硬貨のような物質がお金の本質ではありません。お札や硬貨はお金というエネルギーを、目に見えるよう物質化したものに過ぎないのです。

例えば、最近は多くの人がスマホで買い物をしています。しかし、そこでお札や硬貨は使われていません。私たちの預金残高やクレジットカード、アプリのチャージ金額といった「情報」が、お店のレジを通して処理されているのです。

お金はエネルギーである
（実体はない！）

- お金に対して良いイメージ
- お金は十分にあるというイメージ

｝お金と周波数が同じ

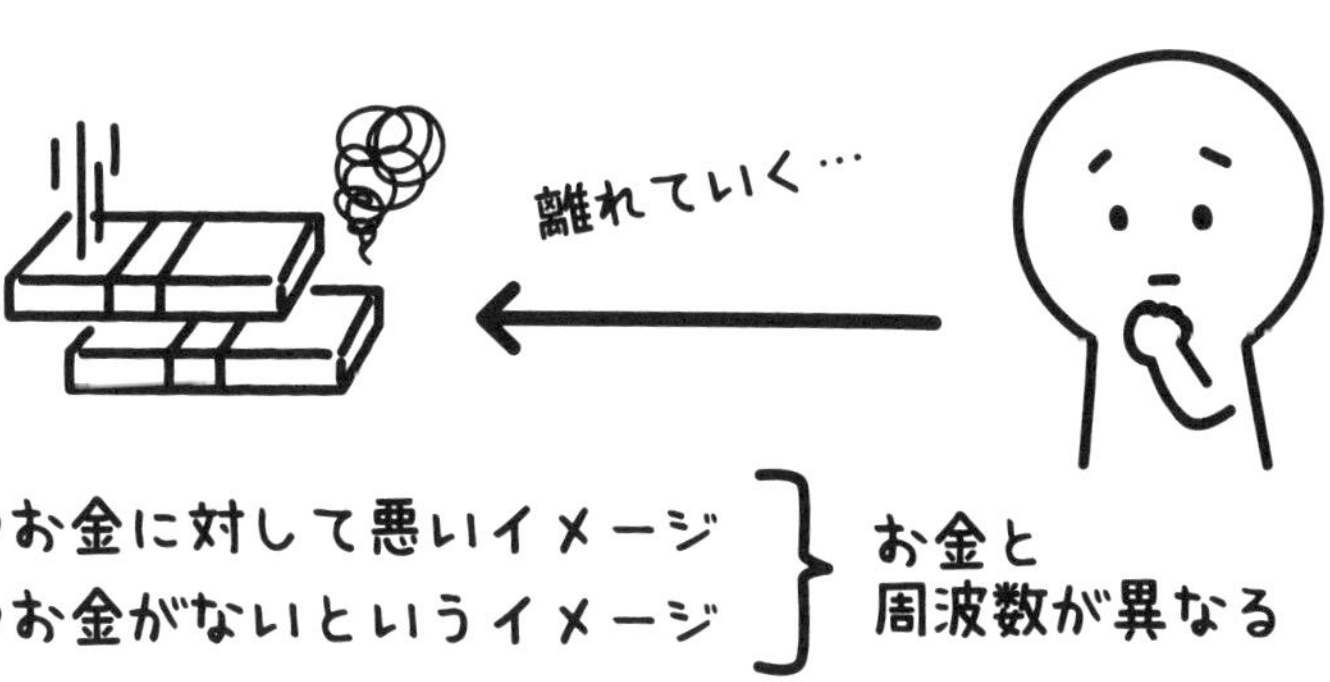

- お金に対して悪いイメージ
- お金がないというイメージ

｝お金と周波数が異なる

このように、お金の本質は情報というエネルギーであり、それが社会を動かしています。目に見えない運動エネルギーや熱エネルギーがモノを動かしたり、温めたりするのと同じことなのです。

さて、お金が一種のエネルギーだということは、同時に「良い」ものでも「悪い」ものでもないことが分かります。「この運動エネルギーは良いね〜！」とか、「この熱エネルギーは悪いね！」なんて言う人がいるでしょうか（笑）。エネルギーの作り方や使い方は別にして、エネルギーそのものはニュートラルな存在なのです。

しかし、日本人は「お金を悪いもの」「お金は汚いもの」と考える傾向があります。昔の人ほど「お金の話はしちゃいけない」とタブー的な扱いをして、親からそう教え込まれた人も多いでしょう。そういう言葉がお金に対する口ぐせになっている人もいるかもしれません。

私も子どもの頃は、親に「お金は汚い」とよく言われて育ちました。その結果、「お金はバイキンがいっぱいついている」といったお金に対するマイナスイメージを持ってしまったのです！

このようなマイナスイメージが潜在意識に刷り込まれると、無意識のうちにお金を遠ざけたい気持ちが働きます。これでは、なかなかお金がやってこないのも当然でしょう。つまり、お金のイメージチェンジをしない限り、お金を引き寄せることはできないのです。

量子力学的幸せな生き方のポイント

お金を引き寄せるために、お金のイメージをチェンジしよう！

お金持ちはお金が大好き！

世の中の多くの人は、お金がもっと欲しいと思って悩んでいるのではないでしょうか。これは、十分なお金がなくて困っている人が多く、お金の悩みがなかなか解決されないからです。

そして、お金の悩みが解決されない大きな理由は、日本人である私たちの「お金の知識」が圧倒的に不足しているからです。考えてもみてください。あなたは英語の勉強をどのくらいしてきたでしょうか？

私たちは英語について、中学から高校までかなりの時間を使ってきました。しかし、国際語学教育機関「ＥＦエデュケーション・ファースト」による２０２２年の調査では、英語を母語としない１１１カ国・地域のうち、日本人の英語力は前年の78位からさらに順位を落とし、80位となったそうです。

これは5段階中4番目となる「低い能力レベル」（61〜87位）に分類されて

います。英語を長時間勉強してきたのにもかかわらず、ほとんどの日本人は英語を使いこなせていないと言えるのではないでしょうか。長時間学んできた英語でさえマスターできないのですから、まったく学校で勉強していないお金の知識が不足しているのは当然のことだと言えるでしょう。

○お金のサイズや重さを知っていますか？

しかし、お金を手に入れたいなら、お金のことをたくさん知る必要があります。そこでオススメなのが、まずお金に興味を持つことです。誰かのことを好きになると、その人のことをいろいろ知りたくなりますよね？

好きな人ができると、その人の「誕生日」や「血液型」「スリーサイズ(!?)」などを知りたくなるでしょう。さて、あなたは「お金さん」のサイズや重さをご存じでしょうか。

例えば一万円札の重さは約1グラム。縦76ミリ×横160ミリです。お金持ちは「お金さん」が大好きなので、こういうことに興味津々です。

このようにお金持ちはみんなお金が大好きで、大好きなお金のことを知りたくて、自然にたくさんお金の勉強をしています。その結果、お金の仕組みやお金持ちの考え方が身につき、さらにお金持ちになることができるのです。

お金持ちの共通点は「お金が大好き」ということなのですが、ここにはもうひとつ秘密が隠されています。それは、お金持ちはお金のことを愛しているから「お金さん」に愛されているということ。お金が欲しい人は、ぜひ「お金＝人」と考えてください。

人から愛されるためには、やっぱり人のことが好きでなければなりません。「好き好き！ 愛している！」と言うから相手に好かれるわけで、「あんた嫌い。好きじゃない」と言ったら好かれませんよね（笑）。

お金も同じで、「お金さん」のことが大好きで愛していれば、お金から愛されるのです。

他にも人に愛されるのと同じようにお金に愛される方法を考えていくと、

- お金に関心を持つ
- お金を丁寧に扱う
- お金を大切にする
- お金に感謝する

など、お金に愛されるコツが見つかってくると思います。

まずは、お金に対して好きなところや感謝していることをノートに書き出してみてください。するとお金のイメージが少しずつ変わってくるはずです。

○お金が大好きな人の周波数は、「お金＝愛、感謝、信頼」

このようなお金に対するイメージというものは目に見えないものですから量子力学的な観点では、

$$E = h\nu$$

という式で表現できます。

つまり、お金に対するイメージの違いは、お金に対するエネルギーの違いであり、お金が大好きな人、お金を愛している人はそのような周波数（1秒間あたりの振動数）のエネルギーを発しているのです。

そして、この世界はプロローグでもお伝えしたように、同じ周波数のもの同士が引き寄せ合うという「引き寄せの法則」が働いています。

「お金は汚い」「お金を受け取ることが悪い」などお金に関してマイナスのイ

メージを持っていると、そのイメージが持つエネルギーの周波数はお金の周波数と異なるので、「お金が貯まらない」「お金がなくなる」といった出来事を引き寄せてしまいます。

一方で、お金に対して「お金＝愛、感謝、信頼」といった良いイメージを持っていると、お金と周波数が同じになるので、「臨時収入がある」「昇給する」などのお金に関するポジティブな出来事が引き寄せられるのです。

まずは、お金に興味・関心を持ってお金を好きになるところから始めてみてください。するとお金に対する考え方が変わり、お金を引き寄せるようになります。

量子力学的幸せな生き方のポイント

お金に愛されたければ、お金をもっと好きになろう！

4つに分けられるお金のイメージ

私たちが持っているお金のイメージは、大きく4つに分類することができます。横軸に物質的な豊かさ、縦軸に精神的な豊かさをイメージしてください。右に行くほど「物質的に豊かでお金がある人」、左に行くほど「物質的に貧しくてお金がない人」になります。そして上に行くほど「精神的に豊かで幸せな人」、下に行くほど「精神的に貧しく不幸せな人」になります。

○精神的にも物質的にも貧しい人（P61の図の左下）

この図の左下に当たる精神的にも物質的にも貧しい人は、お金に対してマイナスのイメージを持っています。例えば、「お金は汚い」「お金は汗水垂らして働かなければ入ってこない」「お金とは労働対価である」というイメージですね。

このようにお金にマイナスのイメージを持っている人は、お金が増えることは汚い、辛いことだと潜在意識に刷り込まれており、知らず知らずのうちにお金を遠ざけています。

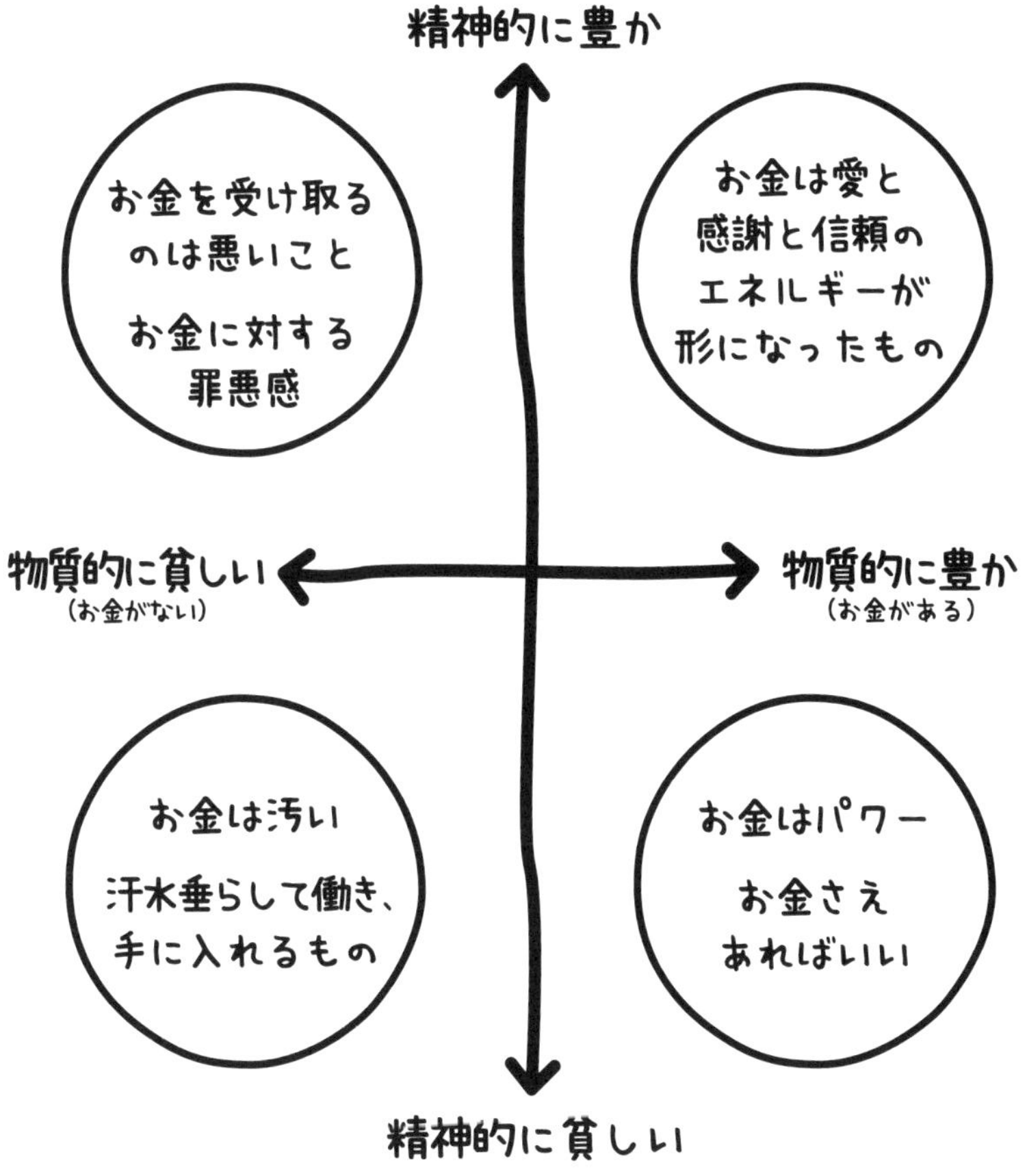
精神的に豊か
お金を受け取るのは悪いこと
お金に対する罪悪感
お金は愛と感謝と信頼のエネルギーが形になったもの
物質的に貧しい
(お金がない)
物質的に豊か
(お金がある)
お金は汚い
汗水垂らして働き、手に入れるもの
お金はパワー
お金さえあればいい
精神的に貧しい

◯幸せだけど物質的に貧しい人（P61の図の左上）

逆に、左上の精神的に幸せだけど、物質的には貧しい人もいます。スピリチュアル好きで精神性が高い人に多い「毎日が幸せ」「お金なんかなくてもいい」というタイプです。

このように精神的には幸せだけれども、物質的に貧しい人は、お金に対して罪悪感のイメージを持っています。「お金を受け取ることは悪いことだ」と思ってしまっているのです。

例えば、お金に対して罪悪感のイメージを持っている人は、人から「100万円払います」と言われたとしても、いやいや「そんな100万円も貰えません」と断ってしまうのです。これではお金持ちになるのは難しいでしょう。

◯お金持ちだが精神的に貧しい人（P61の図の右下）

それから、右下の物質的に豊かなお金持ちで、精神的に貧しい不幸せな方もいます。このタイプの人は、お金は権力の象徴とか、人を支配するためのもの、お金さえあればいいと考えています。その結果、お金はあっても人間関係がうまくいっていないなど、別の面で不幸を感じています。

○ お金持ちで精神的にも豊かな人（P61の図の右上）

最後の右上の人が物質的に豊か、つまりお金持ちで、精神的にも幸せなタイプです。このタイプの人は、お金のイメージが他のタイプの人たちとまったく違います。

この人たちは、**「お金＝愛と感謝と信頼のエネルギーが形になったもの」**と考えています。つまり、多くの人に愛され、感謝され、信頼された結果、お金が入ってくるというイメージですね。こういうイメージを持っている方は、幸せなお金持ちだと言えます。

○お金に対するイメージは思い込みに過ぎない

お金にどういうイメージを持っているかは十人十色、千差万別でみんな違いますが、それらはすべて思い込みに過ぎません。親や友達の言葉、どこかで読んだ本など何かの影響を受けて「お金とはこういうものだ」と思い込んでいるのです。

思い込むと、その思い込んだ通りの現実を創っていきます。例えば、「お金はなかなか貯まらない」と思い込んでいる人は、お金がなかなか貯まりません。また「お金を稼ぐことは難しい」と思い込んでいる人は、そういう現実を創ってしまうのです。

これは量子力学的な観点では、エネルギーと物質の関係式の「E＝mc²（エネルギー＝質量×光速の二乗）」で説明できます。この関係式により、物質はエネルギーの一形態であることが分かります。

例えば、私たちが思考をするときにも、脳内で電気信号が発生し、その電気信号が周囲のエネルギーと相互作用することで、現実が形成されると考えられています。

そして、この世の中にある創造物の原点は、あなたの思考のエネルギーが源となっています。例えば、ライト兄弟が飛行機を作りたいと思考しなければ、飛行機は発明されませんでした。エジソンが電球を作ろうと思わなければ、電球も発明されなかったでしょう。

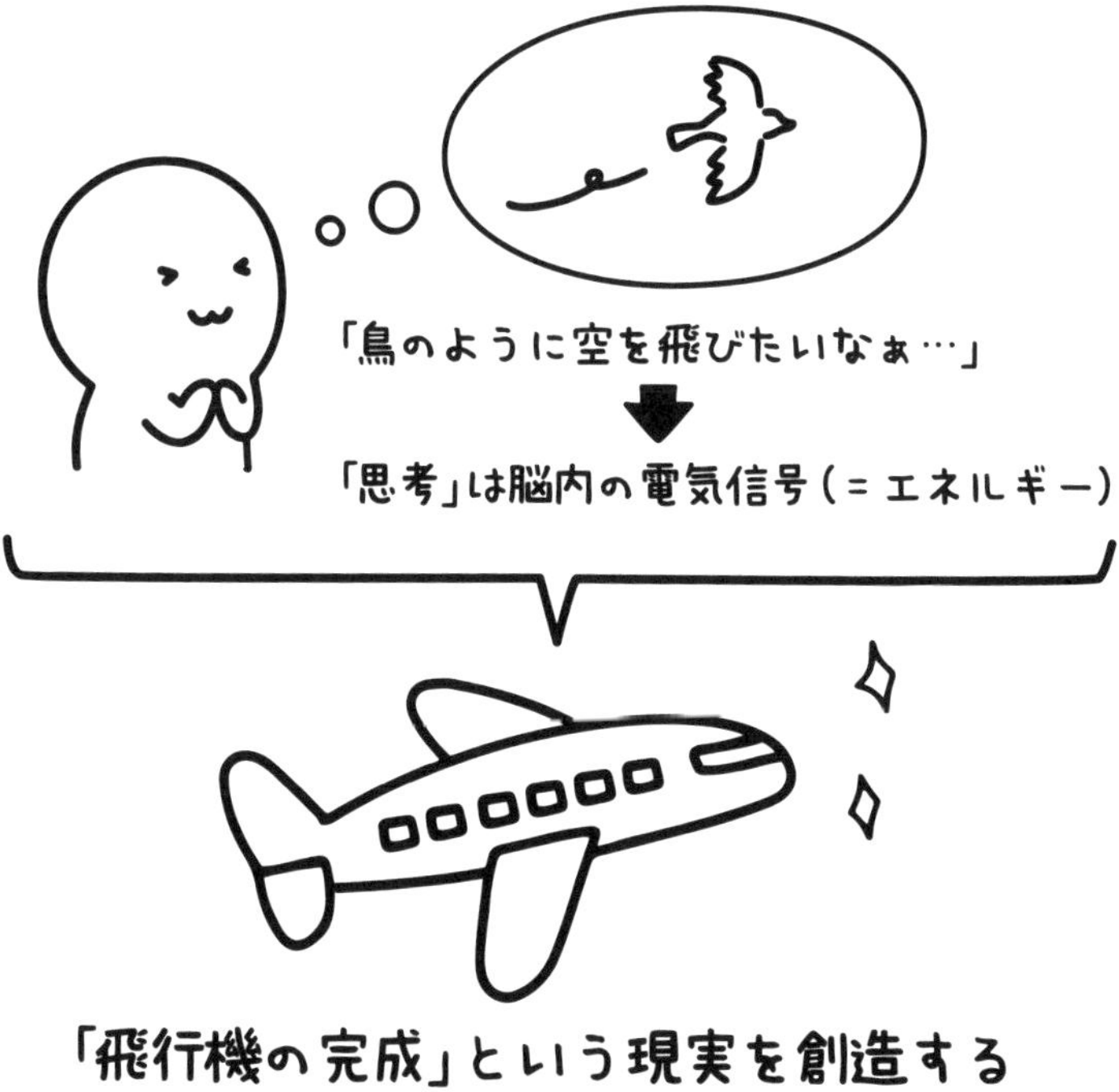
「鳥のように空を飛びたいなぁ…」
「思考」は脳内の電気信号（＝エネルギー）
「飛行機の完成」という現実を創造する

トーマス・エジソン

ライト兄弟と飛行機

このように、私たちの思考は物質の一形態であるエネルギーとして存在し、周囲のエネルギーと相互作用することで、現実を創造することができるのです。

また、私たちがポジティブな思考を持つことで、周囲のエネルギーとの相互作用が変化し、現実がよりポジティブな方向に変化する可能性があると言われています。同様に、私たちがポジティブな「お金のイメージ」を持つことで、周囲のエネルギーが変化し、現実がよりポジティブな方向に変化することもあるのです。

つまり、あなたがお金に対してどのようなイメージや思考を持つかによって、豊かさを引き寄せることができるかどうかが決まってくるのです。

量子力学的幸せな生き方のポイント

「お金は愛と感謝と信頼のエネルギーが形になったもの」と考えてみよう!

お金を引き寄せるビリオネアマインド

「たくさんのお金を引き寄せるためには、どうすればいいのでしょうか?」

このようなお金に関する相談をされることは非常に多いです。多くの方が、今よりたくさんお金を引き寄せたいと願い、さまざまなセミナーへ行ったり、たくさん本を読んだりされていると思います。もちろん、お金を稼ぐためのスキルは非常に大事ですよね。

でも、スキルを学ぶことよりも前に大事なことがあります。

それは、大富豪になれる「ビリオネアマインド」を身につけることです。

目に見えない感情や思考は、「E＝hν」という数式からエネルギーとして表現できることをプロローグでお話ししました。つまり、「お金が欲しい!」という感情や思考も、ある周波数を持つエネルギーなのです。

エネルギー　プランク定数　周波数

$$E = h\nu$$

エネルギーは周波数に比例する

お金の引き寄せの注意するポイント

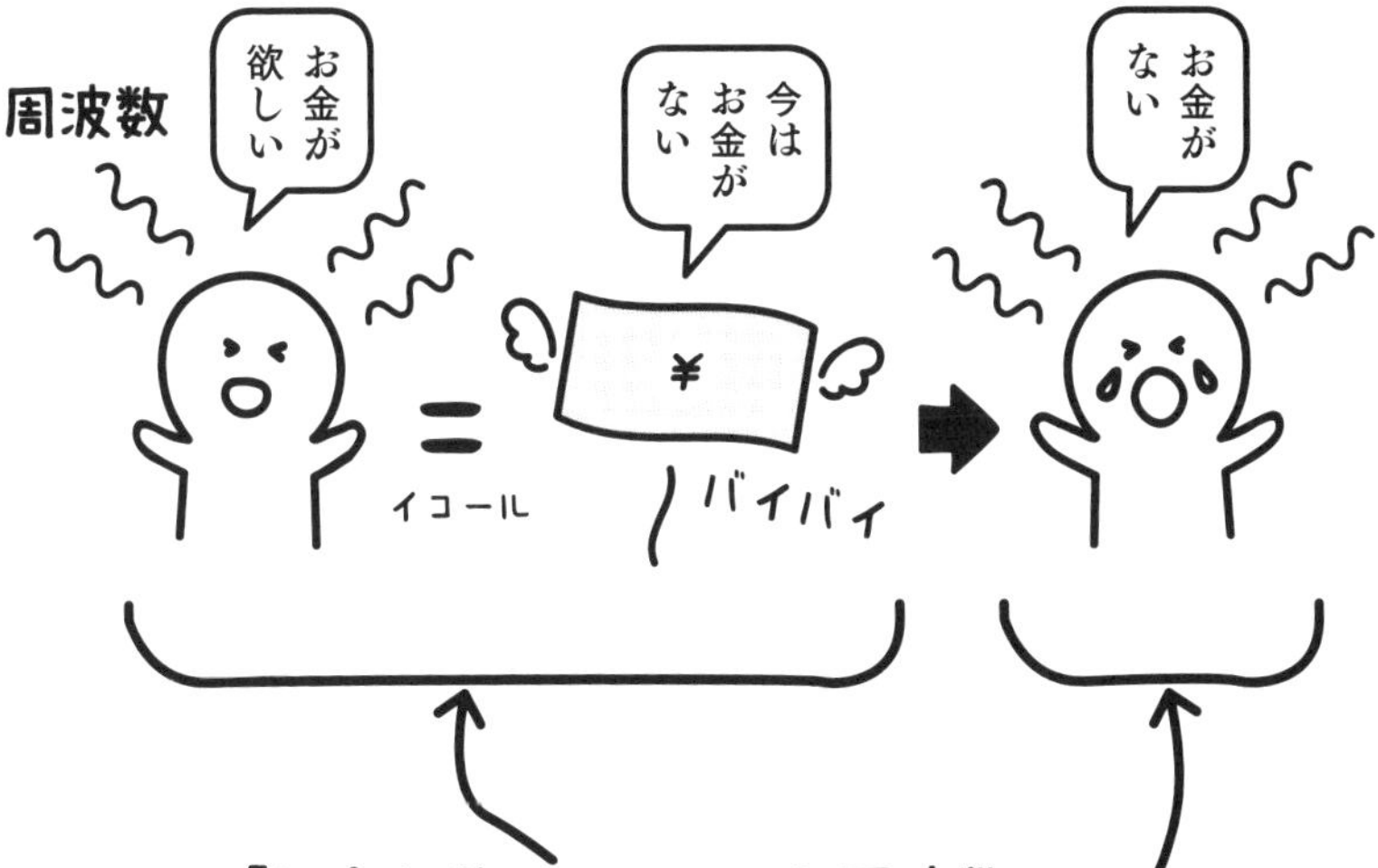

「お金が欲しい」という周波数と、
「お金がない」という周波数は
共鳴して引き寄せ合う…

例えば「お金が欲しい」という思考の背景には「今はお金がない」という状況があります。つまり「お金が欲しい」という周波数と共鳴して引き寄せられるのは「お金がない状況」になってしまうのです。

一方で、もしあなたがすでに大富豪でお金持ちだったら「お金が欲しい！」「お金持ちになりたい！」と思うでしょうか？　すでに結婚している人が「結婚したい！」と思うでしょうか？　すでにハンバーグ定食を食べてお腹いっぱいな人が、「ご飯を食べたい！」と思うでしょうか？　答えは、「思わない」ですよね（笑）。

なぜなら、すでに持っているものや手に入れたもので満たされているからです。例えるなら空気が満たされている環境で「酸素が欲しい」と思わないのと同じです。

このように「今すでにお金は十分にある」と心が満たされている思考のエネ

ルギー状態が、ビリオネアマインドなのです。

そして、このようなビリオネアマインドを身につけて大富豪オーラで過ごしていると、本当にお金や豊かさを引き寄せることができるのです。これは量子力学的に言えば、大富豪のように「すでに豊かである」という意識状態が豊かな周波数となり、その周波数に共鳴した現実を引き寄せることができるからだと言えるでしょう。

○ビリオネアマインドの逆は「お金が足りないという不足感」

しかし、多くの人はこれと逆のことをしています。

例えば、預金通帳の残額の数字を見て、「またお金が減った」「お金がこれだけしか残っていない」という思考をしている人はとても多いと思います。その思考だと周波数はどうなるのでしょうか？

「お金が足りない」という不足感の意識状態ですから、その不足の周波数が共鳴する現実を引き寄せることになります。つまり、お金が足りない状態を自分でますます引き寄せてしまうということです。

このように多くの人は数字に惑わされがちで、預金通帳に記載されている金額が自分の持っているお金だと思っていたり、月収の金額も「これだけしかない」と思い込んだりして、その数字だけを見てお金が足りないと不足感を覚えてしまうのです。数字だけにとらわれていると、ビリオネアマインドにはなれません。

もし、日本中の人々が銀行から一斉に預金を下ろそうとしても、それだけのキャッシュは銀行にはありません。一般に人は預金通帳に記載された数字だけを見て、増えたり減ったりすることに一喜一憂していますが、実はその数字は実体のない仮想通貨なのです。その数字だけが自分のお金だと考えている人は、数字にとらわれてお金の奴隷になっているのです。

では、お金の奴隷から解放されるにはどうしたらいいのでしょうか?

◯不足感ではなく、今ある豊かさに意識を向ける

まずは、意識を「今がいかに豊かであるか」に向けてみてください。

豊かさとは、決してお金をたくさん持っていることだけを指すのではありません。

例えば、多くの人が「お金持ちになりたい」と思っていますが、実は日本人であればすでにお金持ちなのです！　なぜなら、中央アフリカ共和国の平均年収は約1000ドルです（2022年時点）。日本の平均年収が450万円くらいですから、中央アフリカの人から見れば超お金持ちです。

また、ソフトバンクグループは借金が20兆円もあります（2022年3月期決算より）。つまり、孫正義さんは借金20兆円を背負っているわけですが、あなたは20兆円も借金しているでしょうか。おそらく、そんなに借金はないと思うので、ソフトバンクの孫正義さんより20兆円お金持ちとも言えるわけです。

このように観測の仕方、すなわち現状の捉え方を変えれば、今ある豊かさに気づくことができるのです。

○ジャイアンはビリオネアマインドのお手本

さらに、多くの人は自分の預金通帳の中だけで「お金がある・ない」「お金が減った・増えた」と考えています。しかし、世の中の本当に大きなことを成し遂げる人は、自分のお金をほとんど使いません。本気でやりたいことがあるのであれば、人や銀行からお金を借りて、やりたいことを実現できるからです。

例えば、世界的大富豪の一人、マイクロソフトの創業者であるビル・ゲイツは、実際に開発していないプログラムを「すでに開発してある！」と言い切って、お金を投資してもらい、そのお金でプログラマーを雇ってわずか8週間でプログラムを開発し、納品したことがきっかけで、億万長者になることができました。

実際にないのに「ある！」と言い切って本当に物事を具現化するやり方は、まさにビリオネアマインドであると言えるでしょう。

ですから、あなたも「世界中の銀行にあるお金は自分のもの」というビリオネアマインドを身につけてください。そうすれば預金通帳の「お金が減った・増えた」ことなど気にならなくなります。ドラえもんのジャイアンのように、「お前のお金は俺のもの＝世界中の銀行のお金は俺のもの」みたいに考えれば、お金が欲しいと思わなくなり、ビリオネアマインドに近づけるでしょう。

量子力学的幸せな生き方のポイント

お金なら世界中の銀行にあると思ってみよう！

ワーク

もし、世界中の銀行のお金が自分のお金だったとしたら、何にお金を使いたいですか？　使い道を好きなだけ書き出してみましょう！

お金持ちになる4つのステップ

ここまでは、主にメンタル的な側面からお金を引き寄せる方法をご説明してきました。続いて、具体的な手段としてお金持ちになるための4つのステップを紹介します。

○ステップ1：お金を貯める

お金持ちになるための第一歩は、非常に単純ですが、「貯金すること」です。しかし、お金を貯めることが苦手な人も多いのではないでしょうか。

実は、私もかつて貯金ができませんでした。サラリーマンとして毎月給料を貰っていたのに、いろいろな支払いを済ませると月末にはほとんど何も残らなかったのです。

そして、このときに読んだ本が、『バビロンの大富豪』（ジョージ・S・クレイソン著、グスコー出版）という本でした。読まれた方も多いと思いますが、その中で伝えられている教えに次のようなものがあります。

「給料が入ったら、その1割を貯蓄する」

とてもシンプルな教えですが、これを実践すると本当に貯金ができるようになります。この言葉に影響を受けた私は、会社に頼んで貯蓄用の銀行口座に給料の1割を振り込んでもらい、まったく手をつけませんでした。そして、残りの9割でやりくりするようにしたのです。すると、1年後には結構な額の貯金ができていました。

この「収入の1割を貯金する」という習慣を身につけると、どんどんお金が増えていきます。10年も続ければ、かなりまとまった貯金ができることで

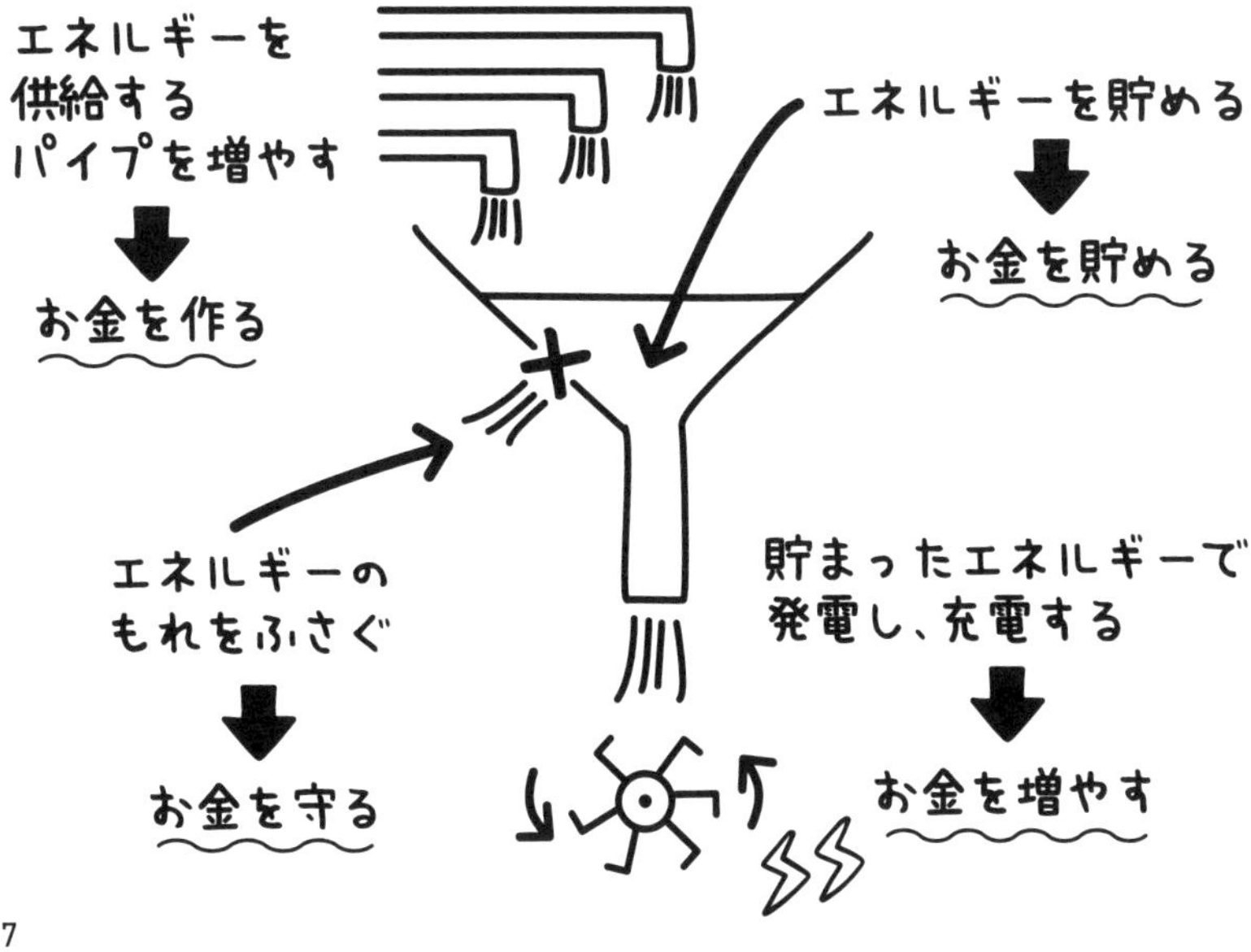
エネルギーを
供給する
パイプを増やす
お金を作る
エネルギーを貯める
お金を貯める
エネルギーの
もれをふさぐ
お金を守る
貯まったエネルギーで
発電し、充電する
お金を増やす

しょう。

◯ステップ2：お金を作る

お金持ちになるためには、貯金だけでなく、自分でお金を作り出すことが必要です。ここで大切なのは、現在やっている仕事の「収入」を増やすのではなく、「収入源」を増やしていくことです。

この収入源を増やす戦略は世界一のマーケティングコンサルタントであるジェイ・エイブラハムが提唱する「パルテノン神殿戦略」と言います。一般的なサラリーマンの収入は、会社から貰う給料という1本の柱だけです。もし会社の業績が悪くなってリストラされたり、倒産したりすると、柱が1本だけの建物は倒れてしまうように生活の基盤もなくなってしまうでしょう。

しかし、有名なギリシャのパルテノン神殿には、屋根を支える柱がいくつもあります。この柱のように複数の収入源があれば、柱の1本が折れても他の柱が支えてくれるので、倒れることがありません。また当然ですが、たくさんの収入源があればあるほど収入も増えていきます。

このように、お金持ちになるための第2のステップとして、収入源を増やしていくことを考える必要があります。それは新たなビジネスを始めるのでもいいですし、本業とは別に副業を始めるのでもいいでしょう。

○ステップ3：お金を増やす

お金持ちになるためには、投資の力を利用することも欠かせません。お金

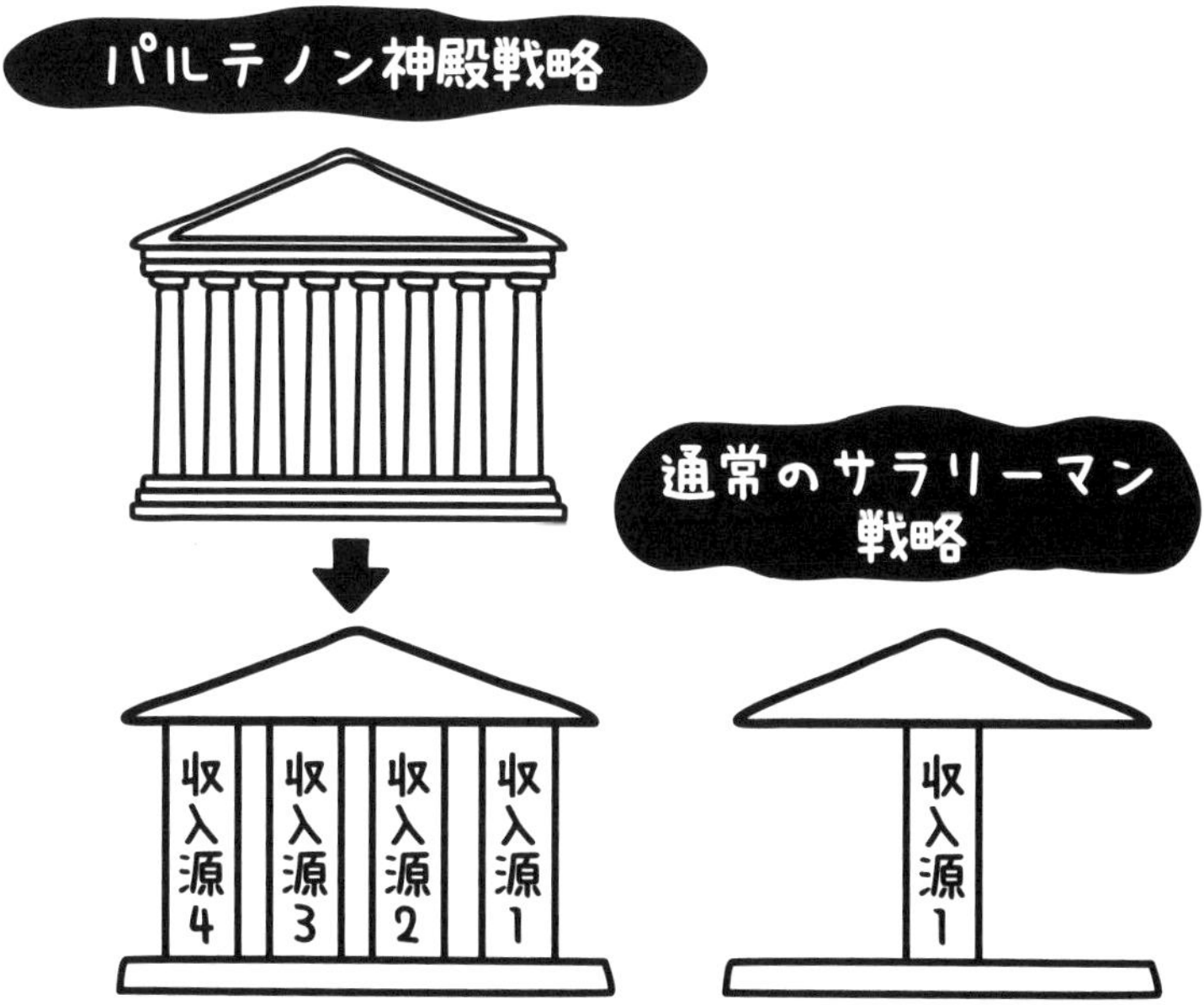

とは労働をして稼ぐもの、というイメージが強いと思いますが、本当のお金持ちは投資によって労働せずにお金を増やしています。投資をすると、自分が働かなくても勝手にお金が増えていくのです。

例えば、私の妻は独身時代、家賃3万5000円のアパートに住んでいましたが、その一方で、不動産投資と株式投資をしていたのです。つまり、彼女は住居費などの固定費を減らしてお金を貯め、それを投資してお金を増やしていたということになります。まさに彼女は「投資家」と言えるでしょう。

さて、投資をする際には、注意してほしいことがあります。それは、必ず余剰金（当面必要のない余ったお金）の範囲内で投資をするということです。

これは市役所に勤めながら不動産投資で10億円の資産を築いた人物から聞いた話ですが、彼によれば投資で失敗する人は、「余剰金」以上のお金や「全財産」を投資してしまうのだそうです。

彼の言葉から分かる通り、正しい投資方法はある一定額まで貯金して、そこから溢れたお金（余剰金）を投資することです。余剰金であれば、もしなくなってもそれほど痛くないので、あまり投資のことを意識せずに日常生活を送ることができます。

しかし、貯金のほとんどを投資してしまうと、「このお金がなくなったら困る!!」と強烈にプレッシャーを感じ、本業がおろそかになりかねません。さらに投資がうまくいけばいいですが、必ず投資にはリスクがあります。結果として、貯金の大半を失うなどリカバリーできないほどのダメージを負ってしまうのです。

毎月、ドブに捨ててもいい金額が投資に使っていい金額です。そうすればうまくいっても、いかなくても気になりません。そのような心境で投資を続ければ、いつの間にかお金はどんどん増えていくでしょう。

◯ステップ4：お金を守る

実は、お金が増えてくると「パーキンソンの法則」というワナにハマる人が出てきます。これは「収入が増えると、それに比例して使う金額も増えてしまう」という法則です。

つまり、これまで月収50万円だった人が月収100万円になると、毎月100万円を生活費に使ってしまうようになるということです。皆さんもどうでしょう？　予想よりボーナスが多くても、気がつくと全部使っていた……なんてことがあるのではないでしょうか？

極端な事例としては、宝くじ当選者の場合があります。アメリカの事例ですが、高額当選者の90％が7年後までに当選金を使い果たし、50％が自己破産していた……という調査データがあるそうです。それくらい人はお金が入ってきたら、入ってきただけ使ってしまうということでしょう。

ですから、ある程度お金が増えてきたら、このパーキンソンの法則というワナにハマらないよう、お金を大事に守る必要があります。まずはお金を使いすぎないよう、意識するといいでしょう。こういうことは知っているだけでも、かなり防げるものです。ちなみに私は欲しいものをなんでも買ってしまうタイプなのですが、妻がお金をしっかり守るタイプなので、なんとかバランスが取れています。もし2人ともお金を使うタイプだったら、アッという間に自己破産していたかもしれません（笑）。

ここまでご説明してきたように、お金持ちになるためには段階があります。貯金することからスタートし、起業や副業によって新たな収入源を作り、さらに投資でお金を増やすという流れです。

最後に大切なポイントですが、自分がどのくらいのお金持ちになりたいのかを明確にしておいてください。資産1000万円くらいで良いのか、1億円が良いのか、身近にある紙でいいので、あなたの理想の資産額を書き出してみてください。夢や目標を実現するために、まずは理想を明確にすることからスタートしてみましょう。

量子力学的幸せな生き方のポイント

「貯める・作る・増やす・守る」の4ステップでお金持ちになろう！

お金の使い方の超基本

お金については「稼ぎ方」より「使い方」が大切です。なぜなら、お金の使い方によってお金を貯める力・増やす力・守る力が左右されるからです。正しい使い方を知らなければ、お金はいつまでたっても貯まりませんし、増やしたり、守ったりするための知識を得ることもできません。

お金の使い方は、次の3つに分類できます。

◯1．消費（使ったお金と価値が等しい）

まず、消費は毎日の生活に最低限必要な

消費 （使ったお金＝価値）	毎日の生活に“最低限”必要な食費、水道光熱費、生活日用品などへの支出のこと
浪費 （使ったお金＞価値）	払ったお金よりも将来に渡って得る利益・メリットが少ない支出のこと
投資 （使ったお金＜価値）	支払った以上に価値が増えるものにお金を使うこと

支出です。食費、水道光熱費、生活日用品のほか、家賃や携帯電話料金なども含まれるでしょう。言い換えれば、使ったお金と価値が等しいものが消費となります。

◯ 2. 浪費（支払ったお金よりも価値が低いものにお金を使う）

逆に、支払ったお金よりも価値が低いものにお金を使うことは、浪費になります。特に必要がないのに買ったものや、パチンコ・競馬などのギャンブルが該当します。私の場合、うっかりして家にある本を買ってしまい、おかげで3冊くらい同じ本が本棚に並ぶこともあります。これなどは浪費になるかもしれません（笑）。

◯ 3. 投資（支払ったお金よりも価値が高くなるものにお金を使う）

最後の投資は、支払ったお金よりも価値が高くなるものにお金を使うことです。具体的には不動産投資、株式投資、自己投資などで、使えば使うほど資産が増えていきます。

ここで意識していただきたいのは、本を読んだり、セミナーを受講したりといった自己投資は、「投資」であるということです。学ぶために払ったお金の何倍のお金が返ってくるかを常に考えてください。

私は30万円を自己投資したら、学びをお金に変えてだいたい3000万円くらいには増やします。そうして稼いだお金を、また自己投資に使うわけです。今では1年間に1000万円ほど自己投資しており、そこで得た新しい知識によって、お金が増えています。

○消費6割、投資3割、浪費1割が理想

このように消費・浪費に使うお金を減らし、投資を繰り返すことで資産は増えていきます。

ぜひ、お金の使い方として、消費・浪費・投資の3つを意識してみてください。そのために、まずは現在のお金の使い方を書き出して、消

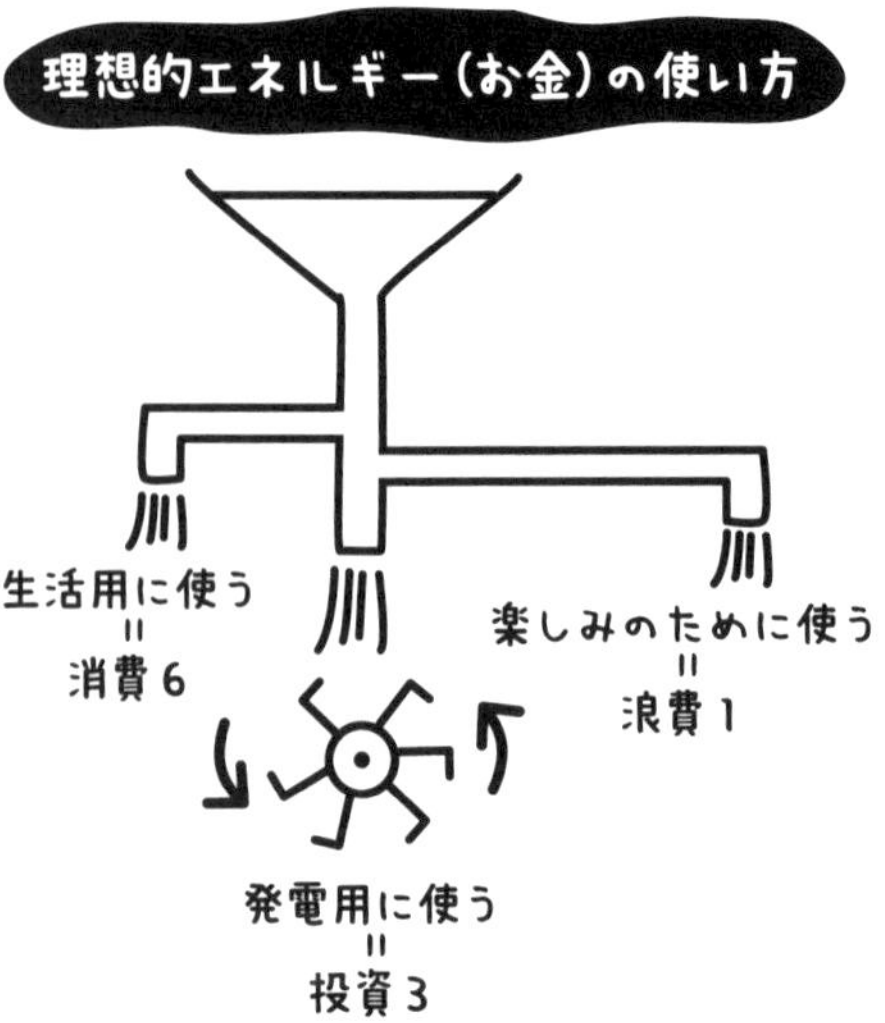

費・浪費・投資がそれぞれ何割くらいになっているかチェックしてみるといいでしょう。理想的なお金の使い方の割合は、消費が6割、投資が3割、浪費が1割です。

日常生活で「これは消費かな？　浪費かな？　投資かな？」と意識するクセをつけると、ムダ使いは減っていきます。ただし、あまりにも神経質になりすぎて浪費をゼロにすると、生活に潤いがなくなってしまうので、ご注意くださいね！

「財産というものは誠実に管理せよと神がしばしの間だけ預けてくださっているものだから、浪費しないのが道理だ」
（世界的な大富豪、ジョン・ロックフェラー）

量子力学的幸せな生き方のポイント

浪費を抑え、投資を増やしていこう！
最もリスクが少なくリターンが大きい自己投資をやっていこう！

ユダヤ人大富豪が教えてくれたお金の使い方

ユダヤ人にはビジネスにおける成功者が大勢います。例えば、グーグル創業者のラリー・ペイジ、フェイスブック創業者のマーク・ザッカーバーグがユダヤ系アメリカ人です。このほかにも学問の世界や金融の世界には、ユダヤ人の成功者が数えきれないほどいます。

このように多くの成功者がいるユダヤ人が、子どもに徹底的に伝えている「ユダヤの教え」の中に次のようなものがあります。

「耳と耳の間に投資をせよ」

耳と耳の間……それはどこかというと、もちろん頭脳です。つまり、自分自身の教育にお金を使いなさい、とユダヤ人は徹底して子どもたちに伝えているわけです。

ユダヤ人の平均自己投資額がいくらかご存じでしょうか？　なんと年間70

0万～800万円だそうです。これは「平均」ですから、本当に驚きですね！

このようにユダヤ人が教育への投資を大切にする理由は、過去の歴史にあります。ユダヤ人は宗教上の理由から、たびたび全財産を奪われるような迫害を何度も経験してきました。

そこから得た知恵が、教育・自己投資に最大限のお金を使うということだったのです。学んだ知識は誰にも奪われることがなく、また知識さえあれば、財産がゼロになっても再びお金を稼ぐことができるからです。

実は私は、お金の使い方の達人であるユダヤ人大富豪の知り合いがいます。ここで、彼に教えてもらったお金持ちになるためのお金の使い方を紹介しましょう。

◯消耗品には、できるだけお金をかけない

これは例えば、食費や服、トイレットペーパーといったものです。ちなみに

話を聞いたユダヤ人大富豪は、靴は3000円までのものを選び、スーツも15000円までということでした。理由を聞くと、洋服はすぐにダメになるからだそうです。

○資産価値が上がるものにお金をかける、資産価値がないものにはお金をかけない

これは文字通り、将来値段が上がりそうなものにはお金を使い、下がりそうなものにはなるべくお金を使わない、ということです。なお、この基準でユダヤ人が投資するものは、「ダイヤモンド」と「時計」です。ユダヤ人大富豪は「ダイヤモンドと時計は携帯可能な最も高価な資産ですよ」というふうに教えてくれました。

値上がりしそうな資産というと、土地や建物などの不動産が思い浮かびますが、これらはいざという時に持ち運べません。さすが迫害を受け続けてきたユダヤ人の知恵ではないでしょうか。

ユダヤ人大富豪の家では、1本4000万〜5000万円するというパテック・フィリップの腕時計を何本も見せてもらいました。しかも、それらの時計は5〜10年後には1億〜1億5000万円くらいになることもあるそうなので、やはり彼らにすると一種の投資なのです。

○人が喜ぶものにお金を使う

これはプレゼントをしたり、サプライズを仕掛けたり、その人が必要としているものを贈ったりするということです。人脈は、いざという時に頼りになります。ユダヤ人大富豪は、そのよ

うな人と人のつながりがお金を増やしてくれる、と語ってくれました。

○エネルギーが高まるものに投資する

この4つの使い方の根本にあるのは、「エネルギーが高まるものに投資する」という発想です。例えば、「資産価値が上がるものにお金をかける」では、ダイヤモンドや高級時計が投資の対象です。これらにはブランド価値・付加価値という見えないエネルギーが込められています。

また、「人が喜ぶものにお金を使うこと」を実践し、ありがとうと言われると、その度に喜びのエネルギーが生まれます。これが目に見えない世界に「ありがとう貯金」として貯まり、そのエネルギーが巡り巡って目に見える世界での収入につながるのです。

プロローグでもお伝えした通り、目に見えない世界が世界の95%を占めています。そこに怒りや哀しみのエネルギーを貯めるか、喜びや感謝のエネルギーを貯めるかで、私たちの人生は大きく変わってくるでしょう。ぜひ、参考にしてみてください。

量子力学的幸せな生き方のポイント

エネルギーが高まるものにお金を投資しよう!

欲しいものを手に入れるのにお金はいらない

この章の冒頭で、お金の本質はエネルギーであるとお伝えしました。実はこのことを活用すると、お金がなくても欲しいものが手に入ります。

具体的には、相手に喜びのエネルギーを与えれば、それがお金というエネルギーに変わるのです。つまり、いかに相手に喜びのエネルギーを与えるかを考えれば、お金はそれほど必要なくなります。例えば、私の知り合いは家賃30万円ほどのタワーマンションに、月6万円の支払いで住んでいます。一体、何をしたのでしょうか？　実は、そのタワーマンションの部屋の持ち主は海外赴任しています。その間、空き家にすると家が傷むので、私の知り合いが友人を誘って家賃をシェアして住む……という交渉をしたのでした。

他にも、高額セミナーに無料で参加することもできます。私もいくつかの高額セミナーに無料で参加していますが、それは私のセミナーを無料で受けてもらう代わりに、相手のセミナーを受けさせてもらう「バーター（交換）」という方法を使っています。

無料でテレビCMを流してもらうには、どうすればいいでしょうか？　私の知り合いのコンサルタントは、あるテレビ局の売上を1・5倍にする代わりに、自分の会社のCMを流してもらうという交渉をして、通常なら1000万円はかかるテレビCM枠を獲得しました。

これと似たような形で、「あなたの不動産事業の売上を1・5倍にするので、あなたが持っている物件に無料で住ませてください」という交渉をして、無料でタワーマンションに住んでいる人もいます。

これらの交渉の土台にあるのは、自分が持っているリソース（＝有形・無形の資源）を使って、相手に先に喜びを与えるという発想です。そうすればお金をかけずに欲しいものが手に入ります。お金を使う前に、お金を使わずに済む方法はないだろうか……と考えるのが、お金持ちの考え方なのです。

量子力学的幸せな生き方のポイント

「喜びのエネルギーを与え、お金を使わずに欲しいものを手に入れよう！」

すでにある幸せや豊かさに目を向けよう

物質的な豊かさはお金、モノなど目に見える物質ですから、量子力学的には粒子性を持つと言えるでしょう。一方で精神的な豊かさは、目に見えないものですから波動性を持つと言えます。

目に見える世界……お金、モノなどの物質
目に見えない世界……豊かさ、幸せ、喜びなどの感情

プロローグでお伝えした通り、目に見えるものはたった世界の5％しか占めていません。残りの95％は目に見えないものが占めています。つまり、この世界は目に見えないものの方が重要なのです。

言い換えれば、目に見えない精神的な豊かさが、目に見える物質的な豊かさを支えているとも言えるでしょう。もし、物質的に豊かになりたければ、目に見えない世界を観測し、今ある豊かさに気づくことが大切です。

あなたはどのようなことに豊かさを感じますか？
あなたはどのようなことに幸せを感じますか？
思いつく限りノートに書き出してみてください。

例えば、
- 病気もなく、健康的に暮らせている
- 日々、美味しい料理を食べることができる
- 安心して寝泊まりできる家がある
- 優しい家族と暮らしている

など出てくるかもしれません。

すると、あなたがいかに恵まれていて、幸せであるか気づくことができるでしょう。今ある幸せや豊かさに気づけると、自然と豊かさマインドを身につけることができます。そして豊かさマインドを身につけると、豊かさの波動を発するようになり、豊かな人生を手に入れることができるのです。

お金を引き寄せることができない人は、日々の生活に欠乏感を抱いている人です。「足りない」ものにフォーカスして、「お金がない」「お金が足りない」などの欠乏思考に陥ると、ますます貧乏マインドになっていきます。

一方で、豊かな人は充足感に満たされている人です。今すでに持っているものや、あるものにフォーカスして、豊かさマインドのエネルギーで満たされている人なのです。

では、具体的に豊かさマインドを身につけるにはどうしたいいのでしょうか？　ここでは量子力学を応用した豊かさマインドを手に入れる方法をお伝えします。

◯1．理想の豊かな世界をイメージする

量子力学では観測者が観測するまで、物質やエネルギーは確定された状態を持たない波動の状態とされています。つまり、私たちが意識的に理想の状態を観測することで、現実が創造されるのです。この原理を活用して、自分自身が

望む現実を創造する力を持っていると認識し、積極的に自分の望む未来をイメージしましょう。

◯ 2．無限の可能性を信じる

量子力学では、物質やエネルギーは確定された状態を持たず、無限の可能性を持っているとされています。この原理を活用して、自分自身にも無限の可能性があると信じ、自分自身を制限しないようにしましょう。あなたには無限の可能性があるのです。

◯ 3．ポジティブなエネルギーを放つ

量子力学では、物質やエネルギーは波動として存在し、相互作用することで現実が創造されるとされています。自分自身がポジティブなエネルギーを放つことで、周りの環境にもポジティブな影響を与え、自分自身を豊かにすることができます。そのためには、感謝の気持ちで、ポジティブな思考を意識的に育てることが大切です。

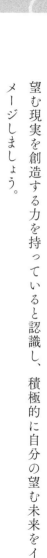

量子力学的幸せな生き方のポイント

「豊かさマインド」を身につけ、「豊かさのエネルギー」を発揮しよう！

CHAPTER 2

意識レベルを上げるとビジネスは加速する

BUSINESS
ビジネス

- ビジネスの成功は意識レベルの高さに左右される
- マーケティングが大切なのは、顧客に「観測」されなければ商品やサービスは存在しないようなものだから
- イノベーションは、分子のように存在するもの同士の組み合わせから生まれる
- ビジネスの理想形は「水」

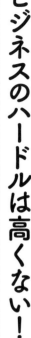

ビジネスのハードルは高くない！

ジム・ロジャーズ

前章でお金を増やすためにはビジネスをしよう、つまり起業か副業することをおすすめしました。しかし、このビジネスというものを、大変難しいものだと考えている人が多いのではないでしょうか。

実のところ、ビジネスはそんなに難しいものではありません。誰かの役に立つことさえできれば、それだけでビジネスだからです。思い切りハードルを下げて考えてみてください。「肩もみ10分1000円」や「靴磨き10分500円」なども、立派なビジネスです。本当に誰でも、明日からできるのが「ビジネス」なのです。

世界三大投資家の一人、ジム・ロジャーズは5歳の頃には少年野球の試合でソフトドリンクとピーナッツを販売する許可を貰い、父親から借りた100ドルでピーナッツを炒る機械を購入し、本格的なビジネスをスタートしたそう

です。6歳で100ドルを借りて、5年で返済し、銀行口座には100ドルあったといいます。

このように、小さな子どものときから商売やビジネスについて学ぶことができれば、お金の心配はなくなります。なぜなら、私たちのお金の心配は「会社が倒産したらどうしよう」「リストラされたらどうしよう」「給料が貰えなければお金がなくなってしまう」というところから来ているからです。

自分でビジネスをしてお金を作ることができれば、別にお金の心配をする必要はありません。必要なときは、いつでも自分でビジネスをすればいいだけだからです。つまり、どんな人でも（サラリーマンでも公務員でも、どんな職業の方でも！）、ビジネスには学ぶ価値があるのです。

◯ビジネスは価値とお金のエネルギー交換

ビジネスとは、価値とお金のエネルギーの交換です。価値のあるものを提供すれば、お金に変えることができます。価値が高いものは、エネルギーが高いので大きなお金に変換することができるのです。

そして、価値は「物質的な価値」と「精神的な価値」に分けることができます。目に見えるものは物質的な価値になります。例えば、ダイヤモンドなどの宝石はカラット、カット、カラーなど物理的に測定できるもので価値が決まります。

一方で精神的な価値は、喜びや感動などの目に見えないエネルギーが高ければ、大きなお金を生み出すことができます。マジックショーでも大きな感動を与えるマジシャンほど高いギャラを得られますし、ディズニーランドなどのレジャーランドは、老若男女問わずたくさんの人々に大きな感動のエネルギーを与えているため、世代を超えてリピートするお客様が多いのです。

○物質的価値は粒子性、精神的価値は波動性

物質的価値は、量子力学的には目に見えるエネルギーですから粒子性、精神

的価値は、目に見えないエネルギーですから波動性を持っています。目に見える価値とは、色、形、大きさ、重さ、数量など測定できるもので価値が決まります。

一方で、目に見えない価値とは、喜び、感動、感謝、笑い、安心感、幸福感など物理的に測定できないもので価値が決まります。

目に見えないエネルギーは周波数に比例しますから、喜びや感動などの目に見えないエネルギーが高いビジネスほど、その周波数が高いとも言えるでしょう。

「自由が得られるだけのお金が欲しかったから、私は5歳からビジネスを始めた」（世界三大投資家の一人、クォンタム・ファンド共同設立者、ジム・ロジャーズ）

量子力学的幸せな生き方のポイント

人のために役立つ価値を見つけて、ビジネスをスタートしよう！

大きく稼ぎたければ高い志を持とう

ビジネスのハードルは、それほど高いものではありません。誰にでも（5歳児でも！）できるものです。そこで、今度は「どうすればビジネスで成功できるのか？」について解説しましょう。

ビジネスを成功させる上で一番大切なのは、「ビジネスに対する意識レベル」です。つまり、何のために、誰のためにビジネスを行うか、ということ。この意識レベルによって、ビジネスがうまくいくかどうか、また成功の度合いが決まります。

例えば、意識レベルが個人レベルの場合。自分の幸せしか考えていない人のビジネスは、成功するかどうか微妙です。仮に成功しても、それほど稼ぐことはできないでしょう。

もう少し意識レベルが高い場合。家族の幸せや、地域に住む人たちの幸せを

スティーブ・ジョブズ

考えている人のビジネスは、かなり成功する確率が高くなります。稼げる額も増えていくでしょう。

さらに意識レベルが高い場合。日本中を幸せにしたい人、世界中を幸せにしたい人、さらには宇宙全体を幸せにしたい人……まで行くと、成功する確率も稼げる額もケタ違いになっていきます。

例えば、スティーブ・ジョブズは世界中にiPhoneを届けたいという意識でビジネスをしていました。その結果、iPhoneは世界で普及しました。反対に、そこまで考えていない人、ビジネスが日本中に広まればいい、と日本の市場しか考えていない企業もたくさんあります。そうすると、やっぱり日本にしかビジネスが広まらないわけですね。

要するに、ビジネスをする人の意識レベルが、個人レベルの個人なのか。家庭レベルの家庭人なのか。地域レベルの地域人なのか。日本レベルの日本人なのか。世界レベルのグローバル人なのか。宇宙レベルの宇宙人なのか。それとも変なことばかり考えている変人なのか（笑）。この意識レベルが結果に大きく影響しているのです。

○意識レベルはポテンシャル・エネルギー

実は、この意識レベルのビジネスへの影響は、ポテンシャル・エネルギーという物理学の概念で説明できます。

$$U = mgh$$

ポテンシャル・エネルギーとは、物体の「位置」によって決まるエネルギーであり、その大きさ（U）は物体がある位置の高さ（h）に比例します。

つまり、ポテンシャル・エネルギーは物体の位置が高ければ高いほど大きくなります。逆に低ければ低いほど小さくなります。

○高い志が大きな結果につながる

これが先ほどの「意識レベルの高さ」につながります。すなわち、意識レベルが高ければ高いほど、ポテンシャル・エネルギーと同様、その人が持つエネルギーは高くなるのです。

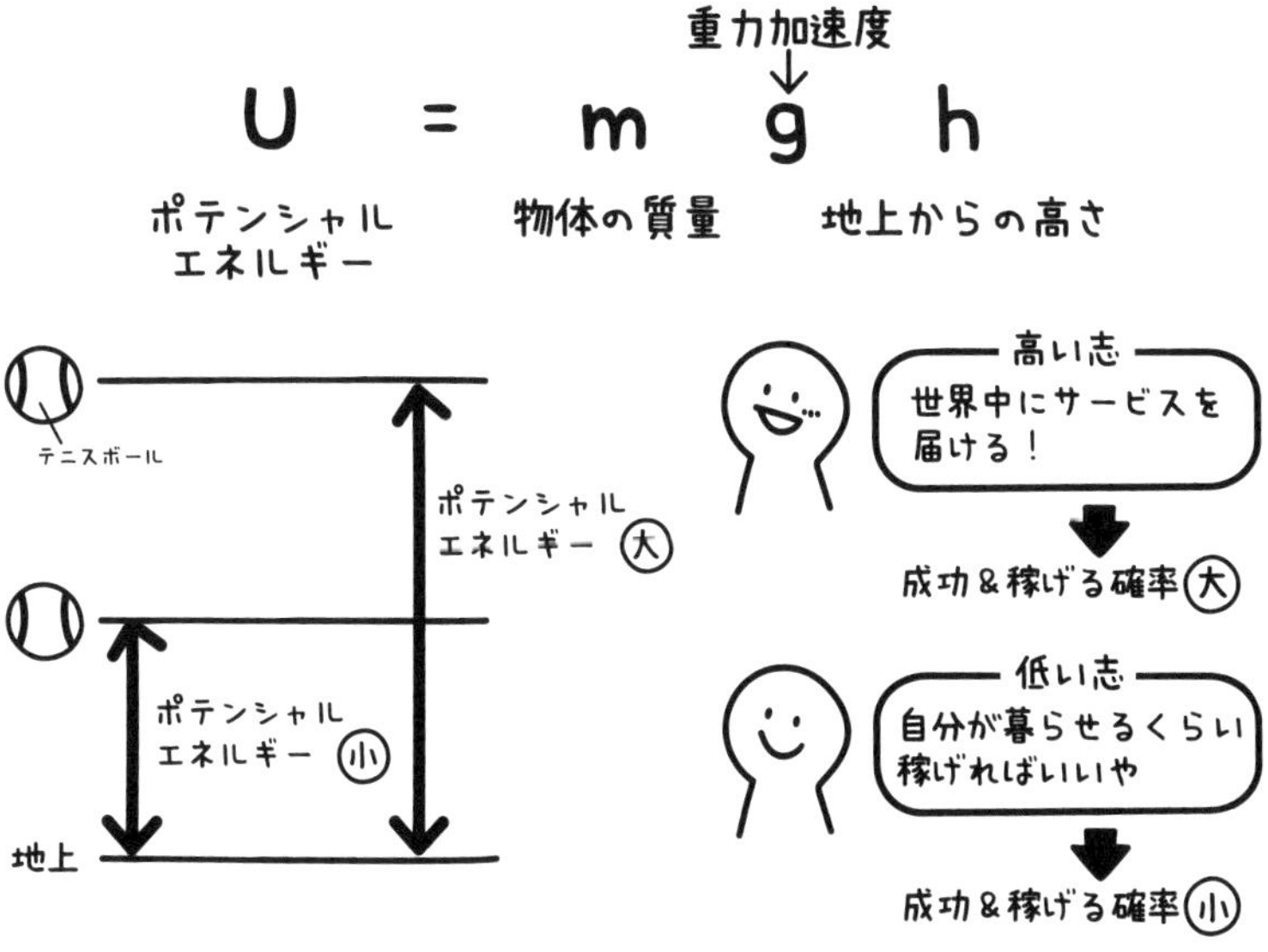

つまり、意識レベルの「高さ」＝ポテンシャル・エネルギーの「高さ」であり、どこまで高い意識レベルを持っているかによって、その人が持っているポテンシャル（＝可能性、潜在的な能力）が決まるとも言えるでしょう。

実際、高い志を持っている人ほど、大きな結果を出しているのではないでしょうか？　例えば、トヨタ自動車のような大企業は世界を市場にしています。世界に商品、サービスを届けたいという高いエネルギーと志でやっているから、大きな売上となるわけです。

あなたがビジネスをする上で、どこの意識レベルかを考えてみてください。いつも自分のことばかり考えていませんか？　自分のことばかり考えていたら、結果は出ません。月数万は稼げるかもしれませんが、小遣い程度にしかならないのです。

というわけで、ビジネスに取り組む際は意識レベル（＝ポテンシャル・エネルギー）を上げていきましょう。実際、ポテンシャル・エネルギーが高い人は行動力が違います。世界を視野に入れて飛び回りますから、自然にビジネスが大きく拡大していくのです。

※William John Macquorn Rankine（イギリスの機械技師、土木技師、数学者、物理学者）がポテンシャル・エネルギーを1853年に提唱したと考えられています。

量子力学的幸せな生き方のポイント

高い志を持つとポテンシャル・エネルギーが高まり、ビジネスは成功する！

売上アップの方程式

続いて、より現実的に売上をアップさせる方法をお伝えします。まず、売上は次のような公式で表すことができます。

売上＝客単価×客数×リピート率

ですから、売上をアップさせるための方法は3つしかありません。順番に一つずつ解説していきましょう。

○客単価を上げる＝ブランド価値を高める

客単価を上げる、つまり商品やサービスの単価を上げるには、その商品やサービスの価値を高めなければなりません。しかし、現在は商品やサービスの基本的性能に差がつかない時代（100円ショップの商品もごく普通に使えますよね？）です。そのため、これからの価値を高めて客単価を上げる方法は、ブランド価値を高めることに絞られるでしょう。
例えば、同じ商品でも3000円で買える鞄と30万~40万円するルイ・ヴィトンの鞄。鞄としての機能は同じなのに、ブランド価値が違うだけでこれだけの価格差が生まれています。

また、ブランド価値とは付加価値とも言えます。いま読んでいるこの本が、「芸能人も読んでいる!」となれば、急に価値が高まった気がしないでしょうか? 他にも、この本は読者の願望実現を願って一冊一冊、すべて伊勢神宮で祈祷していただいている……というエピソードがあれば、一冊5000円で売ることができるかもしれません。これが客単価を上げる=ブランド価値を高める、ということなのです。

ブランド価値は「目に見えない要素」ですから、量子力学的に言えばプロローグ「すべてはエネルギーに変換できる」で紹介した「E=hν」という方程式が当てはまります。この式は、「エネルギーは周波数に比例する」ということを意味しており、ビジネスの場合に置き換えれば、「客単価はブランド価値に比例する」と言えるでしょう。

つまり、現在の客単価が1000円であっても、ブランド価値という見えない要素を高めれば、1万円にも10万円にもなり得るということです。例えば、知名度を上げること、品質を高めること、権威性を高めることや実績を増やすことでブランド価値を高めることができます。

○客数を増やす＝広告・宣伝活動

客数を増やすためには、商品やサービスの認知度を高めなければなりません。そのために必要なのがマーケティ

量子力学の世界　エネルギーは周波数に比例する

$$E = h\nu$$

エネルギー　プランク定数　周波数

ビジネスの世界　客単価は商品やサービスの付加価値に比例する（ブランド価値）

ブランドバッグ

有名な○○さんも読んでる本

- 知名度を上げる
- 品質を高める
- 権威性を高める

ングです（ここでのマーケティングは、「広告・宣伝活動」という、やや狭い意味で使用しています）。特に新規顧客の獲得は商品・サービスを知ってもらわなければ始まりませんから、客数を増やすためにはマーケティングが重要なのです（マーケティングについては、次項でくわしくご説明します）。

認知度は測定することができますから、「目に見える要素」です。そのため量子力学的に言えば、プロローグ「すべてはエネルギーに変換できる」で紹介した「E＝mc²」という方程式が当てはまります。この式は、「エ

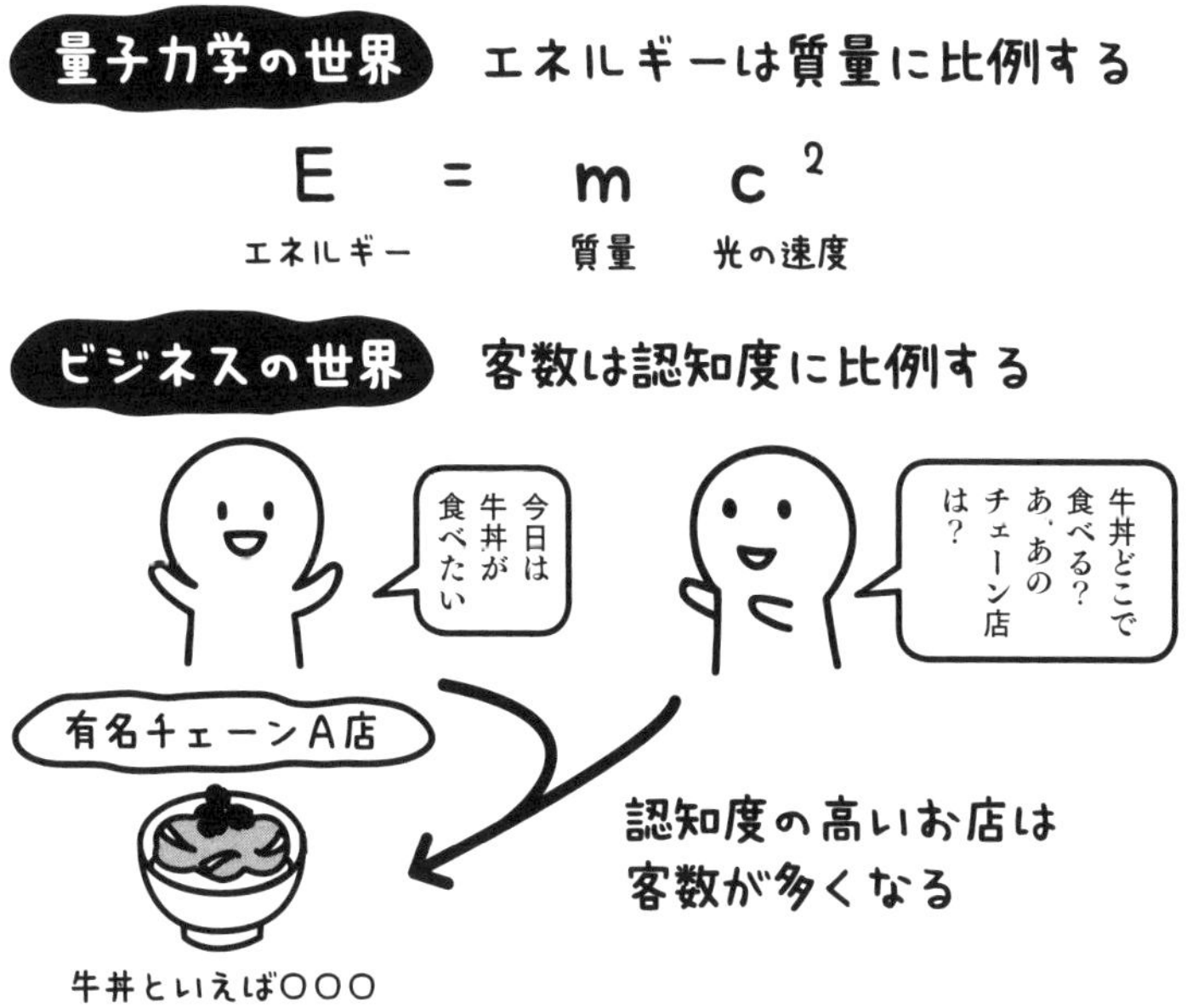
量子力学の世界
エネルギーは質量に比例する
E = mc²
エネルギー
質量
光の速度
ビジネスの世界
客数は認知度に比例する
今日は牛丼が食べたい
牛丼どこで食べる？あ、あのチェーン店は？
有名チェーンA店
牛丼といえば○○○
認知度の高いお店は客数が多くなる

ネルギーは質量に比例する」ということを意味しており、ビジネスの場合に置き換えれば、「客数は認知度に比例する」と言えるでしょう。

つまり、マーケティングによって認知度が高まるほど、客数は増えていくということです。観測される回数が2倍、3倍になれば、客数も伸びることになります。

◯リピート率を上げる＝顧客を感動させ、喜ばせる

リピート率を上げるためには実際にその商品・サービスを利用した方に喜んでもらい、「ワーオ!!」と思わず叫んでしまうほど感動させることが必要です。そのための秘訣は、お客様がびっくりするほどの「支払った価格を超える価値」を与えることです。

例えば、ここに1万円の商品・サービスがあったとします。その商品・サービスで、お客様に100万円の価値を与えてください。「倍返しだ!」の半沢直樹もびっくりの100倍返しです（笑）。

これができればリピート率が圧倒的に増えます。考えてもみてください。あ

なたも1万円のものを買って100万円の価値があったら、猛烈に感動して「コレ、すごいから誰かに紹介しよう」とか「もう一回行こう！」となるのではないでしょうか？

例えば、本一冊からは著者の長年の経験や研究から得られた知識や知恵を学ぶことができますから、本来は10万円から100万円の値段をつけてもいいかもしれません。しかし、それを数千円で提供することで、読者が感動して本が紹介されたり、広まったりするというわけですね。

なお、100万円の価値とは商品・サービスそのものの力（＝商品力）です。商品力や接客、サービスが価格を大きく超えていれば、リピートと紹介はどんどん増えていくでしょう。

顧客の感動や喜びは「目に見えない要素」です。そのため量子力学的に言えば、プロローグ「すべてはエネルギーに変換できる」で紹介した「E＝hν」

という方程式が当てはまります。
この式は、「エネルギーは周波数に比例する」ということを意味しており、ビジネスの場合に置き換えれば、「リピート率は顧客の感動や喜びに比例する」と言えるでしょう。

つまり、顧客を感動させ、喜ばせることができれば、何度でも商品やサービスをリピート購入してもらえるということになります。

まとめると、売上をアップさせるには、「いかにブランド価値を

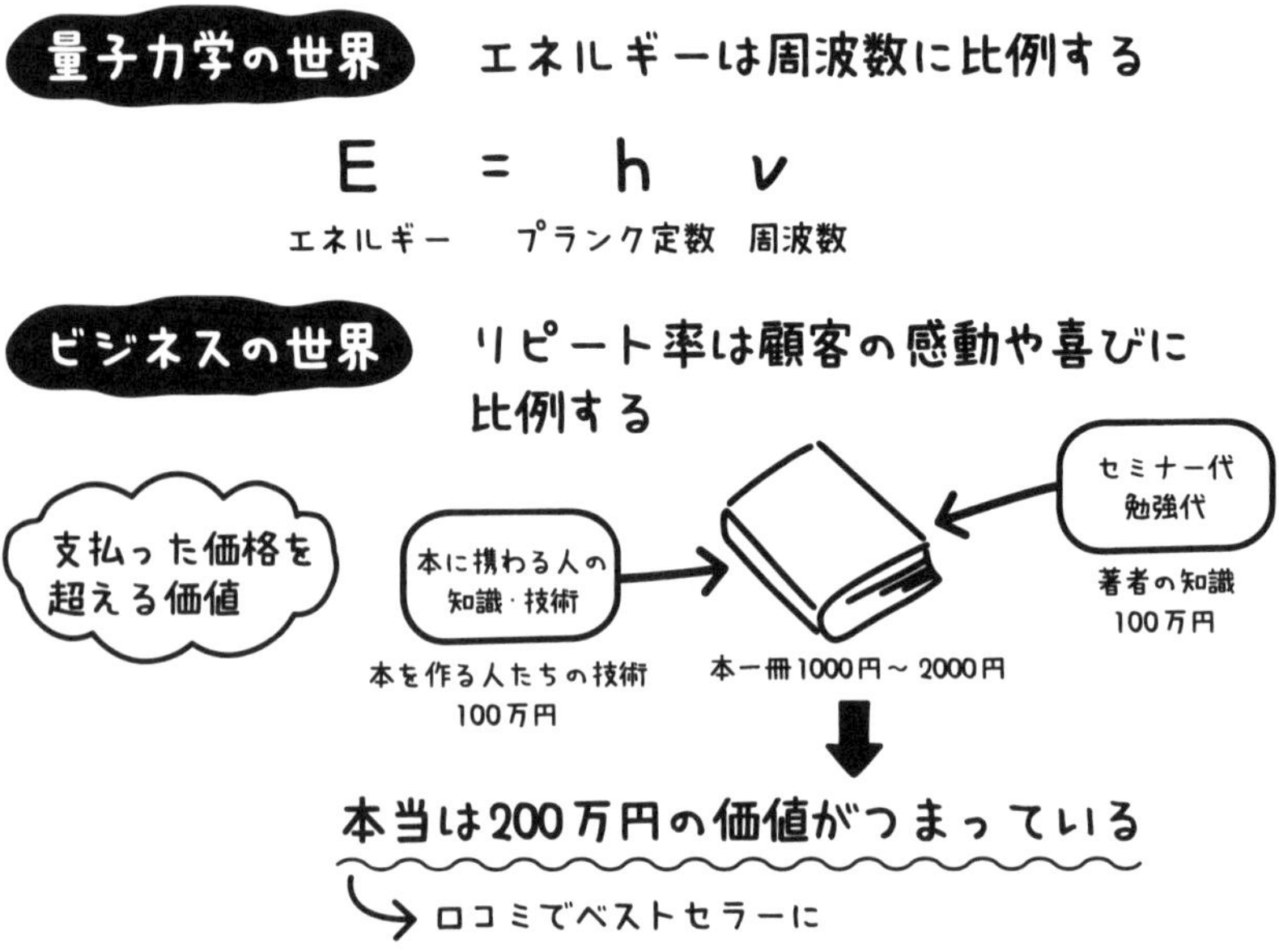

ガリレオ・ガリレイ

高めるか」「どうやって新規のお客様に商品・サービスを知ってもらうか」「どのように商品・サービスでお客様に喜びと感動を与えるか」を常に考えればいいのです。

「どんな真実も、発見してしまえば誰でも簡単に理解できる。大切なのは発見することだ」
（イタリアの天文学者、ガリレオ・ガリレイ）

量子力学的幸せな生き方のポイント

売上アップには、ブランド・マーケティング・商品力のことだけ考えよう！

異なる原子の結合はイノベーション！

イノベーションとマーケティングはどちらもビジネスを発展させるために欠かせませんが、それぞれ異なる意味を持ちます。

イノベーションは、新しいアイデアや技術を開発し、それを商品やサービスに反映することです。イノベーションは製品やサービスの品質向上、コスト削減、新しい市場の開拓、競合優位の獲得などを実現するために重要な役割を果たします。

一方、マーケティングは、広い意味で製品の開発から販売、広告、プロモーション、顧客サービスまでのすべての活動を指します。つまり、顧客が製品を購入するために必要な活動を設計し、実行することです。

まとめると、イノベーションは新しい製品やサービスを開発し、ビジネスを成長させるための活動であり、マーケティングは顧客に対して製品やサービスを効果的に販売するための活動になります。

◯イノベーションにつながる発想は、すでにあるもの同士の組み合わせ

では、イノベーションを生み出すには、どうすればいいのでしょうか？　ここでは量子力学的な発想法を紹介します。

この世界に存在するさまざまな分子は、原子と原子の結合によって生み出されています。例えば水素原子と酸素原子が結合すると、水分子が生まれますね？　水素と酸素から水という新しい物質が生まれるのですから、これはある意味でイノベーションと言えます。

つまり、**新しいアイデア（＝イノベーション）とは「すでにあるもの同士の組み合わせ」なのです。**例えば、鉛筆と

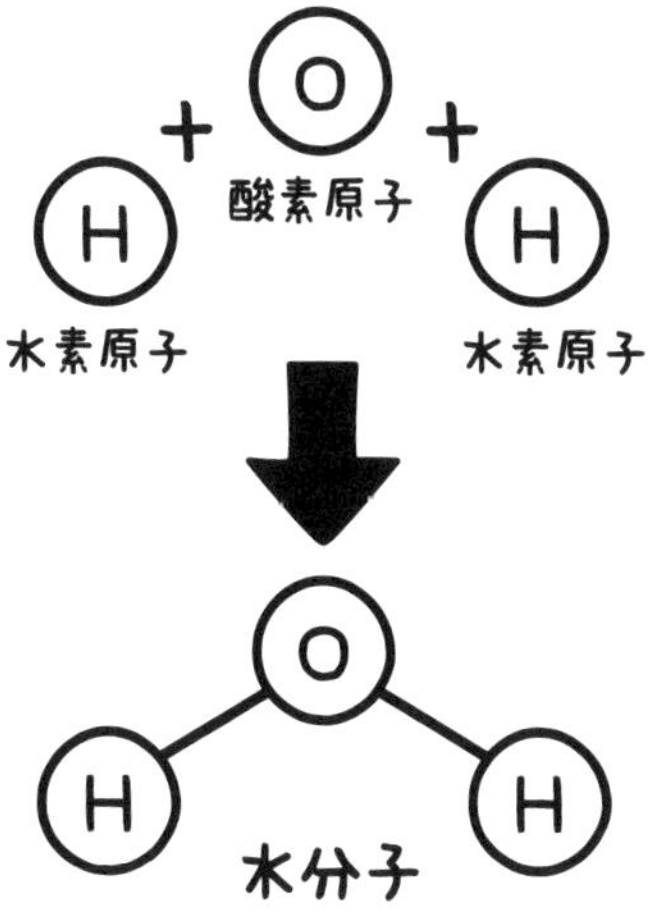

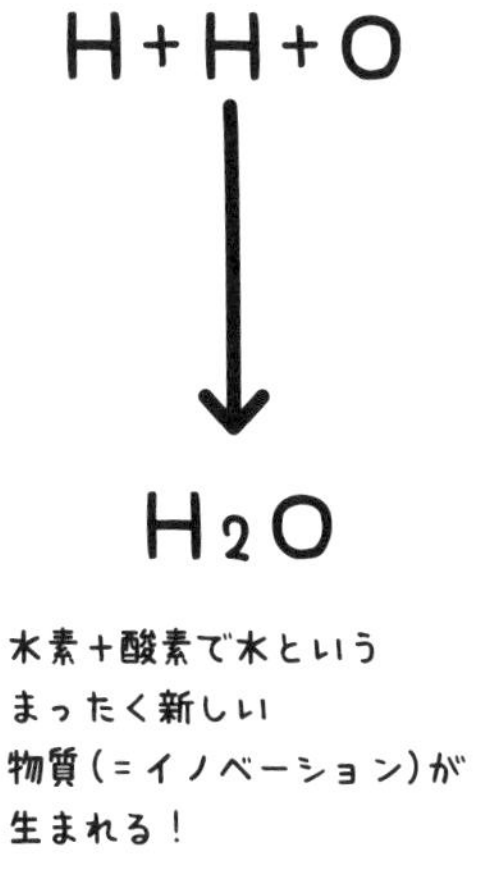

消しゴムを組み合わせることで「消しゴム付き鉛筆」は生まれましたし、カレーとうどんが組み合わさって「カレーうどん」が生まれました。

私はこれと同じ発想で、「量子力学とコーチング」「量子力学と成功哲学」「量子力学とスピリチュアル」を組み合わせました。それがイノベーションとなったわけです。

この本も「お金と量子力学」「ビジネスと量子力学」「人間関係と量子力学」など、さまざまな分野を量子力学と組み合わせました。一見、関係ないもの同士に見えますが、量子力学を通してその分野の原理原則が説明できるというイノベーションが生まれています。

◯宇宙創造のプロセスもイノベーションだった

このイノベーションにつながるアイデアの発想法は非常に重要で、実は宇宙創造のプロセスともまったく同じです。

宇宙はもともと、なにもない完全な「無」でした。素粒子と反粒子が同じ数だけ存在し、それらがぶつかり合って消滅し続けていたのです。この素粒子を男性、反粒子を女性、宇宙を婚活パーティーだとすると、全員マッチングが成立して会場から出ていったようなものです（笑）。

しかし、あるときマッチングが成立せず、素粒子が余りました。これが物質の起源であり、その組み合わせによって無数の物質が生まれたのが宇宙創造のプロセスなのです。

同じように、この世界ではあるものとあるものがぶつかり合い、結合することによって新しいイノベーションやソリューション（＝解決策）が生まれます。そして「組み合わせ」はいくらでもありますから、アイデアも無限に出てくるのです。この発想ができれば、ビジネスはうまくいきます。

「ビジネスのアイデアが浮かびません」と言う人がいますが、今あるものを組み合わせるという発想を試してみてください。

◯真似ができないゴールドオーシャンを狙おう

量子力学を研究している大学教授はたくさんいるでしょう。コーチングをやっている人、成功哲学を教えている人もたくさんいます。しかし、私が起業した当初は量子力学と成功哲学、コーチングを組み合わせた人は他にいませんでした。

競合の多いマーケットを「レッドオーシャン」と言いますが、この分野はまったく競合する人がゼロでしたから、「ブルーオーシャン」を超えたマーケットが生まれたのです（私はこれを「**ゴールドオーシャン**」と呼んでいます）。

エステや整骨院なども、それ単体では競争相手がたくさんいるでしょう。このようなレッドオーシャンでは厳しい価格競争が避けられません。ですから、ぜひ皆さんが持っているものを組み合わせてイノベーションを起こし、ゴールドオーシャンを生み出してください。そうすると、これはもう誰にも真似ができません。

この「組み合わせ」の発想を使えば、いくらでも新しいビジネスが作れます。例えば、あなたがＢａｒの経営者だとしましょう。神社とＢａｒを組み合わせた「神社×Ｂａｒ」というお店を開くのはどうでしょうか？　店内には巫女さんがいて、お賽銭を払い、おつまみはおにぎり、お酒はお神酒……というユニークな店作りができそうです。

現在、多くの神社は参拝者が減っており、潰れてしまうところもあります。この「神社×Ｂａｒ」の売上の一部を地域の神社に寄付するという仕組みを作れば、神社の再生、社会貢献にもつながるでしょう。こういった組み合わせによって、オリジナルのブランドが作れるかもしれません。そして、その分野ではあなたが第一人者ですから、価格競争に巻き込まれることもなくなるのです。

組み合わせによるビジネスアイデアは本当に無限です。皆さんが持っている知識・経験・情報・人脈などをうまく組み合わせると、それがビジネスのイノベーションになるのです。

「アイデアとは、既存の要素の新しい組み合わせ以外の何ものでもない」
（アメリカの実業家、ジェームス・ウェブ・ヤング）

量子力学的幸せな生き方のポイント

持っているものを組み合わせて、ビジネスにイノベーションを起こそう！

マーケティングは「観察者効果」である

さて、ビジネスを拡大させるためには、イノベーションとマーケティングの両方が必要です。この2つが高いレベルで揃ったとき、ビジネスは急速に伸び始めます。

例えば、私の場合「量子力学コーチング」というイノベーションを起こしました。これは従来のコーチングを、すべて量子力学で解明してオリジナルメソッドで行うものです。さらに、脳科学、心理学、成功哲学を量子力学で解明するのは一種の発明であり、これまで誰もやっていなかったものでした。

しかし、これだけで現在のように広がることはありませんでした。「量子力学コーチング」というイノベーションにプラスして、マーケティングが必要だったのです。

これは量子力学における「観測者効果」によく似ています。量子力学において、あらゆる存在を構成している素粒子は観測されるまで波の状態（＝目に見えない状態）にあると考えられています。そして、観測されることによって初めて素粒子は粒子の状態（＝目に見える状態）になり、この世界にはっきり存在できるのです。

例えば、もし私が本を書いたとしても、マーケティングによって本の存在を知ってもらわなければ一冊も売れません。つまり、本を書いてもマーケティングで読者に観測してもらえなければ、本は書かれなかった（＝存在しなかった）も同然なのです。これをビジネスで考えると、どんな素晴らしい商品やサービスを揃えても、マーケティングが欠かせないということになります。いかに見られるか、どのように観測されるかを工夫することによって客数が増え、結果的に売上がアップするのです。個人でビジネスを行う場合はブログ、メルマガ、Instagram、YouTube、Twitterなど、さまざまなマーケティングツールを使って情報を発信することができます。企業であれば、テレビCMや電車広告、タクシー広告などで発信し、認知度を高めることができるでしょう。

量子力学的幸せな生き方のポイント

ビジネスを伸ばすポイントは、イノベーション×マーケティング！

コンテンツホルダー×マーケッター＝∞《無限大》

ビジネスにはイノベーションとマーケティングの両輪が必要と言われますが、どうしても「イノベーションが苦手」「マーケティングが苦手」という人や会社は存在します。このようなときにおすすめしたいのが「コラボレーション」です。

例えば、Aさん（または会社A）はイノベーションが得意でマーケティングが苦手、Bさん（または会社B）はイノベーションが苦手で、マーケティングが得意だとしましょう。このような場合、お互いが得意なものと苦手なものを補完し合うことによって、ビジネスの成功確率を引き上げることができます。これがコラボレーションです。

私の場合もコラボレーションでビジネスを成功させてきました。自分で量子力学コーチングというコンテンツを開発しましたが、マーケティング能力がなかったのです。そこでマーケティングの専門家とコラボレーションすることにしました。

最初にYouTubeライブの反響をマーケッターの方に見てもらい、一気にインターネット広告に毎月数千万円ほどの大きな金額を投資してもらいました。その結果、2年半でLINE読者12万人、売上9億円を達成することができたのです。

もし、私がビジネスではコラボレーションが大切だということを知らなければ、おそらくマーケティングも自分でやろうとしていたでしょう。そうすると、どうしても投資する金額は小さいものになり、ビジネスも大きく発展しなかったでしょう。やはりプロのマーケッターと組んだことで、素早く、大きな結果を出すことができたのです。

○ビジネスの2つの選択肢

さて、ビジネスにはイノベーションとマーケティングの両輪が必要という意味で、私たちのビジネスには2つの選択肢があります。それは「あなたはコンテンツホルダーになりたいですか？　それともマーケッターになりたいですか？」という選択肢です。

コンテンツホルダーとは、自ら研究開発をして商品やサービスを作る人です。マーケッターとは、商品やサービスを売るために、市場調査、広告、販売促進などを行う専門家です。

ビジネスをやる上では、このどちらに注力するかが大きな分かれ道になります。これを意識していないと、「営業を若いときにやっておくと役に立つ」というよく分からない理論に流されて、本当はモノづくりがしたいのに営業職として働いてしまう……みたいなことをしてしまいます。

それでは自分の中に知識やノウハウが積み上がらず、中途半端で終わります。ですから、まずはコンテンツホルダーかマーケッターのどちらかに集中して、磨きをかけるのがオススメです。

そして、コンテンツホルダーを選んだ場合は、マーケッターとコラボレーションすることを忘れないでください（マーケッターはコンテンツホルダーと組まなければ売るものがありませんから大丈夫でしょう）。それを知らずに自

コンテンツホルダー
マーケッター
リスティング広告
TV広告
SNS広告
商品やサービスを作る
商品やサービスを売る

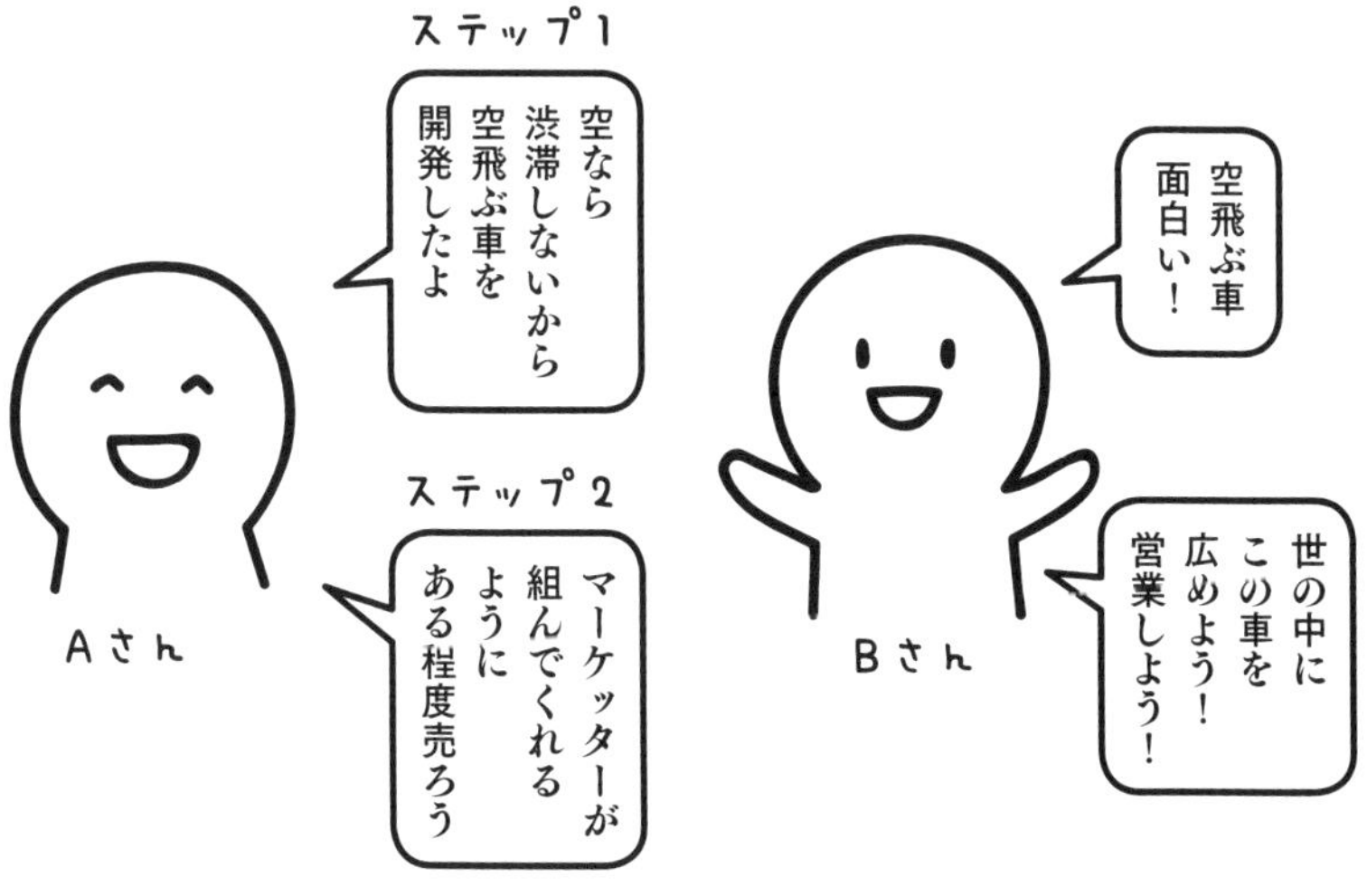
ステップ1
空なら渋滞しないから空飛ぶ車を開発したよ
ステップ2
マーケッターが組んでくれるようにある程度売ろう
Aさん
空飛ぶ車面白い！
世の中にこの車を広めよう！営業しよう！
Bさん

分でマーケッターもやろうとして、たくさんの人が伸び悩んでいます。せっかくいいコンテンツを持っているのに、非常にもったいない話です。

ただし、コンテンツホルダーであっても、ある程度は自分でマーケティングとブランディングをする必要はあるので注意してください。そうしなければ、そもそもマーケッターが組んでくれません（彼らも自分たちのお金を投資して売るわけですから、ある程度売れる見込みがなければ困るのです）。

だから、自分できちんと売って実績を作り、マーケッターに「これは売れるな」「やる価値があるな」と認知してもらう必要があります。具体的には、例えば10人の見込み客を集めると1人購入してくださるといったデータを集めることです。

マーケッターはこれを見て、「マーケティングで見込み客を100人集めれば10人に売れる、1000人集めれば100人に売れる」と予測を立てることができます。そこからコラボレーションするかどうかを考えますから、コンテンツホルダーを目指す方も、少なくともこのデータをとるところまでは自分でやるようにしましょう。

量子力学的幸せな生き方のポイント

ビジネスをするときは、得意・不得意を補い合えるパートナーと組もう!

ビジネスで欠かせない3つのポイント

ビジネスをする場合、大切な3つのポイントがあります。それは「相手視点」「仕組み作り」「レバレッジ」の3つです。

◯相手視点＝相手の目に見えない潜在ニーズを見つける

まず、相手視点についてです。ここでは「てこ」をイメージしてください。

「てこ」の原理は古くから知られており、人間の力だけで巨大な石などを動かすことができました。

この「てこ」には支点・力点・作用点という3要素があり、支点の位置をずらすと「てこ」の働きが変わります。支点の位置を力点に近くするほど物を動かすには大きな力が必要になり、支点の位置を作用点に近くするほど物を動かすのは簡単になります。

ビジネスでは、この「てこ」の支点を「視点」、力点を「自分」、作用点を

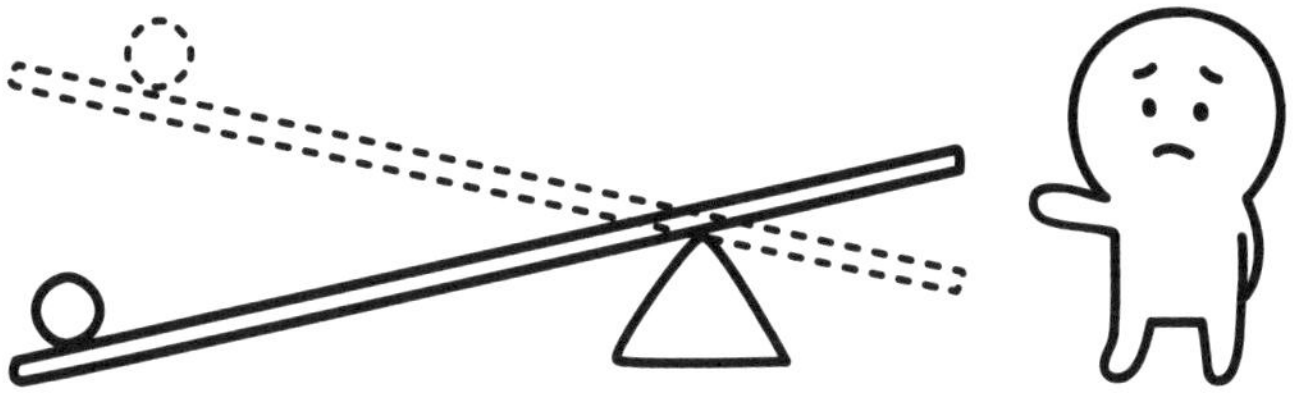

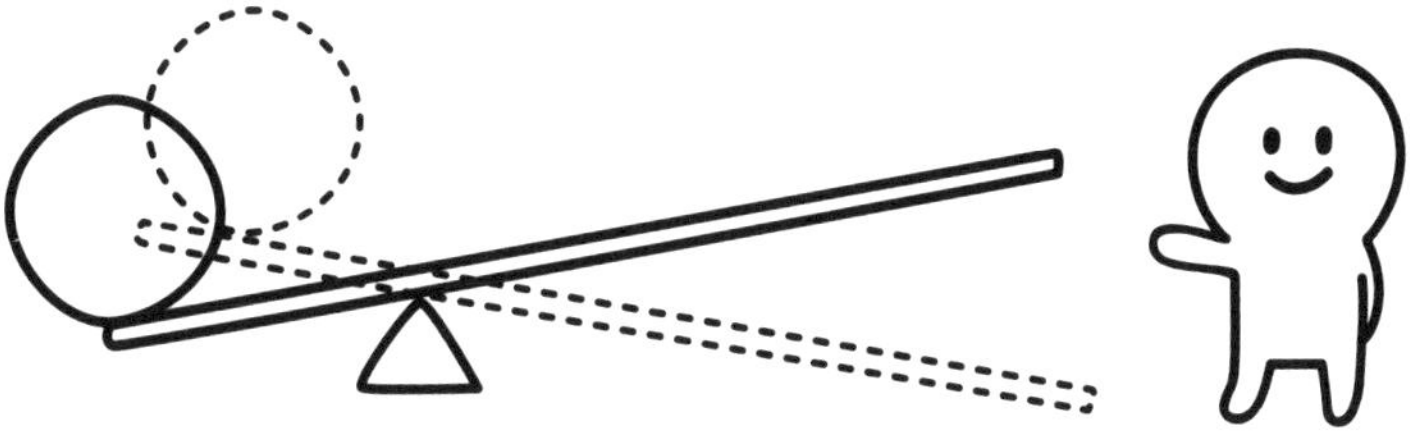

支点（＝視点）を作用点（相手）に近づけるほど、小さな力で大きなものを動かせる！

「相手（＝お客様）」だと考えてください。すると、私たちの視点を自分の方に近くするほど、相手を動かすには大変な労力がかかることが分かります。つまり、自分の都合ばかり考えていると、いくらコストをかけてもなかなか売上はアップしない……ということですね。

反対に、視点の位置を相手の方に持っていくほど、相手を動かすのは簡単になるわけです。相手（＝お客様）の視点に立てば立つほど、小さなコストで大きな売上があげられるとも言えるでしょう。

つまり、相手の立場に立って、相手が何を望んでいるのかを察知し、相手が望んでいることを提供すれば、ビジネスはうまくいく。これが相手視点ということです。そのためには、相手の目に見えない潜在ニーズを見つける必要があります。量子力学的には観測されていない見えないニーズは波の状態であり、人が気づいていないものを見つけることです。

◯仕組み作り＝蛇口をひねるだけでお金が入ってくるようなマーケティング

次に、仕組み作りについてです。昔は、飲み水を遠くの川や井戸まで汲みに行き、それを家まで運ぶ……ということを毎日やっている時代がありました。しかし、ダムを建設して水道のインフラを作ったら、水を汲みに行かなくても蛇口をひねるだけで水を飲めます。これはビジネスで言えば、蛇口をひねるだけでお金が入ってくるようなマーケティングの仕組みを作るイメージになります。

例えば、まずFacebook広告を出し、そこからメルマガやLINEに登録してもらいます。そして、登録された方に定期的に情報配信を行い、興味がある方に商品やサービスを購入してもらう仕組みを作ることです。

◯レバレッジ＝一度の労力で多くの方に価値を提供できるか

最後に、レバレッジについてです。これは何かというと、一度の労力でどれだけ多くの方に価値を提供できるか考えることです。

アルキメデス

例えば、セミナーや研修などの人に教える仕事をすべて1対1でやっていたらどうなるでしょうか？　「今日はあなた」「明日はあなた」と100人を相手にしていたら、ものすごい労働量になってしまいます（笑）。

しかし、セミナーや講演というのは参加者が10人でも、100人でも、1000人でも講師の労働時間は同じです。ということは、労働時間が同じなのに売上は10倍、100倍、1000倍にもなりますから、これはレバレッジが効くビジネスだと言えます。

　ビジネスで成功するにはレバレッジが効くものを選ぶことが大切ですが、マーケティングでも同じ発想が大切です。一人一人対面で営業セールスをするのと、YouTubeライブでテレビ通販のように大人数を相手にセールスするのは、どちらが合理的でしょうか？　やはり、レバレッジが効くビジネスを選んだ方がいいでしょう。

「私に支点を与えよ。そうすれば地球を動かしてみせよう。」
（古代ギリシャの数学者、物理学者、天文学者、アルキメデス）

量子力学的幸せな生き方のポイント

ビジネス成功のポイントは、相手視点・仕組み作り・レバレッジ

ビジネスの最高のお手本は水

古代中国の思想家である老子の言葉に「上善水の如し」というものがあります。私はこの言葉が大好きなのですが、要するに「最善の生き方は水のような生き方である」ということです。

水のように生きるとは、どういうことでしょうか？　例えば、もし地球上の水がなくなってしまったらどうなるでしょう。人間はもちろん、動物も植物も生きていけません。ミジンコだって死んでしまいます（笑）。

このように水はすべての生命に利益をもたらしており、水のように生きるとは、周囲のすべてに利益をもたらす生き方なのです。

これからの時代はどんなビジネスが成功するかというと、この水のように人間にだけでなく、動物や植物、ミジンコにも利益をもたらす優しいビジネスです。

すべての生命に利益をもたらす水のような商品・サービスを考えれば、みんなから愛され、応援されるでしょう。これからの時代はこのような商品・サービスが生き残っていくと思います。

◯どんな状況でも柔軟に対応できるウォーターフロー経営

私が提唱する「**ウォーターフロー経営**」は、このような考え方が土台になっているのですが、水の素晴らしさはそれだけではありません。

「雨垂れ石を穿《うが》つ（ポツリポツリと落ちる雨垂れは硬い岩にも穴を開ける）」という言葉があるように、水はとてつもないパワーを持っています。また大河の流れのように、どんな困難があっても押し流し、乗り越えてしまう力も持っています。

つまり、**ウォーターフロー経営というのはどんな状況でも柔軟に、臨機応変に対応する**ということでもあります。これができる経営者は生き残ることができます。

例えば、コロナ禍では多くの会社が大変苦労しました。しかし、このような状況でも売上を伸ばした会社はたくさんあります。反対に、コロナ禍という状況に対応できず、昔のやり方を変えられなかった会社は突然潰れてしまうこともありました。

レストランで言えば、急に客数が減って困った店は無数にあったでしょう。

しかし、出張シェフのサービスを新たに作りましたとか、テイクアウトやウーバーイーツを始めましたというように、すぐに対応した店は生き残っています。

この水のような柔軟性がビジネスでは大切です。

◯水のような経営哲学、コラボレーションが時代の主流

また、映画俳優として有名な武術家ブルース・リーは、こんな名言を残しています。

「Empty your mind, be formless, shapeless – like water.
心を空にせよ。型を捨て、形をなくせ。水のように
Now you put water into a cup, it becomes the cup,
カップにそそげば、水はカップの形になる

Be water, my friend.
友よ、水のようになりなさい」

ブルース・リー

水はティーカップやボトル、ポットなど、どんな形の容器にもそそぐことができます。つまり、どんな変化も受け入れ、誰とも争わないということです。水を理想とするウォーターフロー経営も、すべてのものに利益をもたらしながら、誰とも争わない経営手法になります。

今まではコンペティション（＝競争。他社を蹴落とし自分が売上ナンバーワンを目指す姿勢）が多くの会社の考え方でした。しかし、これからの時代に求められるのはコラボレーション（＝共創。他社と協力しながら発展していく姿勢）です。つまり、水のような経営哲学がこれからの時代の主流になっていく、と言えるでしょう。

このコンペティションとコラボレーションは英語でCompetitionとCollaborationというように、どちらも頭文字がCですが、このCは原子記号では炭素を表します。

そして、この炭素原子Cで構成されているものに黒鉛がありますが、黒鉛は鉛筆の芯にも使用されているようにとても柔らかく、す

黒鉛（＝コンペティション）

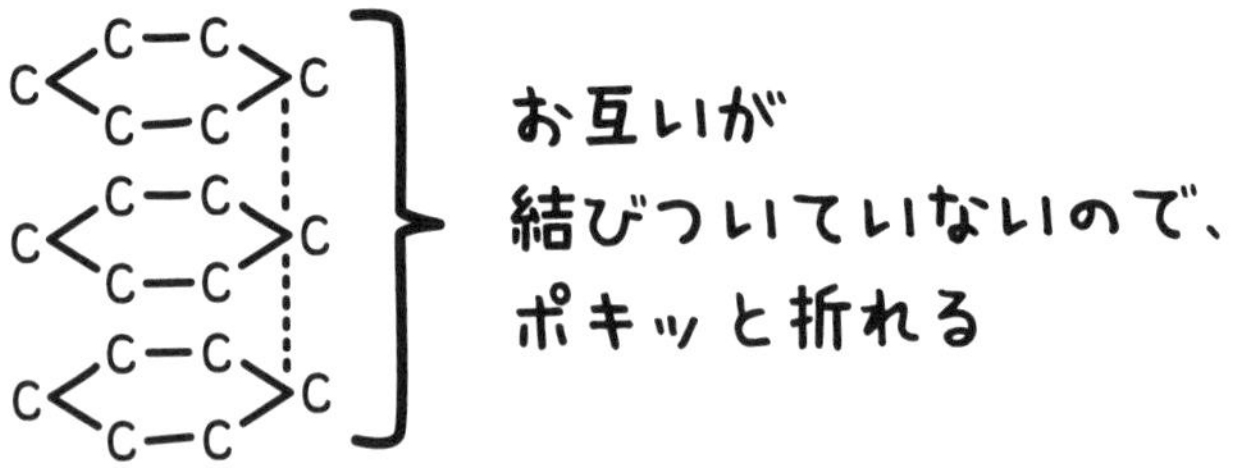
お互いが
結びついていないので、
ポキッと折れる

ダイヤモンド（＝コラボレーション）

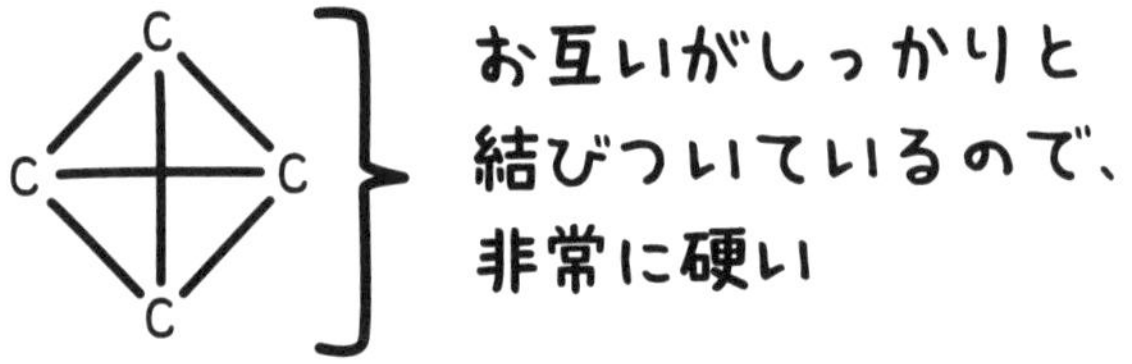
お互いがしっかりと
結びついているので、
非常に硬い

ぐにポキッと簡単に折れてしまう特徴があります。

実は、この黒鉛の構造がビジネスにおけるコンペティションの考え方に類似しています。黒鉛の構造は、炭素原子が平面的に六角形でつながったシート状の層が重なっているだけで、炭素原子同士はしっかりと結びついていないのです。

これはまるで、誰とも協力しないコンペティションという経営哲学を持つ会社が、調子がいいときはいいかもしれないけれど、突然あらわれたライバルに蹴落とされたり、世の中から批判されてポキッと折れたりすることによく似ています。


一方、同じ炭素原子Cからできているダイヤモンドは非常に硬い物質です。これはダイヤモンドを構成する炭素原子同士が、正四面体で立体的に非常に強固に結合しているためです。

これはコラボレーションによって、誰にも負けないビジネスを作り出している人や会社によく似ているのではないでしょうか。まさに、自然界の法則から考えても、コンペティションよりコラボレーションの方が理にかなっていると言えるでしょう。

量子力学的幸せな生き方のポイント

ビジネスでは水のようにすべてに利益をもたらし、変化し、争わないこと

CHAPTER 3

大切なのは自分と相手の価値観を知ること

HUMAN RELATIONS

人間関係

- 人間関係で大切なのは、相手を自分の物差しで評価しないマインド
- 自分の器を広げれば、自然と人間関係は良くなる
- 魅力的な人になるために、男性的な側面と女性的な側面をバランス良く持とう
- 自然界に存在する４つのエネルギーを参考にした「人間の４つのタイプ」を人間関係に役立てよう

原石同士が磨き合って輝くダイヤモンド

人間関係の悩みを解決する究極の方法……それは人格を磨くことです。人格を磨き、人としての器が大きくなれば、人間関係に悩むことはなくなります。

しかし、「人格を磨く」と言われてもなかなかピンとこないでしょう。タワシでゴシゴシ磨くわけにもいきません（笑）。では、どうすればいいかというと、人格は自分と相反する考え方や価値観を持っている人にぶつかったときに磨かれます。

これはインドでダイヤモンドが発見されたときの話ですが、あるインド人が袋の中にダイヤモンドの原石をたくさん詰めて、歩いていたそうです（ちなみにダイヤモンドの原石は、そのままでは半透明の石に過ぎません）。

すると、しばらくして袋を開けたら、ダイヤモンドの原石はキラキラと輝く宝石になっていました。ダイヤモンドは鉱物の中で最も硬いので、その原石同士で磨きあって初めて、輝くことができたのです。

これと同じように、人間もお互い違う価値観同士が触れ合うことにより、

「こういう考え方や価値観もあるんだな」ということを知って、器が広がるわけです。人格が磨かれている人とは器の広い人であり、ちょっとしたことでカチンときたりイライラしたりしません。いろいろな人をおおらかに受け入れ、自然と相手に尊敬されるような人物です。

私たちも日々生活していると、イラッとしたり、カチンときたりする瞬間があると思います。しかし、これは自分の器の小ささを相手が教えてくれている、ということなのです。

ですから、そういう瞬間は人格を磨く機会だと考えるようにすれば、次第に器が大きくなります。やがて、どんな人でも受け入れられるようになり、どんな人とも仲良くなれてしまいます。もちろん同時に、みんなから愛されることでしょう。

量子力学的幸せな生き方のポイント

人間関係のさまざまな衝突は、人格を磨くチャンスだと考えよう!

他人をジャッジしない「量子思考」

人間関係の問題が発生する原因の一つは、人をジャッジすることです。あなたの身の回りでも、すぐに人を評価したりジャッジしたりして、いつも誰かとぶつかっている人はいないでしょうか？

私の周りにも、「指輪を人差し指につけている人が許せない！」という人がいました。理由を聞くと、フォークを持ったときにカチカチ当たる音がうるさいそうです。このように自分のルールで他人をジャッジする人は、周囲から「面倒くさい人だなあ……」と思われて、良い人間関係が作れません。

◯波と粒の中間的マインドで人間関係をスムーズに

人間関係を良くしたい人におすすめなのは、水のような「波と粒の中間的マインド」を持つことです。水はご存じの通り、0℃以下に冷やすと氷になり、100℃を超えると水蒸気に、その中間では液体の状態になります。このように固体↓液体↓気体と状態ががらりと変わることを相転移と言います。

そして、固体の氷の状態は量子力学的には、粒の状態です。はっきりと目に見える形があり、「こうすべき」「こうあるべき」「これが正しい」「これが絶対だ」という特定の観念にとらわれているイメージです。

それがどんどん溶けていくと、液体の水になります。これは粒かもしれないし、波かもしれないという波と粒が混じり合った状態です。液体の水同士は、ぶつかっても痛くもかゆくもありません。お互いが調和し、仲良く共存することができます。

しかし、さらに状態が変化して気体

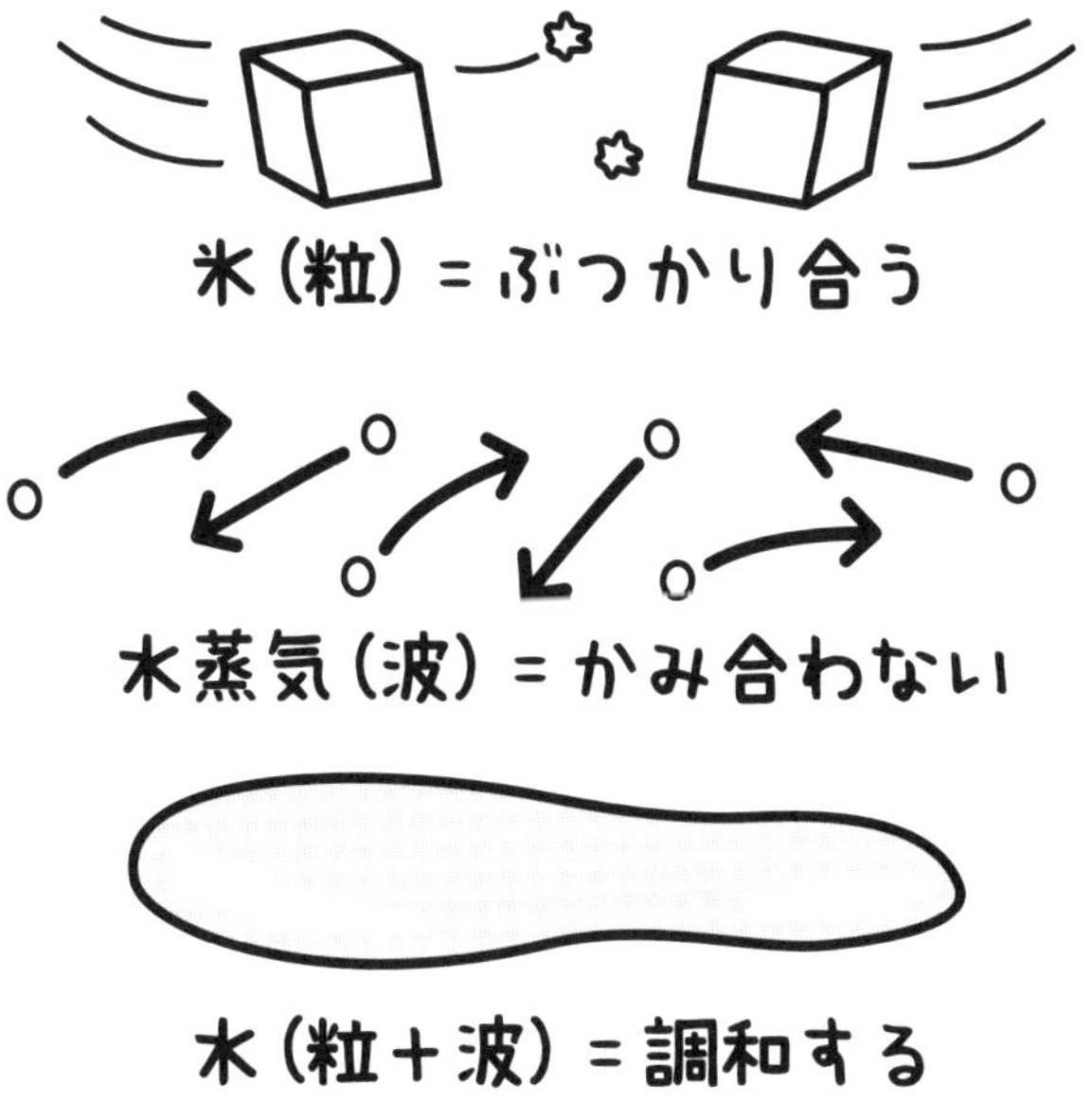
氷(粒)=ぶつかり合う
水蒸気(波)=かみ合わない
水(粒+波)=調和する

の水蒸気になったら、これは波の状態です。フワフワすぎて、相手のことを考えずにあっちこっち自由に飛び回ってしまいます。いわば、スピリチュアルな世界に行きすぎて、地に足がついていない状態。コミュニケーション不能の状態とも言えるでしょう（笑）。

◯人とぶつかる人は、氷のように固い固定観念がある

つまり、こうすべき、こうあるべきという自分の固定観念や信念、ビリーフを持っていると、氷のように人間関係でぶつかってしまうのです。一方、そうかもしれないけれども、そうじゃないかもしれないね、という水のようなマインドを持っていれば、人間関係でぶつかることはありません。

例えば、「時間厳守は絶対だ」と思い込んでしまうと、時間を守らない人といつもぶつかってしまいます。「なんで遅刻するんだ！」と、しょっちゅう怒らなければならないでしょう。

しかし、そういうこだわりのない、水のように器の大きな人になれば怒ることはなくなります。

私がイギリスに住んでいたとき、イギリスの電車やバスは30分くらいの遅刻は当たり前でした。

さらに、そもそも電車やバスに時刻表がないタイのような国もあります。また、インド人と仕事をした人から聞いた話ですが、彼らにとって2〜4時間ほどの遅刻は当たり前だそうです。

「4時間も遅刻する人と仕事なんてムリ！」と思われるかもしれませんが、日本人も昔は時間にルーズでした。江戸時代の時計は日時計だったので、「丑の刻」「午の刻」というのもだいたい30分はズレていたそうです。それでもちゃんと待ち合わせしたりできていました。

本来、私たち日本人は日が落ちてきたからそろそろ夕飯を食べよう、というあいまいで東洋的な考え方をしていたのです。それが西洋的な考え方が入ってきたことで、時間にきっちり合わせた生活をしなければならないという考えが主流になってしまいました。

現在の私たちは、この西洋的な「こうあるべき」「こうしなければならない」という考え方、粒的な考え方によって、人とぶつかり合って苦しんでいるわけです。これを東洋的な波の考え方、あまり物事にとらわれすぎない、執着しないというという感覚を持てば、自分の考え方や価値観と異なる人を見ても許せるようになります。そうすると人間関係は一気にラクになるのです。

◯あらゆるものを否定しない考え方が量子思考

これを私は**量子思考**と呼んでいます。量子力学が扱う電子やクォークなどの量子は、「そこにあるかもしれないし、ないかもしれない」「波かもしれないし、粒かもしれない」という、あらゆる可能性が重なり合った存在です。この量子と同じように、**あらゆるものを否定しない、「そういうこともあるかもしれないね」とすべてを受け入れる考え方が量子思考**です。

赤ちゃんも、大人のようにさまざまな固定観念にとらわれていませんから、周囲のあらゆるものを受け入れ、吸収していきます。このように「赤ちゃん脳」は、まさにあらゆる可能性を否定しない量子思考だと言えるでしょう。より多くの人がこのように考えれば、人間関係などでストレスを感じることもありませんし、世界はもっと平和になるのではないでしょうか？

「上善水の如し」
（中国の思想家、老子）

量子力学的幸せな生き方のポイント

「こうあるべきだ！　と決めつけない水のようなマインドを持とう！」

「かしこさ」と「かわいさ」のバランス

あなたはどんな人に魅力を感じますか？　「真面目な人」「かしこい人」に魅力を感じる人もいるかもしれませんが、あまりにも真面目すぎたら、一緒にいる時間を苦痛に感じる人もいるかもしれません。

たまには芸人さんのように面白いことを言うユニークさも、魅力的に感じるポイントなのです。一方、面白いことや冗談ばかり言って真面目なことを一切言わない人は、あまり信用されず、魅力的には感じられないでしょう。

○知性（＝ＩＱ）、感性（＝ＥＱ）

つまり、真面目なだけの人は近寄りがたく感じますが、面白いことも言う真面目さとユニークさをバランスよく持っている人は愛されるのです。これは男性性と女性性のエネルギーのバランスが取れている、と表現することができます。このときの男性性とは真面目さやかしこさなどの知性（＝ＩＱ）であり、女性性とは面白さやかわいさなどの感性（＝ＥＱ）のことです。つまり、ＩＱ

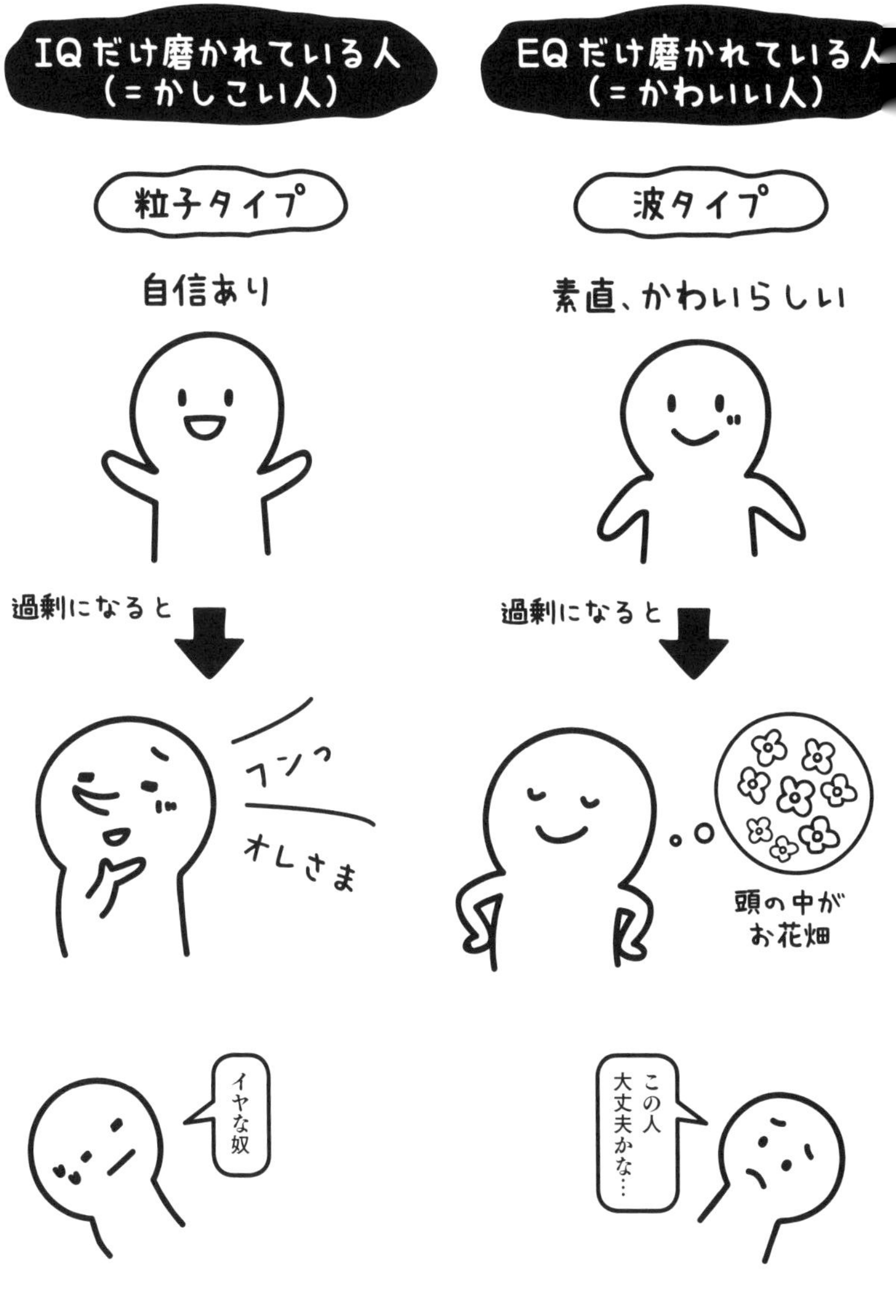
IQだけ磨かれている人
（＝かしこい人）
粒子タイプ
自信あり
過剰になると
フンッ
オレさま
イヤな奴
EQだけ磨かれている人
（＝かわいい人）
波タイプ
素直、かわいらしい
過剰になると
頭の中が
お花畑
この人
大丈夫かな…

（知的な能力。知識量や思考力）とＥＱ（感情的な能力。共感力や感情のコントロール力）をバランスよく持っている人が魅力的で愛される人なのです。

○ＩＱとＥＱをバランスよく磨こう

さて、ＩＱとＥＱをバランスよく磨くことは、人間関係を良くする上でも大切です。例えば、ＩＱだけが磨かれている人（＝かしこい人）というのは、量子力学的に表現すると粒子タイプです。「私はこれができる」という確固たる自信を持っていますが、自信過剰になると、たちまち「イヤな奴」になってしまいます。

一方、ＥＱだけが磨かれている人（＝かわいい人）は、量子力学的に表現すると波タイプです。このような「素直な人」「かわいらしい人」は素敵に見えますが、自分の意見を持たず、考えがフワフワとして頻繁に変わりすぎると、信頼されません。

自分の意見もしっかり持ち、自信もあるけれども、フワッとした素直なところや謙虚なところも兼ね備えている波と粒タイプを両方バランスよく持つ人は「この人、信頼できそうだな」「話も聞いてくれそうだな」と周囲から慕われる人になります。自分の主張ばかりで人の話を聞かなければ、人間関係は成り立ちません。

人間関係を良くするためには、自分の中の自信という「粒子性」と、素直さや謙虚さという「波動性」の両方をバランスよく持つ必要があるのです。

量子力学的幸せな生き方のポイント

IQとEQをバランスよく磨いて、愛されるキャラになろう!

戦闘機パイロットに学ぶ人間関係のコツ

人間関係は粒（カッチリ）にも波（フワフワ）にも片寄らない「バランス感覚」が大切、ということをここまでお伝えしてきました。それでは、どのようにこのバランス感覚を身につければいいのでしょうか？

イメージとしては、飛行機や車を操縦するところを考えてみてください。飛行機が右に傾いたり、車が道路の右側に寄ってしまったら、反対側に機体を傾けたり、車を左に寄せて道路の中央にくるようにします。そうしなければ、飛行機なら墜落してしまいますし、車ならガードレールや対向車にぶつかってしまいます。

◯パイロットの思考法、OODAループ

ここで参考にしてほしいのが、最近のビジネス界で提唱されているOODAループという考え方です。これまでビジネス界では、「PDCAサイクル（計画→実行→評価→改善）を回しましょう」ということがよく言われていました。

しかし、これはもう古い考え方です。
OODAループとは、
観察（Observe）
⬅方向付け（Orient）
⬅決断（Decide）
⬅行動（Action）
の頭文字をつなげたもので、海外の戦闘機を操縦しているパイロットの思考方法です。
空中では何が起きるか分かりません。急に鳥が飛んでくるかもしれないし、急に嵐が来るかもしれない。とてもP

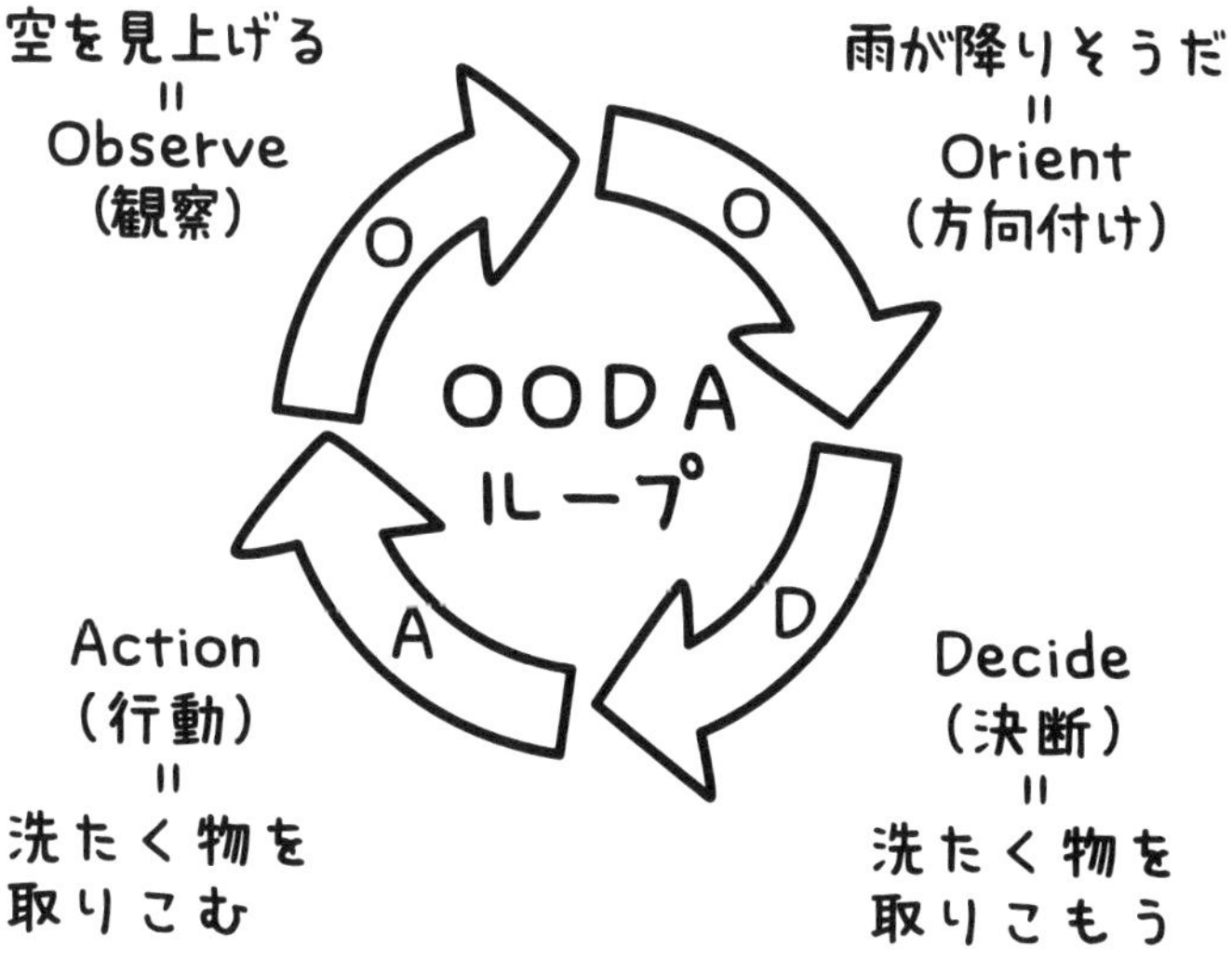

DCAのように事前に計画を立てておくことは不可能です。だから、事態が起きた瞬間に状況を観察し、どのような方針で対処するかを判断します。そして、いくつかの選択肢から決断し、即座に行動するのです。行動したら最初の観察に戻って、またこのループを繰り返します。

◯その場でベストと思われる判断をして行動しよう

量子力学的にも、素粒子は観察されるまではあらゆる可能性がある波の状態です。このようにあらゆる可能性がある状態を「重ね合わせの状態」と言います。観察したら状態が一つに決まり、判断してまた行動に移すことによって状態が変わります。

人間関係でバランスを取る感覚も、これと同じようなものです。コミュニケーションしているときに「ちょっと話が真面目すぎて相手を退屈にさせているかな……」と思ったら、面白いギャグや冗談を入れてみる。反対に「雰囲気がゆるみすぎているかな……」と思ったら、ちょっと声のトーンを落として、真剣な表情で話をしてみるといったことが考えられるでしょう。

人間関係をOODAループのように捉えれば、計画通りにいかないとか、思ったようにならないとイライラすることもなくなります。臨機応変に、その場でベストと思われる判断をして行動していきましょう。これは人間関係だけでなく、すべてに通じることでもあるのです。

量子力学的幸せな生き方のポイント

人間関係のバランス感覚を磨くため、OODAループを使ってみよう！

自分の価値観を知り、相手の価値観を知ろう

人間関係がうまくいかない原因の多くは、お互いの「価値観」の違いにあります。価値観とは「何を大切に思うか」ということですから、「大切に思っているものの違い」だと考えれば分かりやすいでしょう。例えば、私の価値観は「愛と感謝とワクワク」です。目の前の人を愛すること、すべてに感謝すること、毎日ワクワク楽しく生きることが私にとって大切なことになります。

この価値観と合わない人との人間関係は、当然うまくいきません。人のことを憎んだり恨んだりする人、なんでも当たり前だと思って感謝できない人、愚痴や不満ばかり言う人は苦手です。また、私はよく楽しいこと、面白いことを思いつくのですが、「そんなの無理だよ」「できないね」と否定されるとすぐにへこんでしまいます。そういう人も苦手なわけです。

反対に愛に溢れている人、いつも感謝している人、私の楽しいアイデアに「すごいね!」「面白い、やろうよ!」と言ってくれる人とはすぐに仲良くなれます。このように価値観の合う人とお付き合いしていれば、人間関係はいつで

も良好です。良い人間関係に恵まれたければ自分の価値観を知ることが大切、と言えるでしょう。

◯上司の価値観を知っていますか？

しかし、多くの人は自分自身や周りの人の価値観を知りません。例えば、会社勤めの人の場合、上司にもいろいろな価値観を持っている人がいるはずです。仕事の品質はどうでもいい、6割の完成度でいいからスピードが大事だという人もいれば、スピードよりも丁寧さ、時間がかかってもいいから品質が大事だという人もいるでしょう。

これは実際に私が会社勤めをしていたときのお話です。私は、上司から指示を受けてプレゼン資料を作成していました。その資料が完成したので、上司にその作成した資料を確認してもらったところ、「文字のフォントや大きさが違う」「イラストが0・01ミリずれている」など、細かいところまで指摘され、何度も修正させられました。結局、1枚の資料を15回も修正したのに、その資料はプレゼンで使用されませんでした。

私はかなりイラついて、上司からの嫌がらせかと思ったのですが、思い切って上司に理由を聞いてみました。すると、その上司に「君が細かく仕事をできるように指導していたんだよ。『神は細部にやどる』というように細かいところも大切に仕事をすることも大切だよ」と言われました。

その一件で私が気づいたのは、「上司のように細部にこだわるという仕事の価値観があるのだ」ということでした。

◯男女の人間関係も価値観が大切

会社だけでなく、男女の人間関係も価値観が大切です。「家庭を大事にしたい」「仕事を大事にしたい」というのは、その人の価値観です。価値観には良い・悪いはありませんが、この価値観が合わない人同士が結婚したら別れる可能性が高くなります。あなたは山へ登山に行きたいのに「私は登山より海が好き」と言う人と一緒に暮らすようなものです。進む方向が違いますから、自然と別れてしまうでしょう。

これは余談ですが、私がバツイチになったのも元妻との価値観の違いからでした。彼女はとにかくスピード重視の人で、私はゆったり生きたいタイプ。デートなどでも相手はもうスタスタとすごいスピードで歩き、私がゆっくり歩いていくと、「お前はなんで遅いんだ！」と怒られました。

スーパーで買ったものを袋詰めするときには、なんと元妻はストップウォッチを持っていました（笑）。そして「1分以内に袋詰めしろ！」と言われ、ちょっとでも遅れると「このノロマ！」と罵倒されるのです。

一方、再婚した今の妻の価値観は、私と同じゆったり生きたいというものなので、とてもうまくいっています。やはり結婚という究極の人間関係を築く前には、価値観が分かる程度にお付き合いをしてからにするのがオススメです。

「常識とは、18歳までに身につけた偏見のコレクションのことを言う」
（ドイツの理論物理学者、アルベルト・アインシュタイン）

量子力学的幸せな生き方のポイント

人間関係のトラブルは、お互いの価値観の違いから生まれる！

量子力学をヒントにした人間関係構築テクニック

付き合いたてのパートナーとあるテーマパークでデートしたら、相手はずっと不機嫌だった。このような悲劇を繰り返さないために、相手の価値観を知る良い方法はないものでしょうか？　実は量子力学を活用した、とっておきの方法があります。

◯人間の4つのタイプ理論

私はあるとき、物理学で発見された自然界に存在する「4つの力」の性質と、典型的な人間の4つのタイプ（＝個性・価値観）がよく似ていることに気づきました。そこから「人間の4つのタイプ理論」というものを組み立てたのですが、これは人間関係を構築する上で非常に役立ちます。具体的に言えば、どんなデートをすれば相手に喜ばれるかが分かるのです（笑）。

まず、自然界に存在する4つの力

▪電磁気力

- 重力
- 強い力
- 弱い力

について簡単にご説明しましょう。

電磁気力とは電力や磁力、摩擦力など最も私たちの身近で働く力です。電子と原子核を結びつけて原子を作ったり、原子同士を結びつけ分子を作ったりもしています。

重力も私たちに馴染みのある力です。木からリンゴが落ちるのは重力があるためです。月が地球の周りを、地球が太陽の周りを巡るといった天体の運行も重力の働きによるものです。

強い力と弱い力は非常に小さなミクロ世界のもので、日常生活で感じることはありません。強い力は原子を構成する原子核の中性子と陽子が結びつく力です。弱い力とは、原子が自然崩壊する際などに放射性物質（ニュートリノなど）を発する力です。

この4つの力の性質をもとに、典型的な人間の4タイプ（＝個性・価値観）を次のように名付けました。

◯電磁気力型（Electronic Magnetic Force Type：EMタイプ）

電磁気力は「光子（フォトン）」という光の粒子で伝達されます。光の速度は秒速30万kmと超高速であり、そこから連想されるようにこのタイプの人は思い付いたら即行動、電光石火で動きます。とにかく行動力があるタイプで、話し出したら止まりません。

また、モノが見える仕組みは物体に光が当たり、その光が反射することです。そのため、このタイプの人は他人からどう見られるかを意識し、とても美意識が高くなります。派手なアクセサリー（大きなイヤリングやネックレスなど）を好んでつけるタイプです。

◯強い力型（Strong Force Type：STタイプ）

強い力は原子核の中性子と陽子を結びつける「グルーオン」という素粒子に

	比べた強さ	届く距離	力を伝える粒子
電磁気力	10^{36} とても強い	∞ どこまでも届く	γ 光子
弱い力	10^{28} 強い	10^{-18} 原子核の1/1000	Z^0 W^- W^+ ウィークボソン
強い力	10^{38} とてもとても強い	10^{-15} 原子核サイズ	g グルーオン
重力	1 とても弱い	∞ どこまでも届く	G? グラビトン

よるものです。グルーとは英語のglue（糊、接着剤）のことであり、そこから連想されるように、このタイプの人は自分の考え方に固執します。

このタイプは論理的思考を重んじる人、簡単に言えば理屈っぽい人です。論理的に説明するのは得意だけれども、「ああ言えばこう言う」タイプ。なんでも理屈っぽく答えてしまうので、ちょっと面倒に思われる場合もあります。

◯重力型（Gravity Type：GRタイプ）

重力はすべての物質に影響しており、「グラビトン」という素粒子によって働いていると考えられています。すべての物質に平等に働く力から連想されるように、このタイプの人は調和や平衡、均衡を保つことを重視します。平和主義者でみんなと楽しく、仲良くすることが好きなのです。

仲間づくりや人づきあいが好きで、ひとりでいるよりもみんなでワイワイ楽しむ方を選ぶタイプです。イベントや交流会などで、人と会うのが好きなタイプと言えるでしょう。また、寝ることや食べることなど「快楽」が好きな人も、だいたいこのタイプです。

○弱い力型（Weak Force Type：WKタイプ）

弱い力は、原子が自然崩壊するときに放たれる非常に微弱な力です。そこから連想されるように、このタイプの人は存在するだけで人に癒やしや安心感を与えます。とても無口なのですが、ただいるだけで周りの人が癒やされるイメージです。エネルギッシュに喋りまくるEMタイプとは真逆で、ほとんど喋らず、大変おとなしいタイプです。

このタイプの人の目と耳は飾りのようなモノで、見たり聞いたりするよりも、感じることを重視しています。フィーリングを最も大事にするタイプと言えるでしょう。

この4つのタイプの特徴をまとめたのが、P180の図になります。

また、自分のタイプを簡単に診断できるサイトがありますので、このURLにアクセスしてチェックしてみてください。

https://ei-infinity.com/4type/

この分類を使うと、各タイプの理想的なデートの行き先は次のようになります。

◯電磁気力型（EMタイプ）にオススメのデート

とにかく派手なことが好きなので、ゴージャスな空間やキラキラしているところが大好きです。一流ホテルに行ったり、なにかショーを観に行ったりするデートがいいでしょう。

◯強い力型（STタイプ）にオススメのデート

このタイプは権威性を重視します。理屈で「なぜ素晴らしいか」を説明できることが重要なので、ミシュラン三ツ星のレストランや、世界遺産を観に行くようなデートを喜ぶでしょう。本も大好きなので、図書館デートや本屋さんデートもオススメです。

◯重力型（GRタイプ）にオススメのデート

このタイプは楽しいことが好きなので、一緒にプールに行って遊ぶことや、遊園地やテーマパークのような場所がデートにぴったりです。また、協調性も大事なポイントで共同作業が大好きです。一緒に料理をするバーベキューやキャンプを絡めたデートもいいでしょう。

○弱い力型（WKタイプ）にオススメのデート

目立つところや人混み、騒がしい人が集まる場所、電車の乗り降りが苦手なタイプです。オススメのデートは自宅でまったり、引きこもりデートです。のんびり映画を見たりするのがオススメです。

「人間の4つのタイプ理論」はデートの行き先選びだけでなく、さまざまな人間関係において役立ちます。まず、自分自身のタイプを把握しておくとコミュニケーションで失敗しがちなポイントに気を付けることができます。

例を挙げると、強い力型（STタイプ）の人は言語を重視するので、LINEのやり取りで論文のような長文を書いてしまいがちです。

反対に弱い力型（WKタイプ）の人は文章が苦手です。自分の気持ちや考えを、言語化するのが得意ではありません。返信は「良かったね」「素晴らしいね」など一言で終わりです。

このような二人がLINEをすると、WKタイプの人はSTタイプの人から送られた長文のメッセージに、なんだか責められているような印象を受けてしまいます。反対にSTタイプの人は、WKタイプの人の短い返信を見て「そっけない」とか「嫌われているのだろうか」と思ってしまいます。その結果、人間関係がギクシャクしてしまうのです。

このようなトラブルは、STタイプはきちんと言葉で説明しないと伝わらないタイプ、WKタイプは言葉よりもフィーリングが大事、「これ分かるよね」というようなエネルギーでコミュニケーションするタイプ、ということが分かっていれば避けられるでしょう。

なお、人間関係をより良くしていくには、最終的にこの4つのタイプをすべてを磨いていくことが大切です。そうすることで、4つのどのタイプの人とも良好な人間関係を築けるようになります。

例えば、本来の私はWKタイプでした。その後、成長するに従って言語化能力や論理的思考力を身につけ、STタイプの面を磨いてきました。

そして最近はセミナー講師として人に見られることを意識するようになり、ファッションに興味を持って着物を着るようになりました。これは美的センスを重視するEMタイプの面を磨くことになっています。

さらに、コミュニティー作りを意識して、バーベキューやパーティーも主催しています。これは人のつながりやご縁を大切にするGRタイプの面を磨くことになっているわけです。

その結果、今では4つのどのタイプの人とも良好な人間関係を築けるようになりました。人間の4つのタイプ理論で自分がどのタイプかを把握したら、ぜひチャレンジしてみてくださいね。

量子力学的幸せな生き方のポイント

「人間の4つのタイプ理論」をマスターして、人間関係の達人になろう!

外交的

GR 重力型

- □ 体験に反応する
- □ プロセス・手段を重視
- □ ワイワイ話す
- □ 雰囲気に合わせて話す
- □ ユニークな服を選ぶ
- □ 感情体験を重視する
- □ 身体で表現する
- □ 運動能力が高い
- □ 身体で覚える
- □ 今を語る
- □ 共感力がある
- □ 快楽が好き
- □ 感情型
- □ 好奇心旺盛である
- □ 身体をよく動かす
- □ 和ますことが好き

交渉人・営業マン・スポーツ選手・探検家・冒険家

外向的×共感型（陽×陰）

EM 電磁気力型

- □ 外見やデザインに反応する
- □ 効果や結果を重視
- □ しゃべりだしたら止まらない
- □ 話がよく飛ぶ（早口）
- □ おしゃれな服を選ぶ
- □ 色・デザインを重視する
- □ 絵やグラフなど視覚で表現
- □ イメージング力が高い
- □ 映像や写真で覚える
- □ 未来・ビジョンを語る
- □ 行動力がある
- □ 情熱的である
- □ 目標達成型
- □ チャレンジ精神がある
- □ 先駆的である
- □ 目立つことが好き

リーダー・経営者・起業家・俳優・モデル・タレント・デザイナー

外向的×目的志向（陽×陽）

共感型 ⟷ 目的志向

WK 弱い力型

- □ 体感（氣）に反応する
- □ 直感を重視
- □ ゆっくり話す
- □ 口数が少ない
- □ 肌ざわりで服を選ぶ
- □ 体感を重視する
- □ 体感（氣）で表現する
- □ 直観力が高い
- □ 体感して覚える
- □ 直感・感じたことを語る
- □ 受容力がある
- □ 愛情深い
- □ 展開型
- □ 思いやりがある
- □ 気遣い・心配りが得意
- □ 癒すことが好き

秘書・セラピスト・カウンセラー・整体師・芸術家・占い師

内向的×共感型（陰×陰）

ST 強い力型

- □ 声や音に反応する
- □ 分析・計画を重視
- □ ていねいに話す
- □ 論理的に説明する
- □ TPOに合った服を選ぶ
- □ 機能性を重視する
- □ 言葉で論理的に表現
- □ 文章力が高い
- □ 文章や言葉で覚える
- □ 事実・真理を語る
- □ 思考力がある
- □ 冷静沈着である
- □ 計画・戦略型
- □ 探究心がある
- □ 慎重に行動する
- □ データ分析や論理好き

戦略家・研究家・発明家・評論家・コンサルタント・講師・医者・科学者・弁護士

内向的×目的志向（陰×陽）

内向的

CHAPTER 4

成長の秘訣は……素直さ!

GROWTH

成長

- 人間の４つのタイプごとに、最適な夢を叶える方法は違う
- 知識習得と体験の繰り返しで成長の量子飛躍（クォンタム・リープ）が起きる
- 「アウトプット９割、インプット１割」で最も成長できる
- 「誰から学ぶか」でインプットの効果は大きく変わる

YouTuberの10年後

ここ数年、ベネッセコーポレーションが実施した「小学生の意識調査」によると憧れる職業ランキング1位は「YouTuber」だそうです。他にもゲームプログラマーやプロゲーマー、インフルエンサーなども人気です。しかし、果たして10年後もこれらの職業が人気の職業であり続けるでしょうか？

使っていた方もいるかもしれませんが、かつてミクシィというSNSが流行していました。しかし、2023年にミクシィを使っている人はかなりレアでしょう。このようにSNSひとつとっても、流行はどんどん消えたり、変わったりしていくものなのです。

だからこそ、成長する上で学ぶべきことは、時代の流れに影響されない原理原則です。どうしても人は見た目に分かりやすいスキルやテクニックを学びがちですが、そういったテクニックやスキルは、木にたとえると「枝葉の部分」になります。

枝葉は当然ですが、冬になると枯れてしまいます。しかし、木の根にあたる部分、土から下の見えない部分は残り続けます。そして再び、新しい枝葉を茂らせています。目に見えない根の部分を重視しない人は、成長が途中で止まってしまいます。まずは原理原則を学ぶという「根を伸ばす行為」に力を注ぎましょう。そこに新しい知識や情報という水や栄養を与えると、どんどん土台がしっかりしていきます。そして、大きく成長することができるのです。

今でも「YouTube・InstagramなどのSNSで毎月100万円稼ぐ方法」といったセミナーがあります。しかし、そのような枝葉のテクニックやスキルを学んでも、それらが10年後もある保証はありません。

原理原則や哲学、考え方を学んでおけば、将来どんな新しい技術が出てきても、それらを使いこなしていくことができます。ぜひ、目に見える枝葉ばかりではなく、目に見えない根を伸ばしていきましょう。

量子力学的幸せな生き方のポイント

成長するために重要なのは、目に見える部分より目に見えない部分！

あなたにピッタリの夢が叶う方法を教えます

自分を成長させたいと考える人は、さまざまな願望実現方法に取り組んだことがあると思います。しかし、なかなか効果を実感できない、成果が出ない……と悩んでいる人も多いのではないでしょうか？

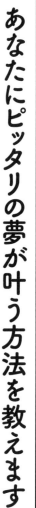

例えば、願望を実現させる方法として『思考は現実化する』（ナポレオン・ヒル著、きこ書房）のアファメーション（成功したイメージを言葉にして繰り返し唱える自己催眠の手法）や『9割夢がかなう宝地図の秘密』（望月俊孝著、KADOKAWA）のビジョンボード（自分の理想をイメージさせる写真などをボードに貼って眺める手法）などが有名です。

しかし、毎朝1時間アファメーションを続けても何も変わらなかった、ビジョンボードを毎日眺め続けたけれど変わらなかったという人も少なくありません。そして、これまで結果が出ないのはその人のやり方が悪いせいだ……とされてきました。

○4タイプ別の願望実現法がある!

実は、人にはそれぞれ願望実現法の向き・不向きがあります。その向き・不向きは、私が提唱する「人間の4つのタイプ理論」に基づいて次のようになります(「人間の4つのタイプ理論」については本書の第3章「人間関係」のP170をご覧ください)。

○電磁気力型(EMタイプ)の願望実現法

視覚を重視するタイプですから、イメージを潜在意識に入れることが最も効果的です。そのため、宝地図のようなビジョンボードを活用した願望実現法に向いています。

私の知り合いのEMタイプの方は、天井に自分の理想の体形をしたモデルさんの写真を貼って毎日見ていました。すると、なんと胸のサイズが2カップもアップし、スタイルも抜群になったそうです。

◯強い力型（STタイプ）の願望実現法

聴覚（言語）を重視するタイプですから、言葉を潜在意識に入れることが最も効果的です。アファメーションのように、耳を使った願望実現法に向いています。

また、夢や目標をノートに書き出す手法も言語を使いますから、STタイプの人には非常に有効です。

◯重力型（GRタイプ）の願望実現法

人とのつながりを重視するGRタイプは、お付き合いする人を変えるだけで夢が叶います。よく、「自分が最も親しくしている友人5人の平均年収が自分の年収になる」と言いますが、GRタイプの人は特にそういう傾向があります。

いわば、つながっている人に松岡修造さんのような人が多いだけで、自分も明るくポジティブになってしまうのがGRタイプの人なのです。

◯弱い力型（ＷＫタイプ）の願望実現法

自分の感覚を大切にするＷＫタイプの人は、マインドフルネス的な方法で夢を実現することができます。例えば、家で瞑想して湧いてきた直感やインスピレーションに従って行動すると、夢が叶ってしまうというイメージです。

ちなみに、それぞれのタイプに響く方法が違うことから、私は自分のセミナーも４つのタイプの人がいることを前提に設計しています。

具体的には、ＥＭタイプの人のためにスライドなどの見た目やビジュアルを大事にしていますし、ＳＴタイプの人向けに論理的・ロジックを入れて説明しています。また、ＧＲタイプの人のためにジョークや面白いエピソードを話し、楽しい体感型ワークもやりますし、ＷＫタイプの人のためにヒーリングや癒やし系の瞑想ワークを行い、その場にいるだけで癒やされる感覚があるようにしています。

◯自分の周波数に合った成功法則を選ぼう

　このような人間の個性の違いは、それぞれの人が持つ周波数（波長）の違いとも言えます。「どうも、あいつとは波長が合わない」など、人と人の相性があるように、さまざまな成功法則にも自分の波長に合うものと合わないものがあるのです。

　やや脱線しますが、これは健康法にも当てはまります。毎年のように「バナナダイエット」「リンゴダイエット」「レコーディングダイエット」「ファスティングダイエット」など新しい健康法が誕生するのは、万人に共通する健康法はないという証拠でしょう。

　つまり、夢を実現するのに大切なのは、いろいろな方法がある中で自分に合うやり方をいかに見つけるか、ということなのです。

量子力学的幸せな生き方のポイント

自分のタイプに合わない成功法則にこだわらず、合うものを実践しよう!

4タイプ別願望実現法
EMタイプ=視覚重視
イメージを潜在意識に入れる
なりたい自分
STタイプ=聴覚重視
言葉を潜在意識に入れる
アファメーション
○○○に
なりました!
GRタイプ=人とのつながり重視
お付き合いをする人を変える
WKタイプ=感覚を大切にする
マインドフルネス的な方法
直感
インスピレーション

成長で一番大切なのは「赤ちゃん脳」

成長したいと考える人にとって、一番見習うべきなのは「赤ちゃん」です。私は赤ちゃんのような考え方を「赤ちゃん脳」と呼んでいます。この「赤ちゃん脳」になれば私たちは急速に成長できるのですが、「赤ちゃん脳」の特徴のうち、3つを紹介します。

◯赤ちゃん脳の特徴　1．素直さ

1つ目が「素直さ」です。赤ちゃんはなんでも素直に受け入れます。「でも」「だって」「どうせ」「できない」などと言い訳をせず、素直に新しい学びを吸収しようとします。これが成長に大切な素直さ、すなわち自分よりもうまくいっている人、成功している人の考え方、やり方を素直に取り入れることに通じます。

「英語の神様」と呼ばれた松本道弘先生（元NHK教育テレビ上級英語講座講師）に、「素直さとは何ですか？」と聞いたことがあります。松本先生は「素直さとは、英語に訳すとオープンハートですよ」と教えてくださいました。もともと素直さというのは、自分の考えと違う意見や考え方についてなんでも従順に従うことだと思っていましたが、この「オープンハート（心を開く）」という言葉は非常にしっくりきました。素直さとはオープンハート、心を開いて相手の言うことを受け止めること。自分の考えは持っていても、オープンハートでいればどんどん新しい気づきや学びが得られるのです。

あるとき、エレベーターに乗ったらエレベーターがまったく動かないことがありました。実は行き先階ボタンを押していなかったのですが、このとき「そうか。行き先を決めない限り目標

は達成できないんだ」と改めて気づきました。こんなふうにエレベーターからでも学ぶことができますから、素直な「赤ちゃん脳」でいれば猛スピードで成長できるのです。

◯赤ちゃん脳の特徴　2．好奇心旺盛

2つ目が「好奇心旺盛」であることです。赤ちゃんはいろいろなことに興味・関心を持ちますが、これは赤ちゃんにとって毎日が初体験で、珍しいことばかりだからです。

トーマス・エジソンは、生涯におよそ数千もの発明をしてきた世界的な発明家として有名です。これまで私たちの暮らしに多大な影響を与えてきたエジソンの発明として、蓄音機・白熱電球・映写機が挙げられます。

これらの発明の恩恵により、私たちは音楽プレイヤーで音楽を聴くことができ、映画館で映画を見ることができることから、エジソンはまさに私たちの暮らしに革命をもたらしたと言えるでしょう。

では、どうしてエジソンはつぎつぎと発明することができたのでしょうか？

エジソンの少年時代は、人一倍好奇心が強く知りたがり屋であったと言われており、小学生の頃の算数の授業でのエピソードが有名です。

エジソンは先生から「1+1=2」と教えられたとしても鵜呑みにせず、「1個の粘土と1個の粘土を足し合わせたら大きな粘土1個になるのに、なぜ2個になるの?」というように、先生を困らせる質問をしたと言われています。どんな授業でも「なぜなぜ?」と質問し、自分の知らないことが分かるまで理解しようとする好奇心が旺盛な少年だったのです。

このように、成長する人は強い好奇心を持っているのです。私たちが赤ちゃんのような好奇心を持ち続けるためには、今まで行ったことの

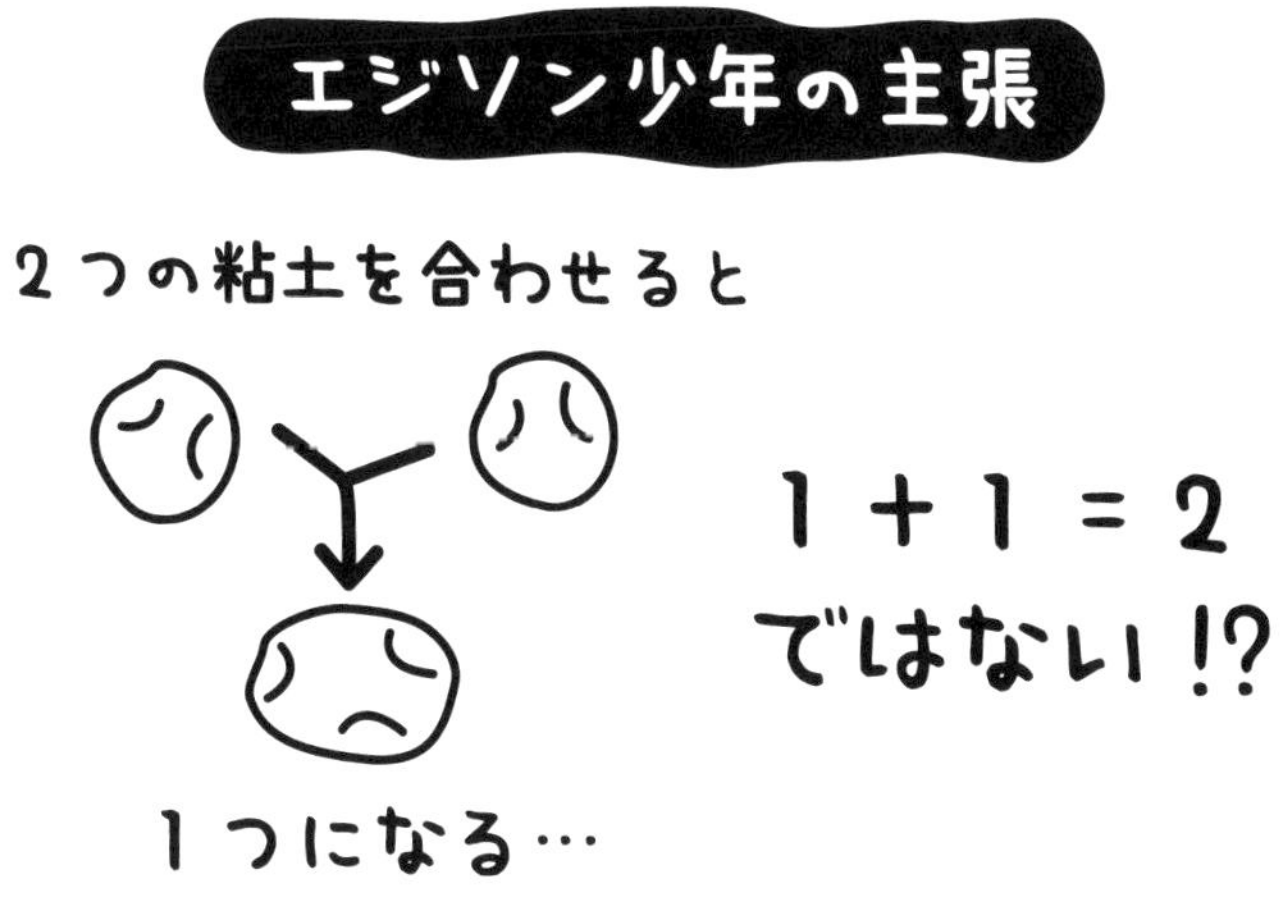
エジソン少年の主張
2つの粘土を合わせると
1つになる…
1+1=2
ではない!?

ないお店に行ってみる、今まで注文したことがないメニューを頼んでみるなど、初体験の機会を自分で作り出すことが大切です。今まで会ったことがない人に会ってみるのもいいでしょう。

そういうことを日々やっていくと、精神的な若さを保つことができます。さらに、いろいろなことを体験し、今まで知らなかったことを知って、成長し続けることができるのです。

◯赤ちゃん脳の特徴　3．すべての人を先生と思う

3つ目が「すべての人を先生と思う」ことです。赤ちゃんにとって、出会う人はみんな先生です。それこそ3歳のお姉ちゃんだって、赤ちゃんから見れば偉大な先生でしょう。

このように接する人すべてから学ぶ姿勢を持てば、どんどん吸収力が上がります。その結果、とてつもないスピードで成長できるのです。

朝永振一郎

私自身、この3つの特徴を持つ「赤ちゃん脳」の考え方を日々実践することで成長してきました。その結果、元はただのサラリーマンで、前妻に「ミジンコ以下」と呼ばれていたのに、今ではLINE読者12万人、YouTubeのチャンネル登録者3万5000人、セミナー受講者4500人超えをわずか数年で達成することができたのです。

「不思議だと思うこと、これが科学の芽です」
（物理学者、朝永振一郎）

量子力学的幸せな生き方のポイント

「赤ちゃん」の生き方・考え方を取り入れると、圧倒的に成長できる！

「守破離《しゅはり》」を同時に実践する

良い先生から学べば成長できますが、ただ学ぶだけでは成長の速度は高まりません。先生を超えるのに非常に長い時間がかかりますし、いつまでたっても先生に追いつくことすらできない可能性もあるでしょう。

そこで参考にしていただきたいのが、「守破離」を同時に実践する方法です。守破離とは武道などでよく使われる言葉です。まず、「守」とは先生の型をしっかり守って身につけること。次に「破」というのは、先生に言われたことを破ってオリジナル化すること。「離」というのは先生の教えから卒業して、まったく別物を作り出していくことです。

「離」の段階まで進めば先生を超えたと言えますが、多くの人は先生の言ったことに従うばかりで、いつまでも「守」や「破」の段階を越えられません。この問題を解決するのが「守破離を同時に実践する方法」です。

ある方が「成功するための5つのK」というものを教えてくれたことがあります。それは「教育のK」「環境のK」「会話のK」「感動のK」「健康のK」というものでした。

これを「守」しか考えない人であれば「よし、成功するために5つのKを守ろう！」と思うでしょう。しかし、私は「守」と「破」を同時にやって、「成功するためのKはもっとあるのではないか？」と考えました。

そうして思いついたのが「関係性のK」「貢献のK」、そして「共創のK」の3つ。つまり、5つのKと聞いた瞬間に「成功するための8つのK」というのを思いついたわけです。

さらに「破」の後は「離」に進みました。私が思いついたのは「健康を引き寄せる8つのK」です。これはもう完全にオリジナルのアイデアで、「快適」「快調」「快楽」「快食」「快眠」「快便」「快談」「快活」と、すべて「快い」のKが共通します。

そして、新しいことを学んでから3日後には、それを超えるまったく異なる考え方を得ることができたのです。このように守破離を同時に実践すれば、圧倒的な速度で師匠の考え方を超え、成長することができるのです。

◯量子力学的な発想：守破離を同時に進める

一般的に、守破離は順番に取り組んでいくものだと考えられています。それに対して、守破離を同時に進める方法はすべての可能性が重ね合わせの状態で存在する量子力学的な発想です。

例えるなら、普通の守破離のやり方は一つ一つ順番に計算を進めていく通常のコンピュータのようなものであり、守破離を同時に進めるやり方は、多くの計算を重ね合わせの状態で並行に進めていく量子コンピュータのようなものです。量子コンピュータは通常のコンピュータでは1000年もかかるような計算を一瞬で行うことができます。同様に、さまざまな技術の習得も守破離を同時に進めることで短縮できるのです。

また、守破離を順番に進めていく場合、「守」の段階で一つのやり方に固執してしまい、変わることができなくなることがあります。守破離を同時に進めることで、一つのやり方にとらわれず、もっといい考え方、やり方があるのではないかと常に創意工夫を意識することができます。その結果、さまざまなアイデアも浮かびますし、時代の変化にも柔軟に対応できるでしょう。

○赤ちゃん脳も守破離を同時に行っている

この守破離を同時に行うことは「赤ちゃん脳」であるとも言えます。子どもに何かを教えると、教えたことをそのままやるのではなく、違った方法でもできるのではないかと、すぐに挑戦してみます。「こうすべき」「こうあるべき」という固定観念がなく、発想が自由なのです。それが子どもの圧倒的な成長スピードにもつながっているのです。

量子力学的幸せな生き方のポイント

新しい知識を学びながら、同時に発展・応用させる意識を持とう!

イスラム先生のユニークな授業

私が高校生の時、イギリスのアメリカンスクールで出会ったインド人の先生に、イスラム先生という物理学の先生がいました。一体どこの国の人か分からなくなるようなややこしい名前ですが、この先生が私の物理学への扉を開いていただいた恩師です。

イスラム先生の授業の面白さから物理学に魅了された私は、一日14時間も物理を勉強して物理と数学の成績が学年でトップになりました。このように私が物理学に夢中になったのは、イスラム先生の教育法が答えを教え込むティーチングではなく、常に生徒を興味づけ、考えさせるコーチングだったからです。

例えば、「マンションの3階から卵を地面に落とします。これを割れないようにしてください。さあ実験です」といった調子です。そうすると、どうやったら卵が割れないか一生懸命に考えます。生徒たちはいろいろなアイデアを思いつき、実際にそれらを試しました。

実は、イスラム先生は最後まで答えを教えてくれなかったので、いまだにどうやったら卵が割れないのか分かりません（笑）。しかし、仮説を立てて実験で検証することを繰り返していくうちに、どんどん「物理は面白い！」と思うようになったのです。もし、物理学に興味を持たなければ、量子力学にも興味を持たなかったでしょう。まさに、イスラム先生のユニークな授業によって私は量子力学に出会うことができたのです。

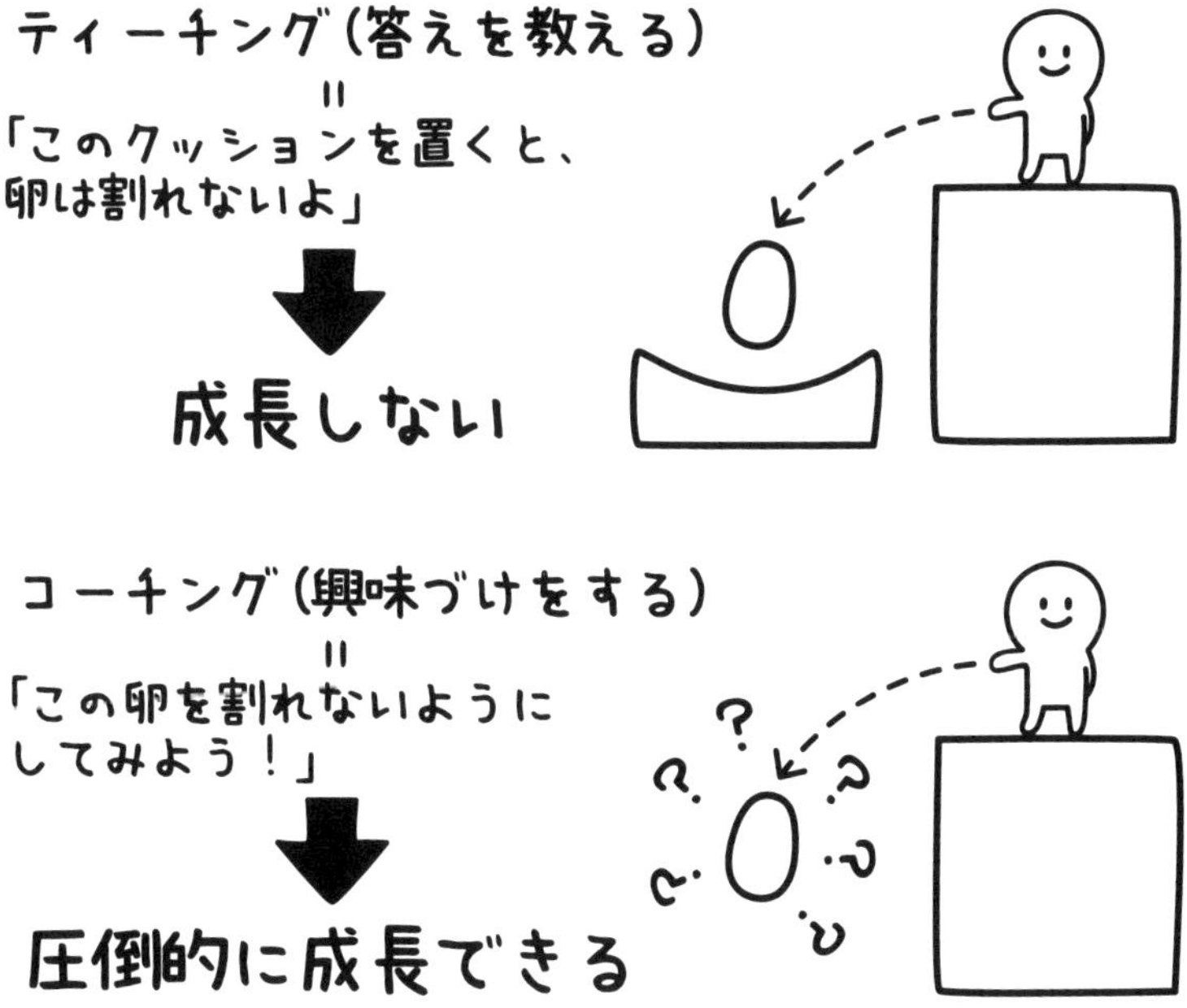
ティーチング（答えを教える）
=
「このクッションを置くと、
卵は割れないよ」
成長しない
コーチング（興味づけをする）
=
「この卵を割れないように
してみよう！」
圧倒的に成長できる

◯「教育×エンターテイメント」で興味づけする

読者の皆さんの中にも自分の成長だけでなく、自分の子どもをどうやって成長させるか、本当の教育とは何かを考えている方がいると思います。そういう方にお伝えしたいのは、**本当の教育は「答えを教える」ことではなく、「興味づけ」だということ**です。

興味さえ持てば、子どもは自らどんどん学び始めます。

だからこそ、学ぶ時には誰から学ぶかが重要です。私は小学校の先生から学んでも全然面白くなかったのですが、塾の先生の授業は話がユニークで面白かったため「また行きたい」「もっと学びたい」と思って塾に通っていました。

ですから、これからの時代の教育は「教育×エンターテイメント」のようにエンターテイメント性があった方がいいのではないでしょうか。面白くて、楽しいユニークな授業の方がどんどん頭に入りますし、興味づけができるからです。

私のセミナーや講座を受けると「量子力学って面白い！」と量子力学に興味を持ち始める方が多いです。セミナー受講生の方には今までまったく興味がなかった科学雑誌の『ニュートン』や量子力学の専門書を読み始めた、という方もいます。この**自ら学ぼうとする意欲を生み出すのが、本当の教育**だと思います。そして、その方が圧倒的に成長できるのです。

「人にものを教えることはできない。自ら気づく手助けができるだけだ」
（イタリアの天文学者、ガリレオ・ガリレイ）

量子力学的幸せな生き方のポイント

「興味づけ」にさえ成功すれば、人は自ら成長する！

ミジンコからヒトへの量子飛躍を起こす方法

成長を妨げる5つの病があることは知っていますか？

・知っている病
・頭でっかち病
・すぐ反論する病
・すぐ疑う病
・すぐやらない病

これら5つの病になると、人の成長は停滞していきます。特に、知識だけで学んで「知っているつもり」「分かっているつもり」の人が多いのではないでしょうか。

例えば、世界で4000万部以上のベストセラーの名著『7つの習慣』（スティーブン・コヴィー博士著、キングベアー出版）を読んだことがありますか？ ビジネスマンであれば、一度は本のタイトルを聞いたことはあると思います。実際、これまで講演会などで『7つの習慣』の本を読んだことある方に「7つの習慣について具体的にどのような習慣か、教えてください」と聞くと、ほとんどの人が答えられません。つまり、本を読んだつもりでも、知識がまったく頭に入っておらず、身についていないのです。これは『7つの習慣』というタイトルのみを知っているだけだと言えるでしょう。

さらに、知識だけ詰め込んで実務経験が伴わない人もいます。例えば、『六法全書』を丸暗記していても、実務経験がない弁護士に仕事を頼むでしょうか？　医学書を丸暗記しているけれど、執刀したことがない医師に手術をお願いするでしょうか？　ちょっと怖いですよね（笑）。こういった例からも、やはり知識だけでなく実践することが大切であることが分かります。「知っている」「やっている」「できている」はまったく成長のステージが違うのです。

○究極の教育システムは自動車教習所

ちなみに日本にはどんな初心者でも学びを習得できる究極の教育システムが

あるのを知っていますか？　それは、「自動車教習所」です。自動車教習所は約3カ月でまったく車を運転したことがない人を運転できるように教育する仕組みがあるからです。

学びには、「左脳」で学ぶことと「右脳」で学ぶことの2通りあります。「左脳」とは、言葉やロジックなど知識をインプットする脳です。「右脳」とは、五感やイメージなどの体感をインプットする脳です。人は「左脳」でインプットしたことを「右脳」で体感すると「なるほど！」と腑に落ちることができるのです。

自動車教習所では、まさに教材というテキストの知識を「左脳」にインプットします。しかし、テキストを学んだだけで果たして車を運転できるようになるでしょうか。テキストの知識だけをインプットしても車は運転できないですよね。実際には、教習所で車に乗ってアクセルやブレーキを踏んでみて「右脳」で体感することによって車が運転できるようになるのです。まさに、「左脳」で学んだ知識の習得と「右脳」で体感する体験を繰り返すことによってどんな初心者も学びを習得できる究極の成長サイクルだと言えるでしょう。

○インプットとアウトプットを繰り返そう

つまり、知識の習得と実体験の両輪をバランスよく回し続けることが飛躍的に成長させるための秘訣なのです。このようにインプット（新しい知識を学ぶ・取り入れる）とアウトプット（新しい知識を試す・体感する）の繰り返しを習慣化していけば、どんな分野でも急速に成長できます。

また、インプットしたことをアウトプットすると、「そういうことか！」「こうなるのか！」という「気づき」があります。この気づきを自分にイン

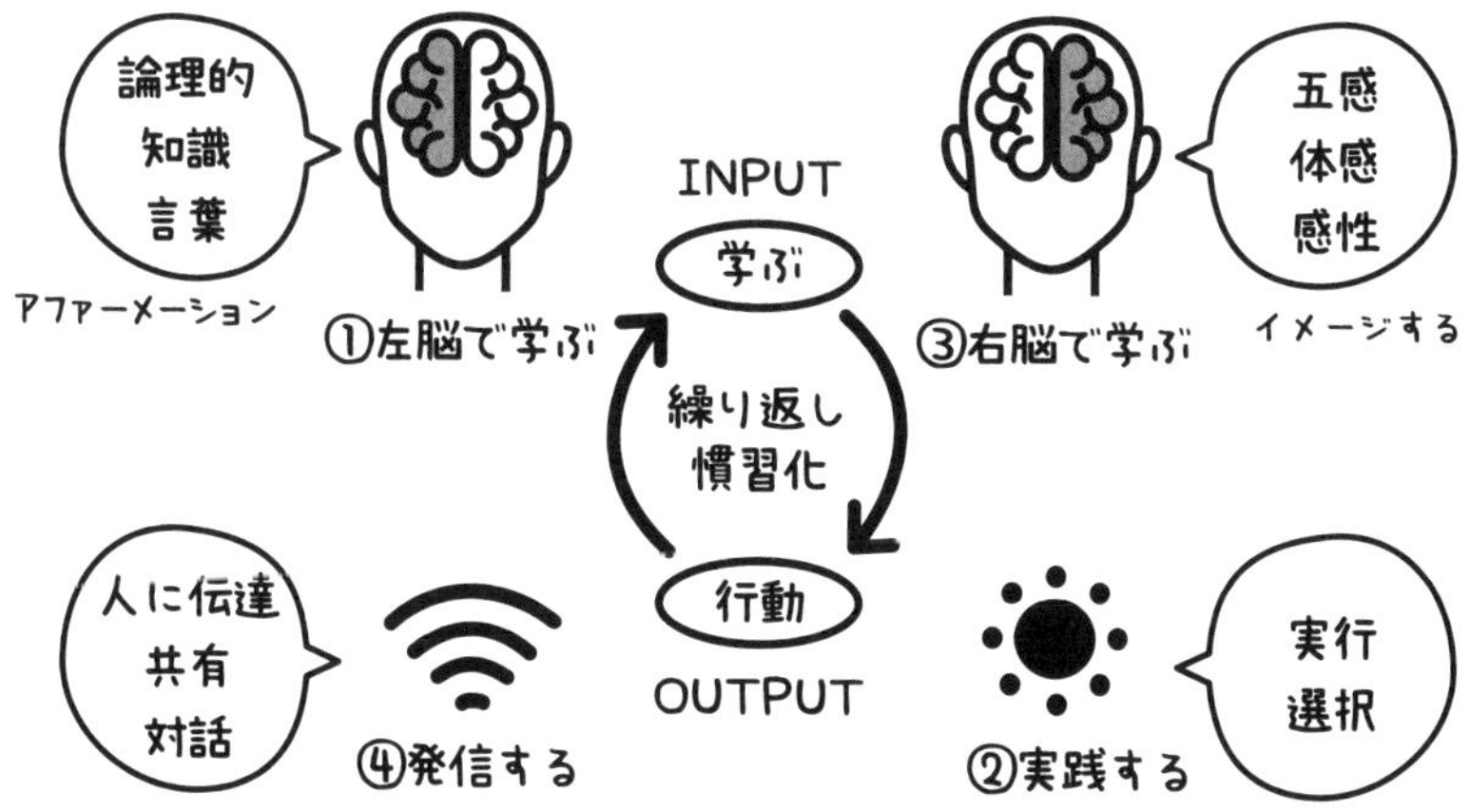

プットすることで、次のアウトプットが向上します。この「気づきのサイクル」によっても、人はどんどん成長していきます。

◯進化して別人のように生まれ変わる＝量子飛躍

さて、このような成長サイクルを回していくと、人はどんどん成長してあるタイミングで臨界点を迎えます。そうなった人は、別人のように生まれ変わります。これを私は量子力学の用語から、「量子飛躍（クォンタム・リープ）」と呼んでいます。

量子飛躍とは、原子核の周囲を回る電子がエネルギーの高まりによって軌道を変えた瞬間、原子が別の状態に突然変化する現象のことです。例えば、ヘリウム原子は、2つの電子が1つの原子核の周りを周回する原子です。電子は、原子核の周りを周回するさまざまな軌道、またはエネルギーレベルで見つけることができます。

最も低いエネルギーレベルは1s軌道と呼ばれ、2番目に低いエネルギーレベルは2s軌道と呼ばれます。例として、ヘリウム原子が紫外線を吸収すると、電子が1s軌道から2s軌道に遷移する可能性があります。

これは、紫外線のエネルギーが、電子が1s軌道から2s軌道に遷移するために必要なエネルギーと等しいためです。また、ヘリウム原子に高エネルギーをぶつけるとリチウム原子に変化する場合があります。

面白いのは、このような変化は突然起きることです。少しずつヘリウムがリチウムに変わっていくのではありません。中間の状態というものがなく、突然変異のように瞬時に変わるのです。

今まで自転車に乗れなかったのに、ある日突然「あれ? 乗れるようになった」という経験は、誰にでもあると思います。そして一度乗れてしまったら、その後は一生乗ることができます。そして、長年自転車に乗っていなくても、また乗ろうと思えばいつでも乗れるでしょう。これはまさに、あなたが自転車に乗れるように成長し、進化した別人になったからなのです。

私もこの量子飛躍(クォンタム・リープ)を繰り返し、もともとミジンコ以下だったところから進化して人間になったわけです（笑）。そして人間からさらに進化して、量子力学コーチ、セミナー講師、講演家、本の著者になりました。

つまり、人はインプットとアウトプットという成長サイクルを回し続けると少しずつエネルギーが貯まり、それが臨界点を越えると急にできなかったことができるようになるのです。

高校生の頃、イギリスに住んで2年経ってもネイティブな英語を聞きとることがなかなかできませんでした。そこで、毎晩、現地の英語のラジオを寝る前に聞いてリスニング能力を高めようとしていたのですが、ある日の夜、外国人とペラペラと英会話している夢を見たのです。するとその翌朝から、急に英語が聞き取れるようになっていました。前日までまったく分からなかったのに、「あれ？　言っていることがなんとなく分かるぞ」という瞬間が突然出現したのです。

これは成長サイクルで貯まったエネルギーが臨界点を越え、成長した瞬間だったのでしょう。おそらく、あなたも同じことを学び続けたらある日、スキルが突然上達した経験や能力が高まった瞬間があったのではないでしょうか？
これは、まさに量子飛躍したと言えるでしょう。

量子力学的幸せな生き方のポイント

知識習得と実体験を繰り返してエネルギーを貯め、飛躍的に成長しよう！

アウトプット9割、インプット1割が最適解

前項で説明した成長に必要なエネルギーを貯める方法ですが、ここにも量子力学的な考え方を活用できます。

ヘリウムとリチウムの例では、リチウムはヘリウムよりも質量が大きいことが分かっています。そして、すべての目に見える物質は$E=mc^2$（cは質量を表す）でエネルギーに変換できますから、リチウムの方がヘリウムよりも大きなエネルギーを持っていることになります。

$E = mc^2$

E：エネルギー　m：質量　c：光の速度

↓

E ＝ インプット×（アウトプット）^{2}

E：成長のために必要なエネルギー　インプット：知識　アウトプット：行動・発信

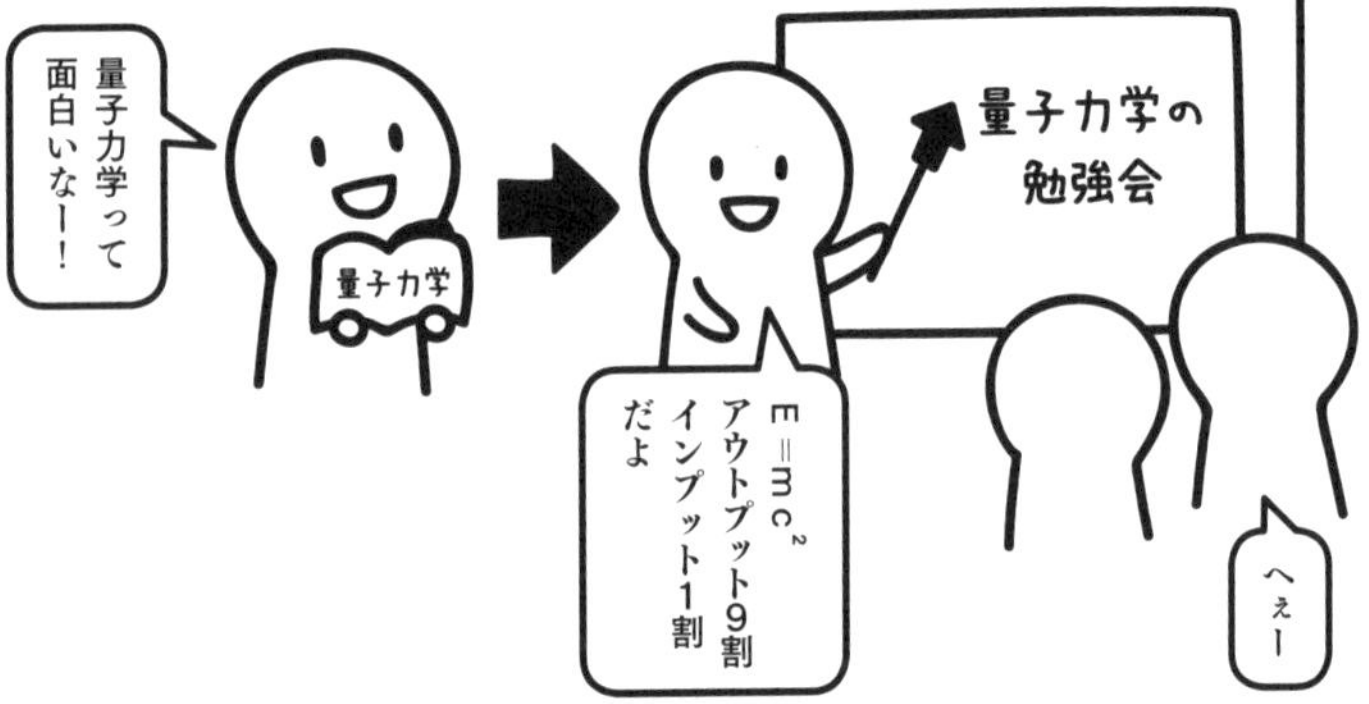

量子力学って面白いなー！
量子力学
量子力学の勉強会
$E=mc^2$ アウトプット9割 インプット1割 だよ
へぇー

つまり、ヘリウムからリチウムに変化するためには、一定のエネルギーが必要だということです。そこで私はE＝mc²という公式から、「エネルギー＝インプット×（アウトプット）²」という成長に必要なエネルギーEを算出する公式を作りました。

◯効率よく成長するならアウトプットが9割

この式から分かることは、インプットを増やしてもアウトプットを増やしてもエネルギーは貯まりますが、アウトプットは二乗の効果で成長のエネルギーになるということです。

要するに、知識ゼロではエネルギーもゼロになってしまいますが、効率を重視するならインプット1割、アウトプット9割が最も成長するためのエネルギーを貯められるのです。

例えば、あなたは自己紹介するときの鉄板ネタはないでしょうか？　私の場合は元妻にミジンコ以下と言われた話を10年以上使っています。この内容は同じですからインプットは1割です。しかし、私はこの話をおそらく1万500

0人くらいの方にお話ししているでしょう。つまり、アウトプットは9割くらいしていることになります。

すると、同じ内容であるにもかかわらず、話すたびにブラッシュアップされ、必ず笑いが取れるようになりました。最初の頃はあまり面白くなかったのが、何度も人に伝えているうちに伝え方や表現方法が向上して、だんだんすべらない話になっていったのです。

その結果、今ではミジンコの話だけで講演ができるようになりました（笑）。アウトプットを繰り返すことで、どんどん内容に磨きがかかることが、この例からも分かると思います。

◯圧倒的なスピードで成長する秘訣は「人に教えること」

さて、アウトプットは学んだことを実践することによる実体験と、人に伝える発信の2種類があります。実体験というアウトプットの重要性は前項に述べた通りですから、ここでは発信の重要性を解説しましょう。

まず、発信系のアウトプットとしては、学んだことをノートに書き出して整理したり、人に教え、伝えたりするものがあります。学んだことをノートに書き出すと、いろいろなアイデアが浮かびますし、人に教えたり、伝えたりしている最中に「そういうことか!」とひらめくこともあるでしょう。

このアイデアやひらめきが、インプットとなり、それをまたアウトプットしてアイデアやひらめきが浮かぶ……というのが最強の成長サイクルです。これをやり続けると、圧倒的なスピードで成長できます。つまり、一番成長する人は「人に教える人」なのです。

量子力学的幸せな生き方のポイント

アウトプットすることでインプットの内容は深まり、成長速度が加速する!

インプットで注意すべきなのは「誰から学ぶか」

「アウトプットが9割」と前項で説明しましたが、もちろんインプットも重要です。なぜなら、1割のインプットが質の悪いものだと、せっかくの9割のアウトプットも効果が激減してしまうからです。

例えば、まずいラーメン屋さんからラーメンの作り方を学んだら、まずいラーメンしか作れません（笑）。お店を出したら最初はお客さんが来ても、二度とリピートしてもらえないことになります。

ゴルフも同じで、ゴルフを始めて3年目の人から学ぶのと、プロゴルファーから学ぶのでは結果がまったく違います。これは私の実体験ですが、近所のゴルフ練習場でたった30分、プロゴルファーのコーチに教えてもらったことがありました。

すると、それまでは真っ直ぐボールが飛ばなかったのに、どのクラブで打っても真っ直ぐ飛ぶようになったのです。このとき、プロのコーチに指導してもらう効果を実感しました。

松下幸之助

アンソニー・ロビンズ

稲盛和夫

ですから、もし私が経営について学ぶなら、「経営の神様」と呼ばれる松下幸之助さんや稲盛和夫さんといった世の中で高く評価されている経営者の考え方や哲学を学びます。

また、マーケティングであれば世界ナンバーワンといわれるジェイ・エイブラハムから学びますし、営業であれば「営業の神様」と呼ばれているブライアン・トレーシーから。コーチングであれば世界一のコーチであるアンソニー・ロビンズといった方たちから考え方を学ぶのがいいでしょう。

このような超一流の人たちから学べば、より早くその領域に行けますし、自分の基準を上げる効果もあります。反対に「月収100万円稼ぐ方法」といったセミナーに参加したら、月収100万円の人にはなれるかもしれませんが、それ以上には絶対なれません。やはり「誰から学ぶか」が、インプットでは非常に重要だと言えるでしょう。

量子力学的幸せな生き方のポイント

インプットする場合は、その道で超一流の先生を選ぼう！

CHAPTER 5

心と体のエネルギー状態に注目しよう

HEALTH

健康

- 健康とは、肉体と精神のエネルギー状態が高いこと
- 肉体的な健康のために、自分の周波数と合う食べ物・水を取ろう
- 脳波を調整することで、精神的な健康を保とう
- 物事に対する意味付けを変えれば、感情をコントロールできる

食べ物には固有の振動数がある

あなたにとって健康な状態とはどんな状態でしょうか？

一般に健康について、「特に今は病気をしていない。だから自分は健康だ」と思っている人が多いのではないかと思います。しかし、本当に健康な状態とは「生命エネルギーで満ち溢れた状態」ではないでしょうか？

それこそ、赤ちゃんのように朝起きた瞬間から「オギャー！」と元気いっぱい泣き叫ぶくらいのエネルギー状態であれば人生は最高です。そう考えると、ほとんどの人は健康状態に改善の余地があると言えるでしょう。

◯健康＝肉体や精神のエネルギーが高い状態

このように健康の状態がエネルギー状態とすれば、健康は「肉体や精神のエネルギーが高い状態」、不健康は「肉体や精神のエネルギーが低い状態」と表現できます。

そして、肉体や精神のエネルギー状態は、数式にすることもできます。目に見える「肉体」は量子力学的に言えば「粒」の世界ですから、そのエネルギー状態は「E＝mc²」という数式で表現できます。目に見えない「精神」は量子力学的には「波」の世界なので、そのエネルギー状態は「E＝hν」という数式で表現できます。

肉体は物質ですから、「E＝mc²」に登場するmは肉体を構成する物質と考えるのが自然でしょう。私たちの肉体を構成する物質と言えば、「食べ物」と「水」です。つまり、どんな食べ物や水を身体に取り入れ

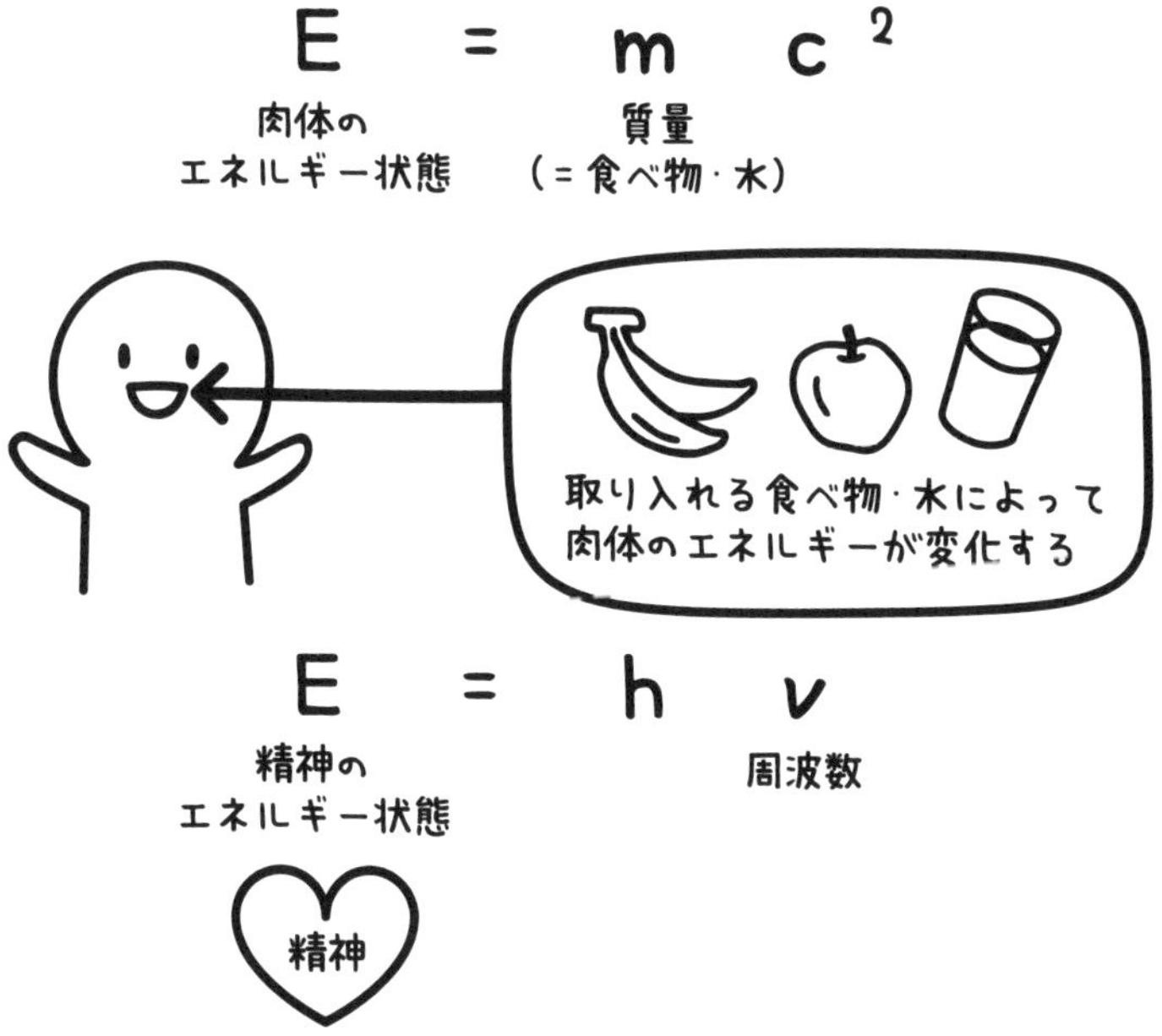

るかによって、肉体のエネルギーは変化するということなのです。

○波長が合う食べ物・合わない食べ物

さて、この食べ物や水はそれぞれ固有の振動数（波長）を持っています。同時に私たちも固有の振動数（波長）を持っています。そして、波長が合う食べ物や水を取り入れるとエネルギーが高まり、反対に波長が合わない食べ物や水を取り入れるとエネルギーが下がる、という現象が起きているのです。

食べ物の波長が分からなくても、実際に「これを食べると体調を崩すなあ……」という経験は誰にでもあるのではないでしょうか？　例えば私の場合は、牛乳を飲むとお腹

の調子が悪くなります。また、特定のメーカーのアイスクリームを食べると気持ちが悪くなりますが、これは波長が合わないからでしょう。

これらはすべて人によって異なり、牛乳やアイスクリームが身体に合う人もいます。これはその人の肉体の周波数と食べ物の周波数が合うか、合わないかによって左右されているのです。

自分の肉体と食べ物の周波数が合うか合わないかは、食べた時の自分の身体の調子を観察することで分かります。これを食べるとすごく元気が出るな、調子がいいなという食べ物があれば波長が合っているということです。逆に、これを食べると意識が下がったり、疲れたり身体が重くなるという場合は、波長が合っていないと言えるでしょう。食べた時の体調をしっかり観察・分析していると、だんだん見えてくるでしょう。

同様に飲み物についても身体の6～7割は水でできていますから、自分の波長に合う水を飲むか、飲まないかで体調はかなり変わってきます。

○簡単なチェック方法：O《オー》リングテスト

この肉体と食べ物、水の波長が合うか合わないかは、「Oリングテスト」という方法を使うと簡単に分かります。Oリングテストとは、筋肉反射（自分の身体に合わないものに触れると筋肉の緊張が低下する現象）を利用した診断法の一種です。

【Oリングテストの手順】

手順1　まず、指で輪を作り、反対側の手で対象の食べ物・水に触れる（または思い浮かべる）

手順2　誰か他の人に輪を開いてもらう。そのとき、本人は輪が開かないよう力を込めること

手順3　波長の合わない食べ物・水の場合、簡単に輪が開いてしまう。波長の

合う食べ物・水であれば、輪はなかなか開かない

健康な肉体の第一歩は、波長の合う食べ物・水を取り入れ、波長の合わない食べ物・水を避けることです。ぜひ、このOリングテストなどを活用して、チャレンジしてくださいね。

量子力学的幸せな生き方のポイント

普段から注意して、身体の調子を上げてくれる食べ物・水を選ぼう！

ドイツでは常識の振動医学とは?

物質や人体には固有の振動数（周波数）が存在し、その振動数を機械で測定することができるようになっています。この技術を使った分野が、振動医学や波動療法です。

特にドイツでは、バイオレゾナンス・メソッドという理論によって、あらゆるものの固有振動数を特定して医療に応用しています。この理論を使えば、人体に害を与えるウイルスや菌の固有振動数を特定し、同じ振動を与えて共鳴・共振させることで、ウイルスを消すことが可能なようです。同様に、ガン細胞に固有の振動数を当てることで、ガンが消えた事例も報告されています。

○人体も量子レベルではエネルギー

これらの現象が起きる理由は、**すべての物質の根本が量子レ**

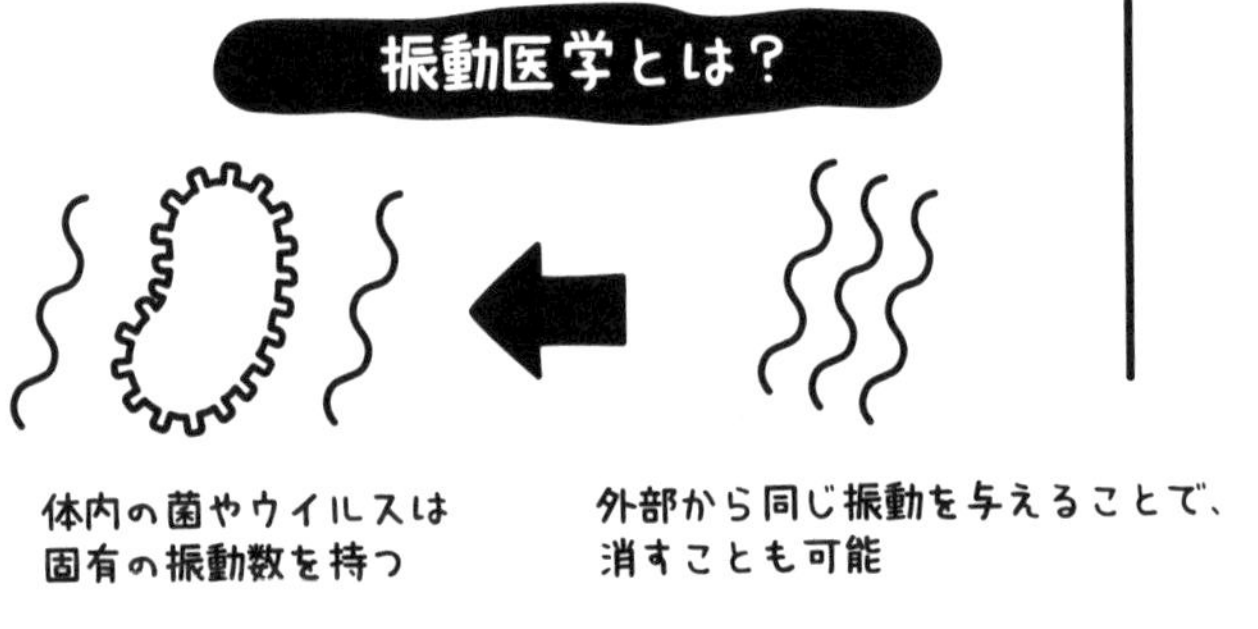
振動医学とは?
体内の菌やウイルスは
固有の振動数を持つ
外部から同じ振動を与えることで、
消すことも可能

ベルではエネルギーであるためです。異常なエネルギー状態を修正することで、元の健康な状態に戻せるということです。しかし、現在はまだそのような技術が完全に確立されていないため、薬やサプリメントに頼ることが多いのです。

西洋医学では人体を機械のように見て、薬や手術によって悪いところを取り除くことが主流です。しかし、副作用や他の部位への影響を考えずに治療を進めることがあり、健康に悪影響を与えることもあります。一方、東洋医学では身体全体のエネルギーを整え、元に戻すことを考える傾向があります。

振動医学や波動療法は、物質や人体の固有周波数を使って治療する技術であり、西洋医学だけでは限界があることを示唆しています。ドイツではすでに病院で導入され、保険適用もされているほどの普及度です。日本でもまだ民間療法扱いが多いですが、今後注目される分野の一つとなりうるでしょう。

量子力学的幸せな生き方のポイント

振動医学・波動療法の分野が発達し、西洋医学の限界を超える可能性も！

「赤ちゃん脳」でストレスとは無縁に！

「$E = h\nu$」という公式に従って精神的な健康を考えると、周波数νが大きな影響を与えていることが分かります。精神面に大きな影響を与えている周波数と言えば、やはり脳波です。

脳波とは、脳から発生する微弱な電気信号の波形のことです。脳波は、脳の活動を測定するために広く使用されています。脳波は周波数と振幅の両方で特徴付けられます。

◯脳波の主要な種類

主要な脳波の種類には以下のようなものがあります。

- デルタ波（0・5～4Hz）：深い睡眠中に観察され、高い振幅を持ちます。
- シータ波（4～8Hz）：睡眠中や瞑想状態で見られます。
- アルファ波（8～13Hz）：目を閉じたリラックスした状態で観察され、脳の休息状態を表します。

■ベータ波（13～30Hz）：集中している時や、意識的な認知活動を行っている時に観察されます。

■ガンマ波（30Hz以上）：知覚、注意、記憶、意識、学習などの高次脳機能に関連していると考えられています。

◯脳波と精神的ストレスの関係

これらの脳波は、脳の活動レベルや精神状態によって異なります。また、脳波と精神的ストレスの関係については多くの研究が行われています。一般的に、精神的ストレスが高まると、脳波の周波数が高くなる傾向があります。

例えば、ストレスを受けたときには、

脳波	周波数	特徴
デルタ波	0.5～4Hz	深い睡眠中に見られる
シータ波	4～8Hz	夢を見ている睡眠中や瞑想状態で見られる
アルファ波	8～13Hz	リラックスしているときに見られる
ベータ波	13～30Hz	集中しているとき、緊張しているときに見られる
ガンマ波	30Hz以上	知覚、注意、記憶、意識、学習などの高次脳機能

脳波のベータ波の量が増加することが知られています。このベータ波は、意欲的な状態や集中力の高い状態で出現する波形ですが、強いストレスや不安の状態では、過剰なベータ波が出現することがあります。

一方、リラックスした状態では、脳波のアルファ波やシータ波が出現します。アルファ波は、例えばクラシックやヒーリングミュージックなどの音楽を聴いているときや、お風呂に入ったり、目を閉じて静かに座ったりしているときに出現する波形です。リラックスした状態やメンタルの集中を高める効果があるとされています。

また、マインドフルネスを取り入れた瞑想状態になると脳波はシータ波になり、リラックスした状態を維持することで、ストレスや不安を軽減することができます。

したがって、脳波の測定を通じてストレスや不安の状態を知ることができ、その状態を改善するための対策を考えることができます。例えば、脳波測定を利用したバイオフィードバックなどを行うことで、自律神経のバランスを整え、ストレスや不安を軽減することができます。

例えば、イライラしている人の脳波はベータ波の状態です。思考が働きすぎ、余計なことを考え続けているのです。そこでマインドフルネス（瞑想）によって脳波をアルファ波やシータ波に落ち着かせれば、気持ちが穏やかになり、ストレスもだんだんなくなっていくでしょう。

脳波の状態

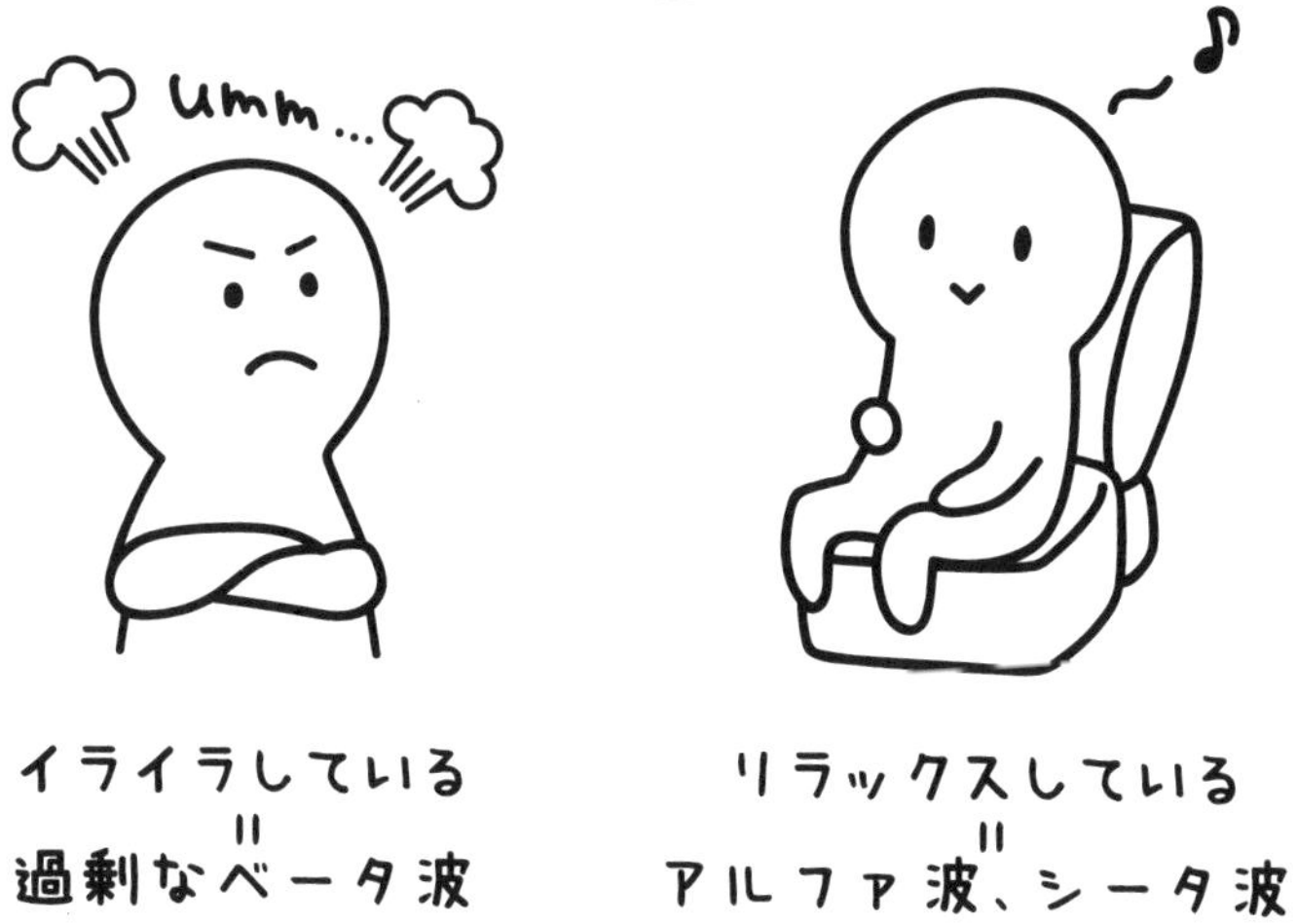

○ストレスを溜めないお手本は赤ちゃん脳

また、それぞれの脳波の特徴からは精神的な健康のためには考えすぎたり、我慢してストレスを溜めたりしないことが大切だと分かります。そこで見習いたいのが「赤ちゃん」です。

赤ちゃんは先延ばしをしません。寝たいときはすぐ寝ますし、おっぱいを吸いたいならすぐ吸い付きます。オシッコをしたいならすぐ漏らします（笑）。まさに、我慢するとかストレスを溜めるといったことから無縁なのが「赤ちゃん脳」であり、脳波は常にデルタ波かシータ波でしょう。

ところが、私たちは成長するに従って我慢や無理を覚え、「大人脳」になってしまいます。言いたいことを言わなかったり、やりたいことをやらなかったり、やりたいことを先延ばしにするのです。

「あそこを掃除しなければ……」と思いながらずっと掃除せず、だんだんホコリが溜まっていくようなもので、これが精神的な健康を損なう原因になるのです。ぜひ、現在の自分の脳波の状態に注目し、精神的な健康を取り戻していきましょう。

量子力学的幸せな生き方のポイント

赤ちゃん脳を見習って、やりたいことはすぐにやろう！

ワーク

あなたはどんなときにリラックスしますか？　好きなだけ書いてみましょう！

突然の雨はシャワーかもしれない

精神的な健康を保つためには、感情のコントロールが重要なポイントになります。感情のコントロール方法を知ることで、私たちが感じるイライラはとても少なくなるのです。

感情のコントロールの前提になるのは、「事実に対する反応は人によって違う」ということです。例えば、私があるつけ麺屋さんに行ったとき、そこに携帯電話がかかってきたことがあります。そして、その電話に出て、話をしていたら、お客さんの一人に「うるさい！」とすごい勢いで怒鳴られたことがありました。

そのとき私は「つけ麺屋さんにいた15人のうち、怒鳴ったのは一人だけだった。ということは、やはり同じ状況に対しての反応は人によってそれぞれ違う」と改めて実感したのです。

つまり、一見すると私の携帯電話の話し声が原因でお客さんは怒ったように思えますが、実はその人の考え方が原因で怒っていたのです。なぜなら、もし本当に携帯電話の話し声が原因なら、その場にいた15人全員が怒らなければおかしいことになるからです。

○すべての出来事はニュートラル

ここに感情をコントロールする重要なヒントがあります。多くの人はイライラや怒りの原因が、周りの環境や他人のせいだと思い込んでいます。この環境だから自分はこんなにイライラしているとか、あの人のせいで私はこんなにイヤな気持ちになっていると思い込んでいます。しかし、実際は違います。

感情が生まれる仕組みは次のようなものです。まず、出来事そのものに良い・悪いはありません。意味もありません。しかし、そのニュートラルな出来事に自分でネガティブな意味付けをすると、ネガティブな感情が起きるのです。逆にポジティブな意味付けをすると、ポジティブな感情が起きます。例えば雨が降ったとしましょう。「どうしよう、雨が降った。憂鬱だ。イヤだな」と意味付けて、憂鬱な気持ちになる人もいれば、私の息子のように雨が降ると「シャワーだ!!」と喜ぶ人もいるわけです。

このように意味付けによって、同じ「雨が降る」という出来事から生まれる感情は変わるわけです。ということは、やはり出来事に良い・悪いはなく、それをどう認識し、解釈するかによって感情が変わるということになります。

ですから、**感情をコントロールするためには、まず出来事と感情を分離することが大切**になります。多くの人は出来事と感情をセットで考えているのです。この出来事が原因でイライラすると思い込んでいるのです。

例えば、ムチで叩かれたら「痛い！やめて」という人もいれば、「もっと

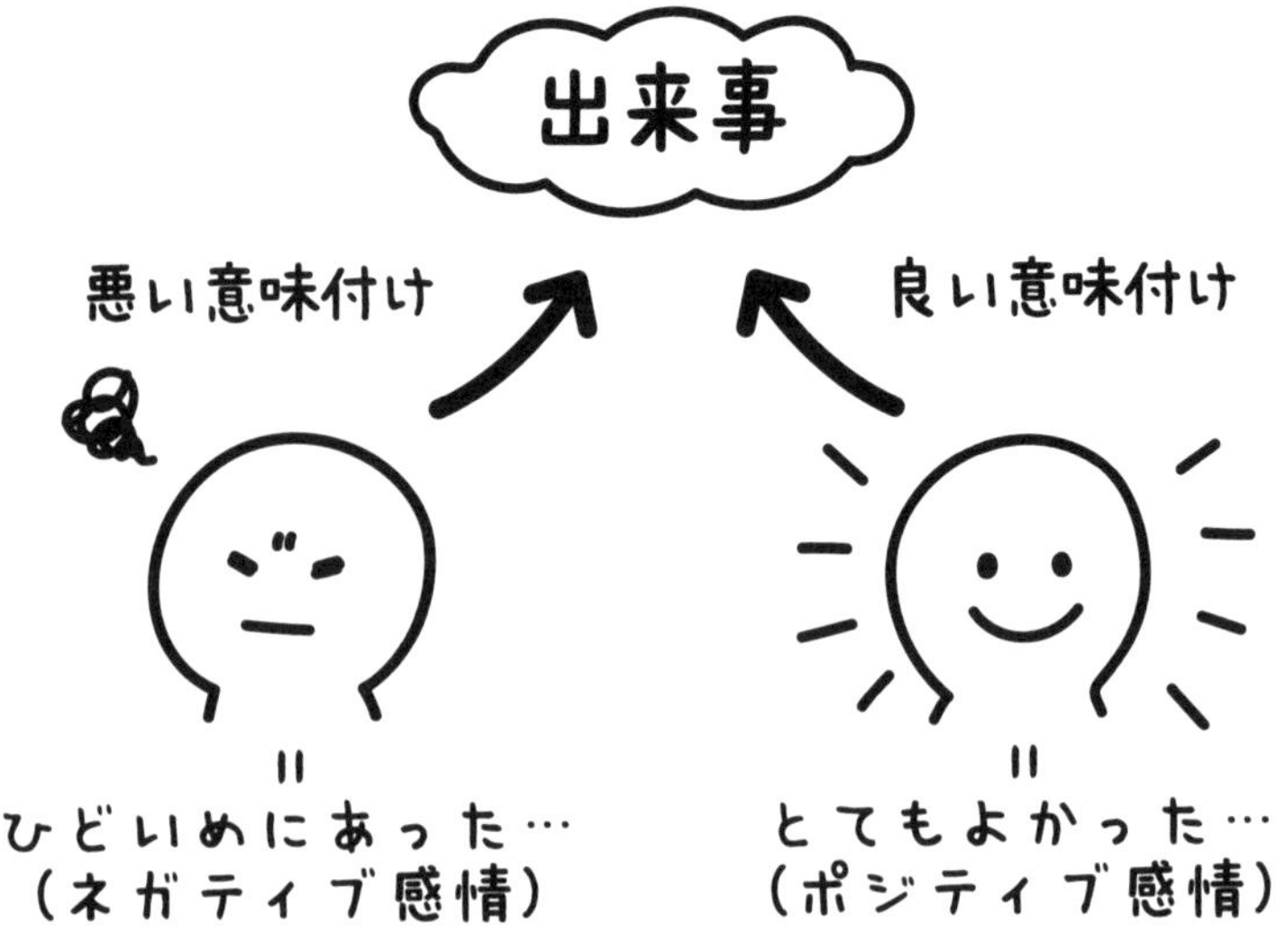

打って〜！」とお金を払ってでも喜ぶ人もいるわけです（笑）。それくらい出来事と感情は関係ありません。ですから、考え方・物事の捉え方を変えれば感情は常に落ち着き、穏やかでいられるのです。

○意識のチャンネルを変えて精神的な健康を保とう

さて、それでは考え方・物事の捉え方を変えて、ポジティブな意味付けをし、いつも平穏な気持ちでいるためにはどうすればいいのでしょうか？　そのためにはビリーフと呼ばれる、自分自身の考え方や信念を変える必要があります。

人間がイライラするのは、その人が出来事に対する考え方や信念というフィルターで見ているからです。これは自分自身が持っている「常識」という思い込みとも言えるでしょう（先ほどのつけ麺屋さんで怒った人は、「つけ麺屋で携帯電話を使ってはいけない」というビリーフを持っていたから、イライラしたのです）。

このイライラを生み出すビリーフを変える方法は、「自分が信じている信念や観念は本当に正しいのだろうか？」と疑うことです。

例えば、私は女性から「ダメな男ばかり引き寄せるんです……」という恋愛相談を受けることがあります。これは数回恋愛で失敗したことで、そういう恋愛に対してマイナスのビリーフを持ってしまったのです。

だから私は、いつも「分かりました。では、あなたは今まで何人くらいの人とお付き合いしましたか？」と聞きます。そうすると数人程度だと答えてきます。そこで「世の中に男性なんて数十億人いますよ。数十億人とお付き合いしたのですか？」と言うと、「いや〜、ありません（笑）」となるわけです。

こうすると、イヤなダメな男もいるかもしれませんが、自分と価値観の合う人、自分の理想の男性もいるかもしれないという可能性が見えてきます。そうすると自分の中の常識、「自分はダメな男ばかり引き寄せている」という自分を制限する思い込みを外せるのです。

このように感情の発生する仕組みが分かれば、イライラすることはほとんどなくなるでしょう。物事の捉え方や世界の見方を変えれば感情が変わることを知るだけでも、かなり効果があるはずです。

これはまさに量子力学における「どこを観測するか」で結果が異なる現象につながります。どこを見るかによって、また解釈を変えることによって見える世界が違ってくるのです。これを私は「**意識のチャンネルを変える**」と呼んでいます。テレビやラジオのチャンネルによって番組が変わるのと同じように、どこに意識を向けるかで世界が変わるのです。

いつもイライラしている人は、そういう番組にわざわざ意識のチャンネルを合わせているようなものです。怖い感情を得たければホラー映画を、楽しい感情になりたければコメディ映画を見ればいいのです。幸せな気持ちを得たければハッピーエンドの映画を、ロマンチックな恋愛感情を得たければ、ロマンス映画やドラマを見ればいいのです。これであなたの精神的な健康は、きっと大きく改善するでしょう。

量子力学的幸せな生き方のポイント

物事のどこに焦点を当てるかによって、あなたの感情は大きく変わる！

瞑想で精神の健康を取り戻そう

海外のIT企業などで流行しているマインドフルネスが、近年は日本でも取り入れられるようになりました。

マインドフルネスとは、意識的な「今ここにある状態」に注意を向けることで、精神的な安定や幸福感を得るための瞑想の一種です。簡単に言えば、自分が今何をしていて、自分の感情や思考に注意を向け、その状態を客観的に捉えることができるようになることを指します。

マインドフルネスは、仏教の瞑想技法が起源とされており、現代では、ストレスや不安を軽減するために、また、集中力を高めるためにも、広く用いられています。具体的には、呼吸に意識を集中する、五感を意識する、感情や思考に注意を向けるなどの方法があります。

マインドフルネスの練習を通じて、自分自身と向き合うことができ、自分の思考や感情を客観的に捉えることができるようになるため、ストレスや不安の緩和、自己理解や自己受容、集中力の向上などの効果が期待されています。これは要するに、**「自分の思考に意識を向けて止める」**ということです。

情報化社会の現在、多くの人は考えすぎています。いろいろな情報を取り入れ、いろいろなことを思考しすぎて頭がパンク状態なのです。そこで、いったん瞑想することで自分が今何を感じているか、何を思っているかを観察し、思考を止めるのです。

○ マインドフルネスは量子力学的な行為

これはある意味、とても量子力学的な行為です。ぐるぐる動いている思考は、波の状態だと言えます。それを、「今何を感じているのかな？」と思考を観察することによって思考が粒の状態になり、固定化されるわけです（観察される前は波の状態だった素粒子が、観察された瞬間、粒になる「観察者効果」という現象を思い出してください）。

思考が動きすぎているのは、「静」と「動」で言えば「動」が優位になっている状態です。「動」は陰陽で表すと「陽」ですから、「陽」に傾き過ぎているとも言えます。そこで、瞑想によって「陰」に当たる「静」に戻してやることで、全体のバランスを保つ効果が期待できます。これは精神を中庸にし、偏りすぎないようにするということでもあります。

考えすぎの脳は「あのときあの人に嫌なことを言われた」「あのときあんなことをしなければよかった」といった過去のことや「これからどうしよ

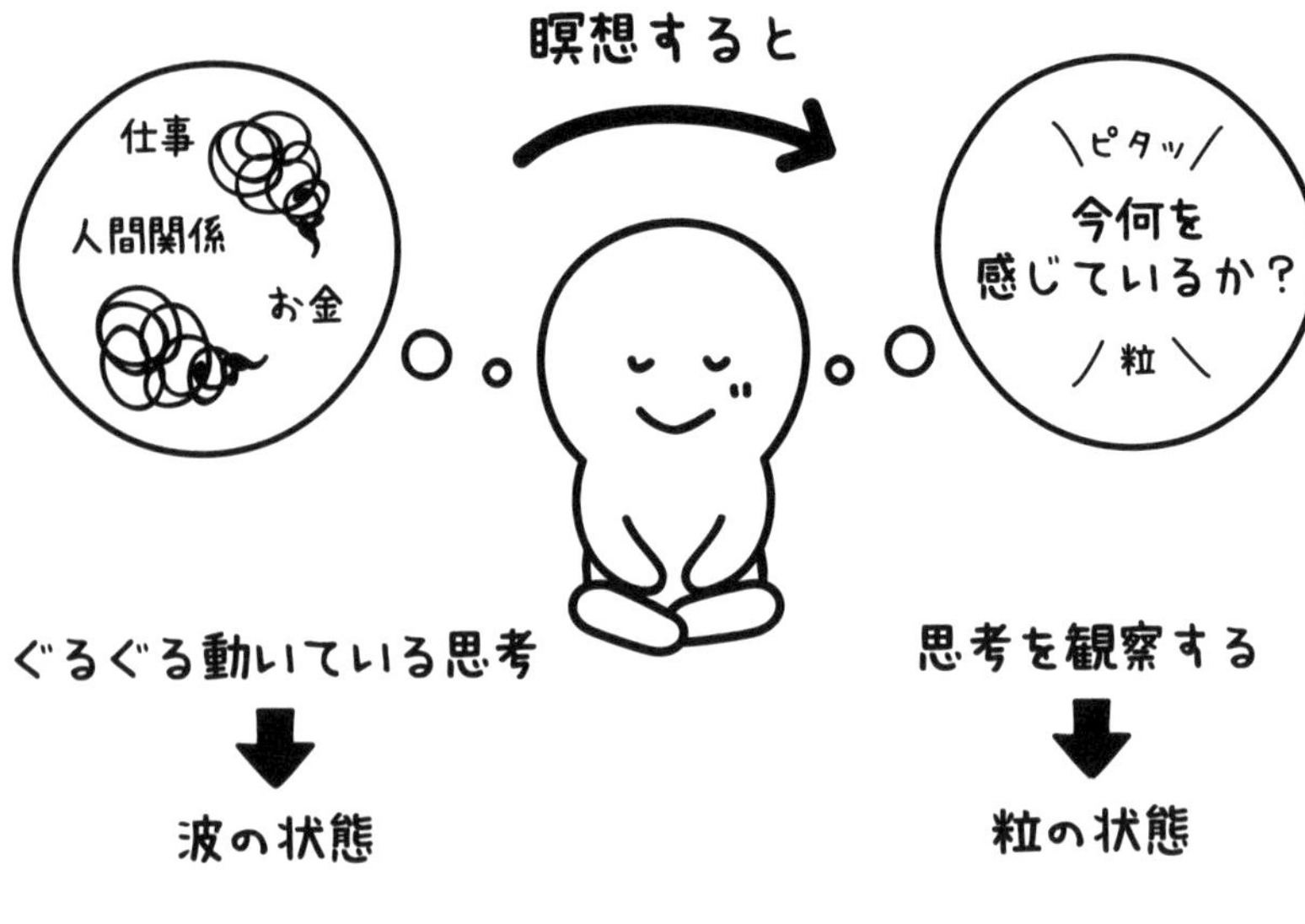

う」「あれもやらなきゃ、これもしなきゃ」といった未来のことを考えすぎて、混乱に陥っています。そんな落ち着きのない精神をいったん止め、今ここに意識を集中させていくのがマインドフルネスなのです。

○今ここに意識を向けるバブトレ

ちなみに、赤ちゃんも今この瞬間しか考えていませんから、非常に精神的なバランスがいい状態です。

この精神状態を身につけるために、1秒前のことは忘れ、1秒先のことも考えない「バブトレ」というものも私は実践しています。これを実践すると、今ここに意識が向かっていくため心が非常に平安になりますが、人に会う約束を忘れたり、忘れ物が多くなったりするのが欠点です（笑）。

量子力学的幸せな生き方のポイント

観察で波が粒の状態になることは、思考を落ち着かせることにも利用できる

環境の周波数を整えて活力アップ！

静かな高級ホテルのラウンジで行った時と、騒がしいファミリーレストランで行った時とでは、空間のエネルギーが違う……という経験をされた方は多いのではないでしょうか。

実は、私たちが過ごしている環境は、私たちの健康に強く影響しています。

それは例えば、次のような要素です。

- 色
- 光
- 香り
- 音
- 空間（部屋の大きさや家具の配置など。視覚に影響を与える）

感覚的には「心地の良さ」という表現になりますが、実際にはそれぞれの要素が固有の周波数を持っており、私たちの肉体と精神に影響を及ぼしています。例えば、高級レストランや高級ホテルではこれらの要素を人間にとって快適になるように調整しているため、居心地が良い、快適だと感じるのです。

また、居心地の良い環境で過ごす時間を長くするほど、私たちの健康に良い影響があり、身体や心の状態も変わってきます。

反対に、居心地の悪い環境、例えば散らかった部屋や汚くて嫌な臭いがする場所などは、その環境の各要素が放つエネルギーの周波数によって、身体

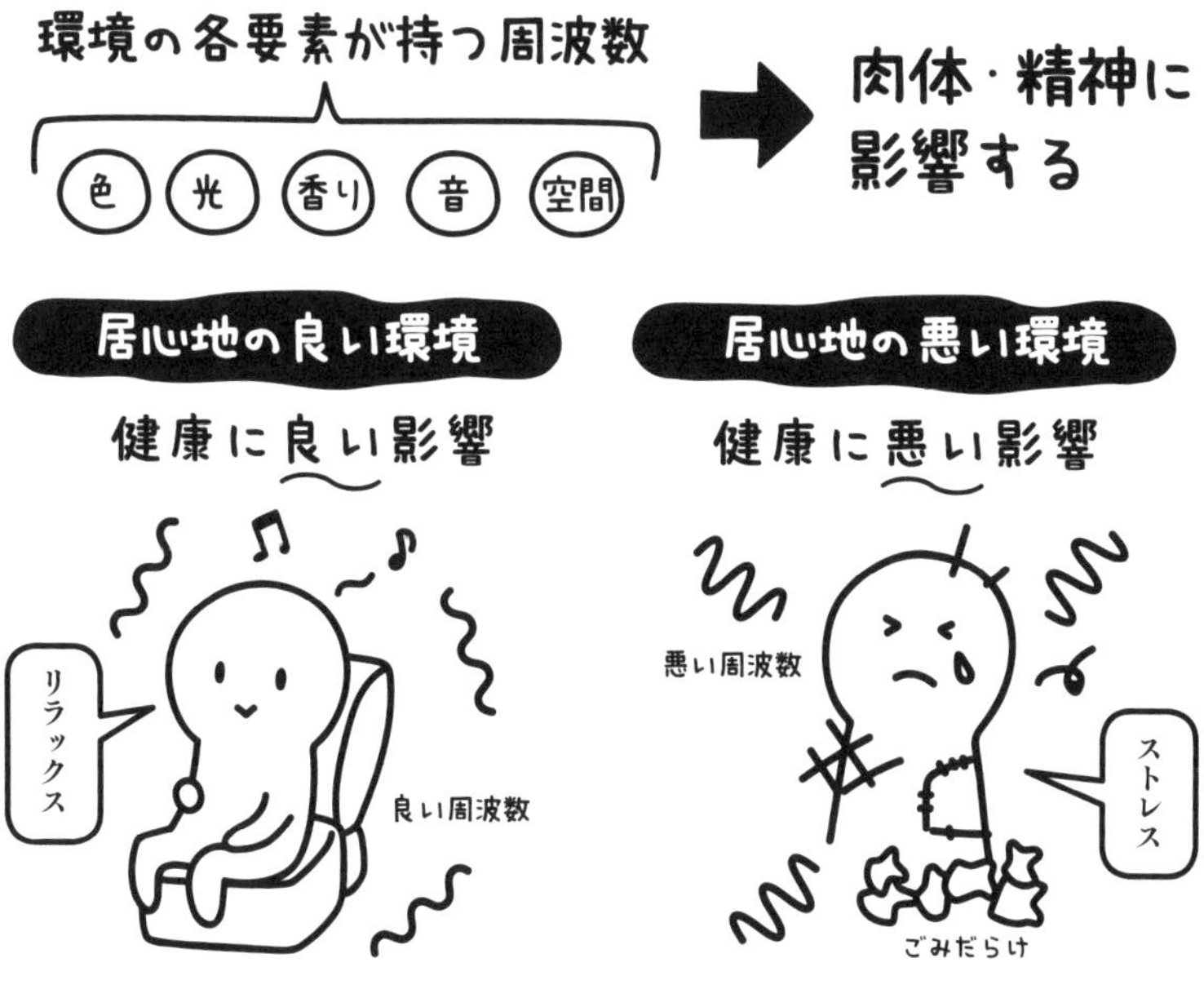

や心に悪い影響を及ぼします。

ぜひ、自分の身体や心にしっかりと向き合い、身体や心に合う環境を整えてみてください。どんな色を見ると心が落ち着くのか。どんな光の状態が心地よいのか。どんな空間や場所が快適なのか。どんな香りならいつまでも嗅いでいたいのか。どんな音楽を部屋の中で流しておきたいのか……。

これは自分の身体の周波数に合う食べ物や水を取り入れることとよく似ています。その影響の大きさに、きっと驚かれることでしょう。

量子力学的幸せな生き方のポイント

肉体と精神の健康には、良い環境を整えることが欠かせない！

CHAPTER 6

もっと高次元に生きてみよう

CONTRIBUTION

貢献

- 人の幸せとは、誰かの役に立つこと、喜ばれることである
- 貢献のエネルギーを出すと、豊かさのエネルギーとして戻ってくる
- 自分自身を幸せで満たすことによって、より良い貢献ができる
- 貢献を意識することで、より高次元な生き方をすることができる

貢献によって生じる作用・反作用のエネルギー

私たちの身の回りには、コンビニのレジ前の募金箱や駅前での募金の呼びかけなど、いくらでも貢献する手段があります。しかし、残念ながら多くの人は「お金が貯まったら寄付します」とか「今はお金がないので」と言って、寄付しようとしないのではないでしょうか。

これは非常にもったいないことです。お金がないときにこそ寄付やチャリティーに参加するなどの社会貢献をすると、それが豊かさとなって返ってくるからです。

昔、お釈迦様の弟子たちが、お釈迦様に「貧しい人はお布施をしなくてもいいのではありませんか？」と聞きました。すると、お釈迦様は「貧しいからこそお布施をすべきだ」とおっしゃったそうです。

このときお釈迦様が言いたかったのは、「貧しい人たちはこれまでお布施や寄付をしてこなかったから貧しいのだ」ということ、そして「人に与えることで徳を積み、それは豊かさとして返ってくるのだから、貧しい人ほど寄付をした方がいい」ということなのです。

◯喜びのエネルギーを与えたら、自分に返ってくる理由

物理学には、作用・反作用の法則というものがあります。これは力を与えると、必ず反対方向に力が返ってくるという法則です。例えば、私たちが岩を押すとき、私たちは同じだけの力で岩に押されているのです。

これは、同様にこの宇宙誕生の瞬間を想像したら分かるでしょう。宇宙誕生の瞬間は約138億年前だと言われていますが、あらゆる生命、動物、植物、物質はもともと一つのエネルギーの塊だったのです。そのエネルギーの塊が宇宙創造のビッグバンによる

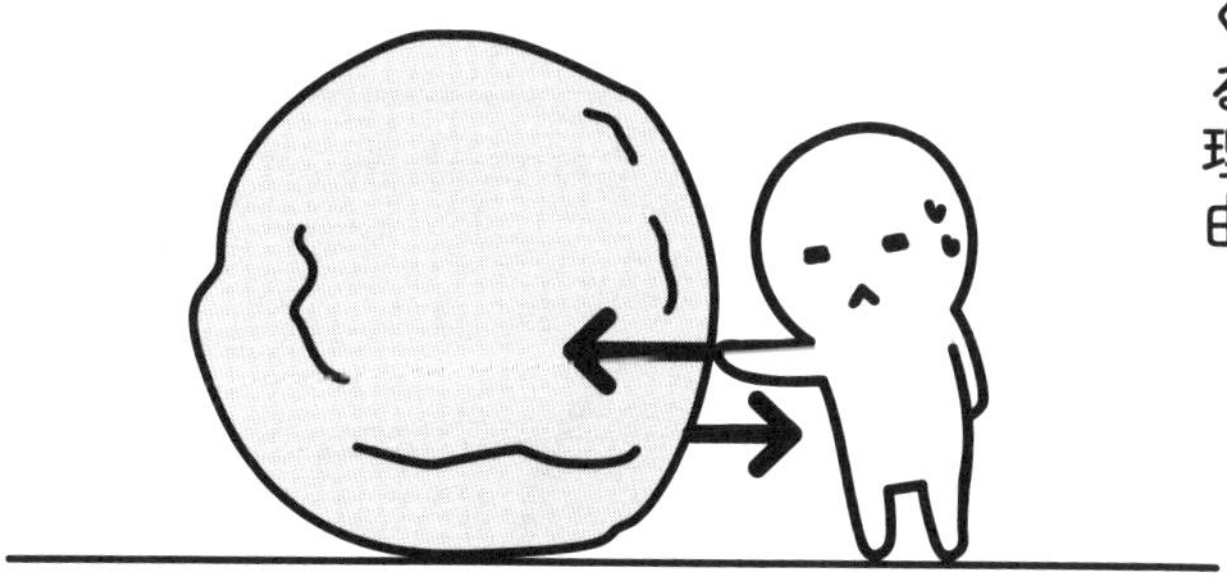

「人が岩を押す力」と
「岩に人が押される力」は等しい！

大爆発を起こし、宇宙は誕生したと言われています。このエネルギーはアインシュタインのエネルギーの式「$E=mc^2$」によって物質に変化し、水素や酸素などの原子が作られ、銀河系や太陽系、地球が生まれ、そして、地球に人間が誕生したのです。

したがって、私たちは「もともと一つであり一体であり、エネルギーでつながっている」ということが分かります。このように考えれば、**相手に喜びのエネルギーを与えたら、喜びのエネルギーが波**

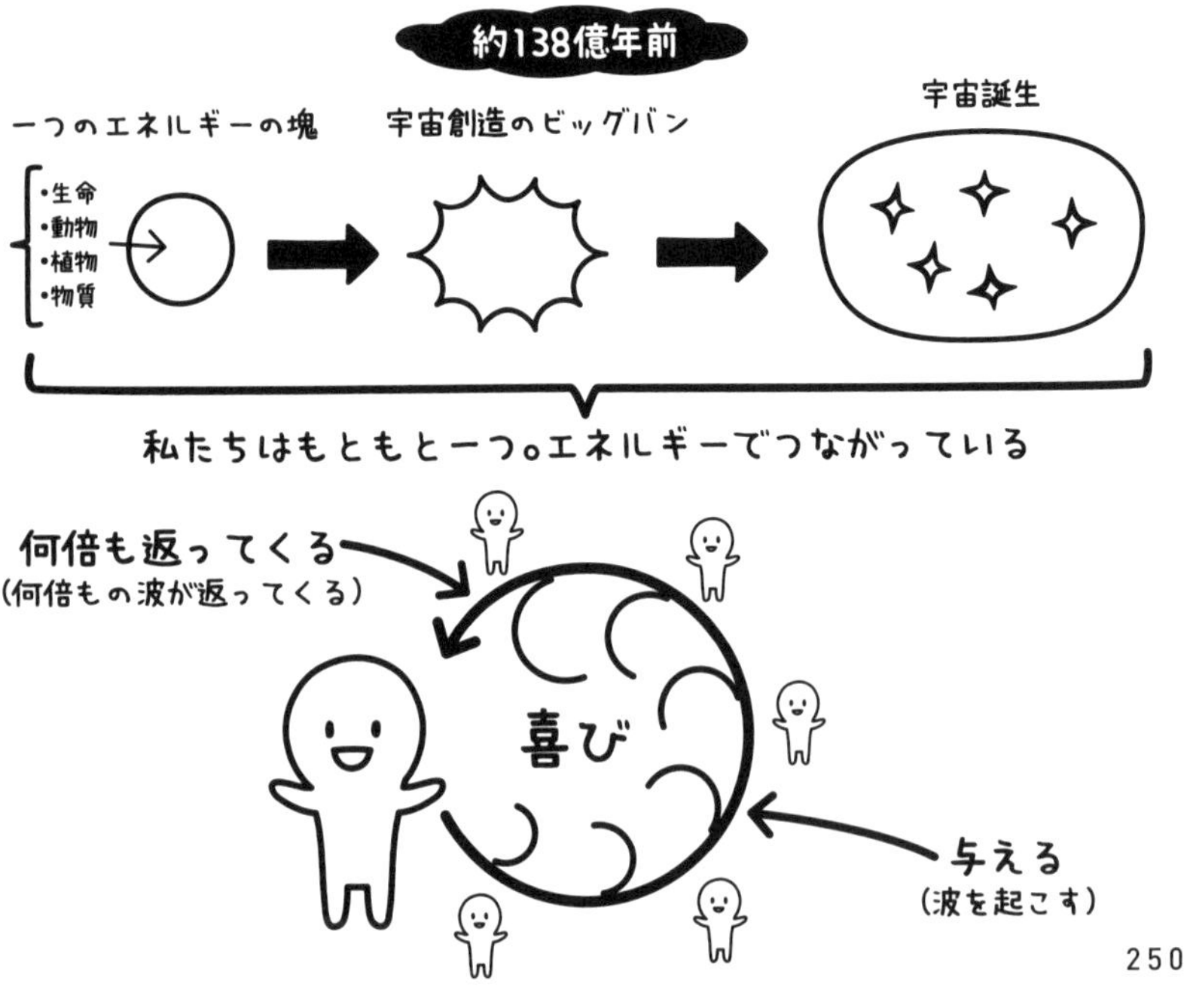

のように周囲に広がっていき、波が戻ってくるように、あなたの元にも必ず返ってくることが分かると思います。

「**与えるから返ってくる**」。これが、この宇宙の原理原則です。特にあなたの「人に与える」という貢献活動が世の中の人の共感を得ると、その力は何倍にも増幅されます。人々の共感を得る貢献かどうかは、意識のベクトルが内向きか外向きかで決まります。

意識のベクトルが内向きで自分自身の欲望を満たすための場合、その貢献は世の中で共感されず、増幅されません。しかし、意識のベクトルが外向きで世の中の幸せのためになる場合、その貢献は人々の共感によって増幅され、社会を動かすような力になります。同時に、それはあなたの元に返ってきたとき、大きな豊かさのエネルギーになっているでしょう。

量子力学的幸せな生き方のポイント

あなたの貢献は、豊かさとなってあなたの元に戻ってくる！

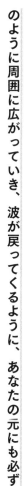

貢献が「自己犠牲」になってはいけない

前項でお金に余裕がないときでも貢献しよう、貧しい人ほど貢献しようということを述べました。しかし、これは自己犠牲をして貢献しようということではありません。

ときどき、貢献が大切ということで自己犠牲的になってでも与えようとする人がいます。しかし、自己犠牲は我慢や無理という精神的にマイナスの波長を持っていますから、これはやめた方がいいでしょう。そういう意識の状態で貢献をしても、まったく豊かさは返ってきません。

だから、まずは自分自身を幸せにしてください。日本酒の注ぎ方に「盛りこぼし」というものがあります。升に入れたグラスに日本酒を注ぎ、溢れた分は升で受け止めます。これと同じように、**自分が満たされ幸せ**

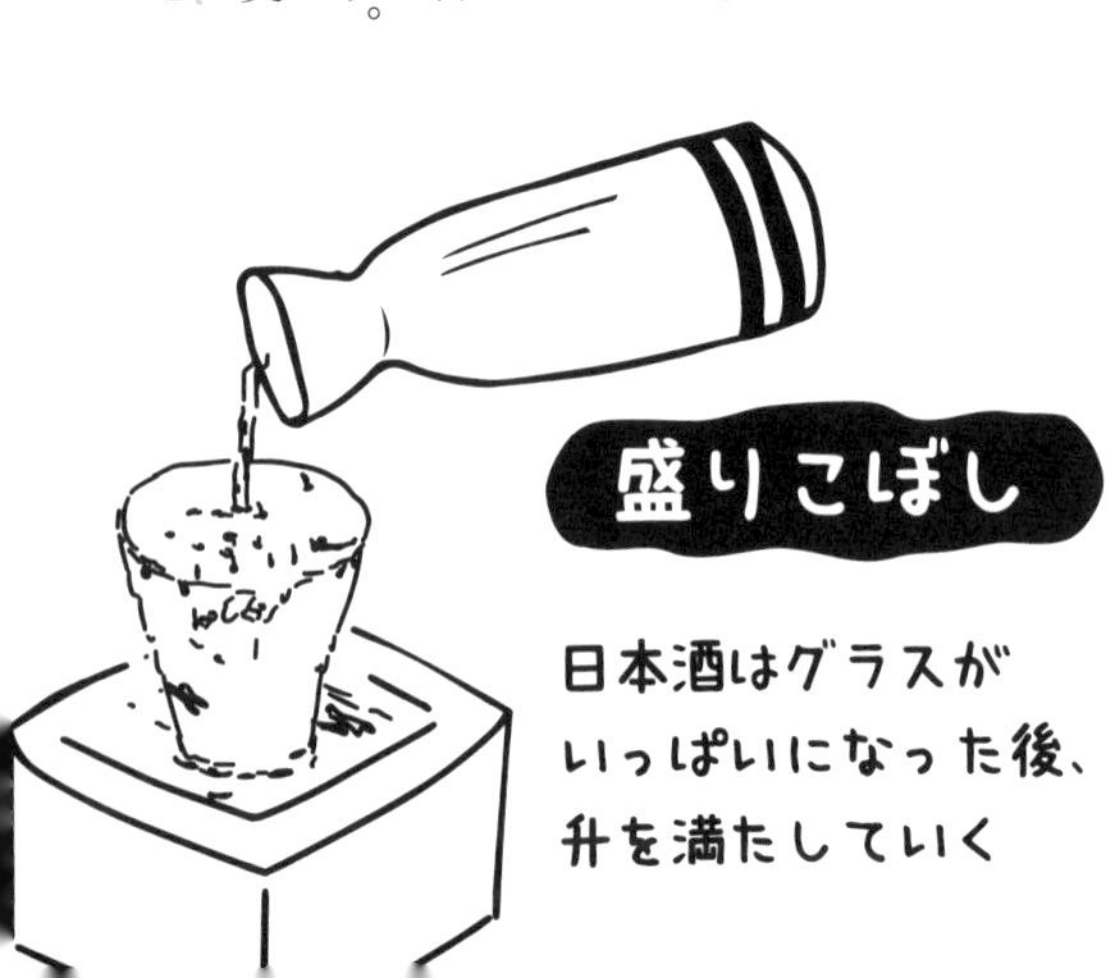
盛りこぼし
日本酒はグラスがいっぱいになった後、升を満たしていく

になってくると、あなたの幸せが自然に周囲にも流れていきます。幸せのエネルギーがどんどん周りに広まっていくようなイメージです。同時に自分の意識が拡大し、広い視野で物事を見たり、考えたりできるようにもなるでしょう。

これは自分を満たしたら、次は家族を幸せにしていく。家族が幸せになれば、今度は地域を幸せにする、というように周りに意識がどんどん向かっていき、社会全体を幸せにできるようになるイメージです。あなた自身が幸せの波動、エネルギーを発生させ、それを広げていくような貢献のイメージを持つことが大切です。

「自分自身をまず幸せにする」とは、「お金が貯まるまで寄付をしない」とか「お金がないから寄付をしない」ということではありません。お金がないときはないなりに、貧しいときにはできる範囲内で貢献しようということですから、間違えないようにしてくださいね。

量子力学的幸せな生き方のポイント

自分自身を満たし、幸せな気持ちで貢献していこう!

お寿司を食べて漁船は見えるか？

一般に自分に関すること、自分の利益ばかり考えている人のことを「次元の低い人」「次元の低い見方・考え方をする人」と表現することがあります。これは自分という一点、量子力学的に言えば「線の世界」である1次元の世界にその人が生きていることを意味します。

もし、その人が自分のことだけでなく、目の前の相手のことを意識するようになれば「2次元の世界」に、複数の相手や空間まで意識するならば、「3次元」の世界に生きているとも言えるでしょう。

◯宇宙は11次元まである

「超ひも理論」によると、私たちの宇宙には11次元まであると言われています。1次元が線の世界、2次元が平面の世界、3次元が立体の世界です。これに時間という軸が加わって、4次元の世界になります。

5次元は私たちの世界とは別の歴史が流れている並行世界、つまりパラレル

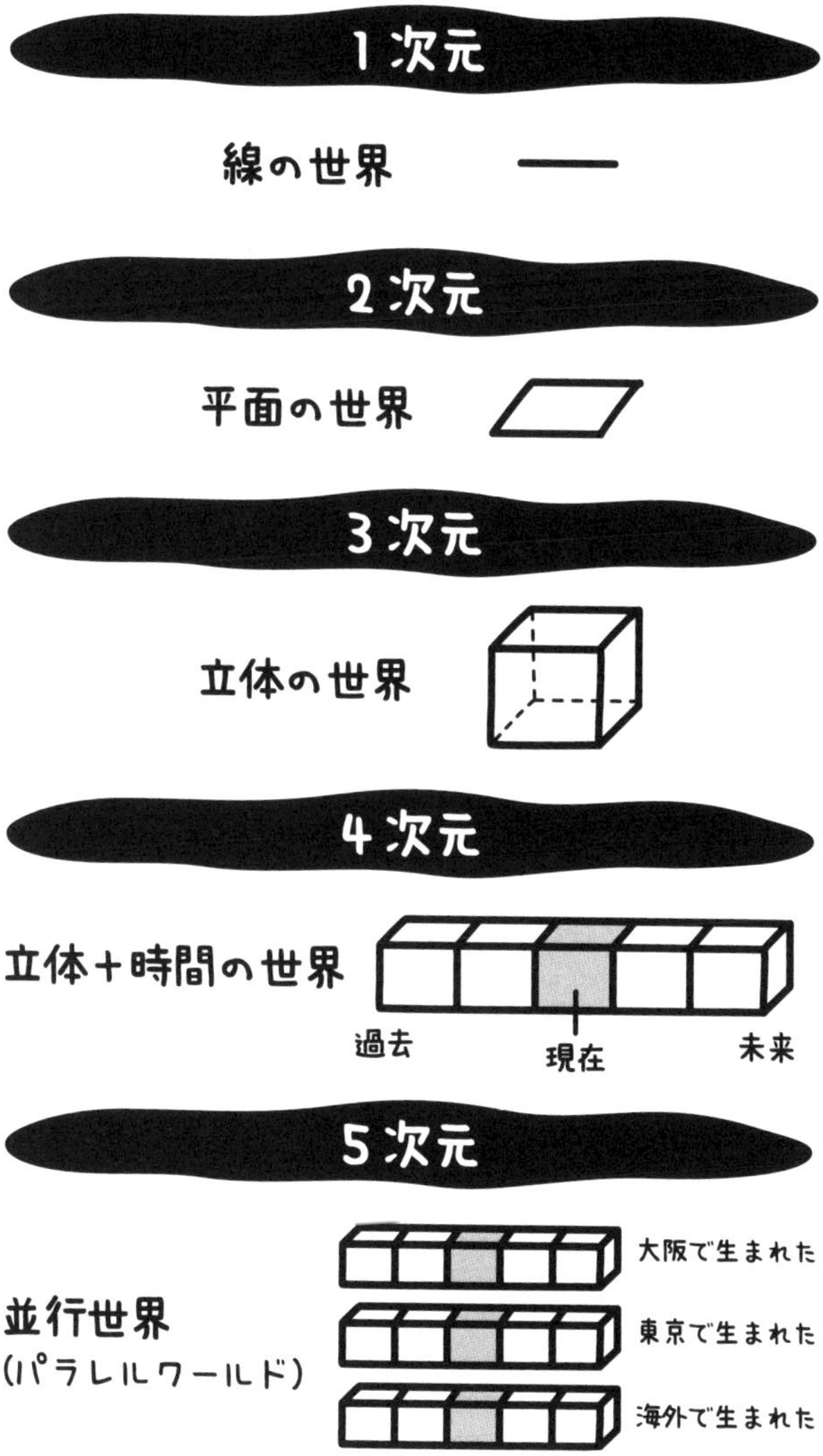
1次元
線の世界
2次元
平面の世界
3次元
立体の世界
4次元
立体＋時間の世界
過去
現在
未来
5次元
並行世界
（パラレルワールド）
大阪で生まれた
東京で生まれた
海外で生まれた

ワールドです。例えば、あなたが大阪で生まれて結婚し、今は東京に住んでいるとしましょう。5次元の世界とは、あなたが東京で生まれて、結婚せずに独身で大阪に住んでいるようなまったく別の人生のストーリーを歩んできた世界が同時に無数にあるイメージです。

◯次元が高い人＝物事を多角的に見られる人

さて、この次元の数が示しているのは、その次元を構成する要素です。3次元であれば、x軸、y軸、z軸という3つの要素が存在します。4次元であれば、x軸、y軸、z軸にTという時間軸が存在します。以下、次元が増えるに従って、この要素が増えていきます。

このような次元に関する理論から、いわゆる次元の高い人・高次元に生きる人とは、「**物事を見る要素が低次元の人よりも多い人**」だと考えられるのではないでしょうか。つまり、**物事を点や線だけで見るのではなく、面や球、時間軸の観点からも見ること**ができる人です。

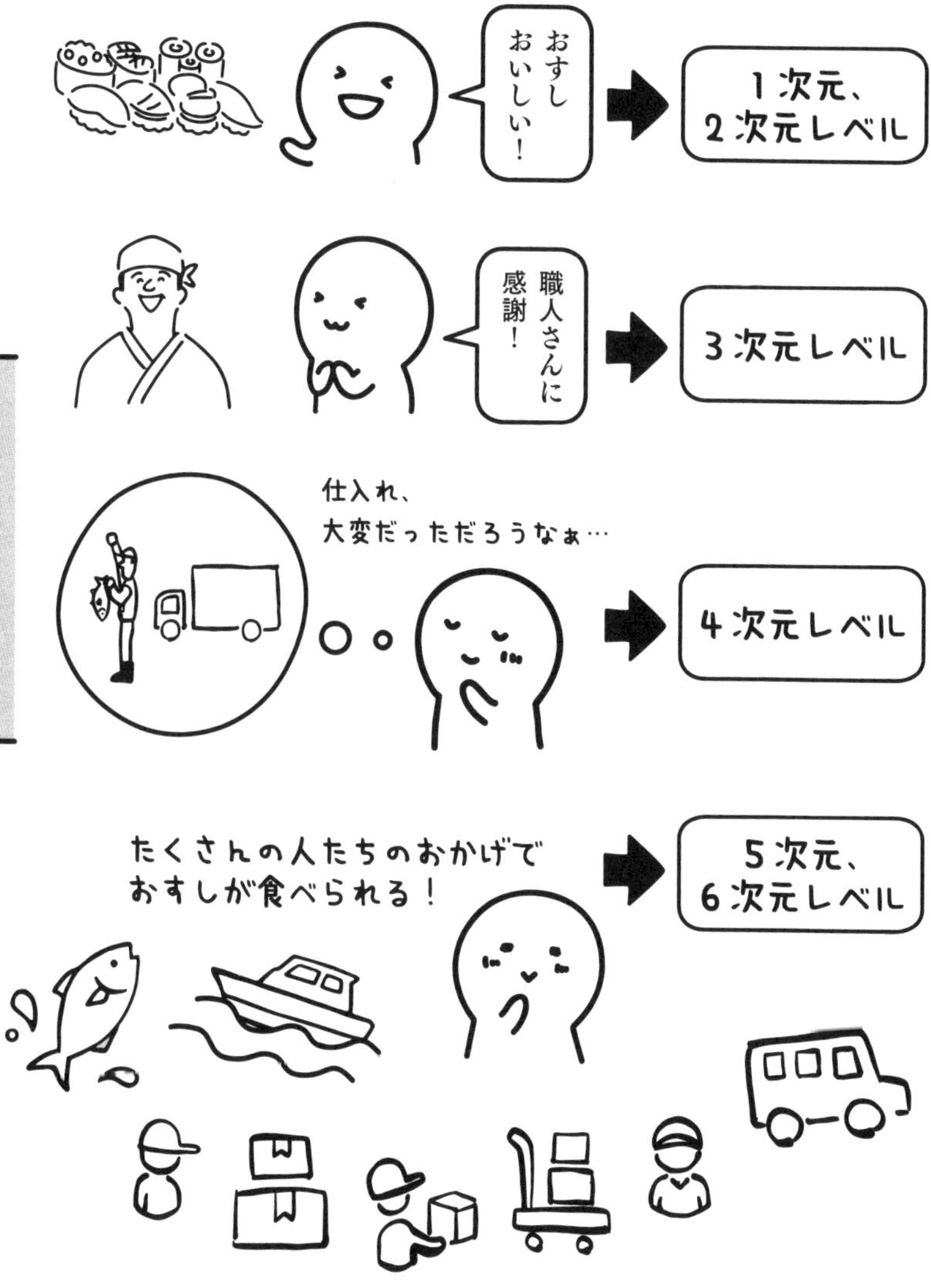
おすしおいしい！
1次元、2次元レベル
職人さんに感謝！
3次元レベル
仕入れ、大変だっただろうなぁ…
4次元レベル
たくさんの人たちのおかげでおすしが食べられる！
5次元、6次元レベル

例えば、回転寿司のお店でマグロのお寿司を食べたときのことを想像してください。「美味しい」と思うだけの人は、食べた瞬間の味や見た目という要素しか考えていませんから、1次元か2次元で物事を見ている人です。

3次元で物事を見ている人は、美味しいと思うだけではなくて、厨房でお寿司を握っている職人さんのことも見えているかもしれません。4次元で物事を見ている人は時間軸で見ますから、職人さんが握ったお寿司のマグロの過去まで遡ります。朝の仕入れや、仕込みの大変さに思いを巡らすことができるわけです。

さらに5次元、6次元まで行くと、マグロを養殖している人、マグロ漁船でマグロを釣っている人、お米を作っている農家の方々やそれらをトラックで運ぶ運転手さんの姿が見えます。

そんな5次元、6次元の世界に生きている人は、たった一貫のマグロを食べるだけで、「これほどたくさんの見えないところで大勢の人が関わり、その人たちのおかげで、これがたった250円で食べられる！　ありがたい……！」

と号泣してしまうほど感謝することができるのです。これが高次元に生きる人であり、同じものを食べていても、次元の高い人は見ている視点、見ている要素がまったく違うのです。

貢献することは、このような高次元の生き方に通じています。自分以外の誰かのことを考え、より広い世界や時間軸を意識する行為だからです。すなわち、より高次元に、幸せを感じながら生きる方法を教えてくれると言ってもいいでしょう。

量子力学的幸せな生き方のポイント

見えない世界のありがたさに気づけば、高次元に生きることができる!

我をなくし、世界に自分自身を差し出す幸せ

仏教の世界に「諸法無我《しょほうむが》」という言葉があります。この言葉は「すべてのものの事（＝諸法）は、互いに影響をし合い、何一つとして単体で存在する（＝我）ものはない」ということを意味しています。

例えば、この本は私ひとりで作り出したものではありません。これまで42年間、脳科学、心理学、宗教などさまざまな分野の先生から貴重なことを学び、体験し、大勢の人たちと関わらせていただいた経験から得られた知恵の結晶が本書なのです。

また、そもそも私たちは無数の学びといろいろな人との出会いの集大成ですから、我というものは存在しないのです。つまり、これまでお会いした方々から貴重な知識や知恵を学ぶことで本書が完成したと言えるでしょう。このように思うと、常に「おかげさまで」という気持ちが湧いてくるのではないでしょうか。例えば、この原稿を書いている時に、本棚から本を探そうとして、見つ

けられないことがありました。この経験から、本の整理をすることの大切さが分かりました。このように、日々経験したことから学ぶことの連続です。

また、神社に参拝すると、御神体として鏡が祀《まつ》られていますが、そこには自分自身が映し出されています。そして「鏡（＝かがみ）」から「我（＝が）」の一文字を抜くと、「神（＝かみ）」が生まれます。つまり、神社に参拝するのは我をなくして無我の境地に至り、神につながるためなのです。

◯無我の境地に近いのは赤ちゃん

実は、最も無我の境地に近いのは赤ちゃんです。生まれたばかりの赤ちゃんに自他の区別はなく、自分があるという自我がありません。完全な無我の状態なのです。それが成長するに従って、「パパ」や「ママ」という言葉を覚えることで、自分と他者との違いについて区別できるようになります。父親と母親、兄弟と自分が違うことに気づくと、自我に目覚めてしまうわけです。

神社に参拝する場合、お宮は子宮を意味しています。鳥居をくぐった後の

「参道」は「産道」であり、そこを通るときに鳴る玉砂利の「ザッザッ」という音は邪気を払っています。つまり、神社に参拝する人は赤ちゃんになるプロセスを通っているのです。邪気が抜けると無邪気になる、ということですね。実際、赤ちゃんほど無邪気な存在はないでしょう。

○ 貢献マインド＝所有ではなく分かち合うこと

また、世界は素粒子からできているということからも、元々

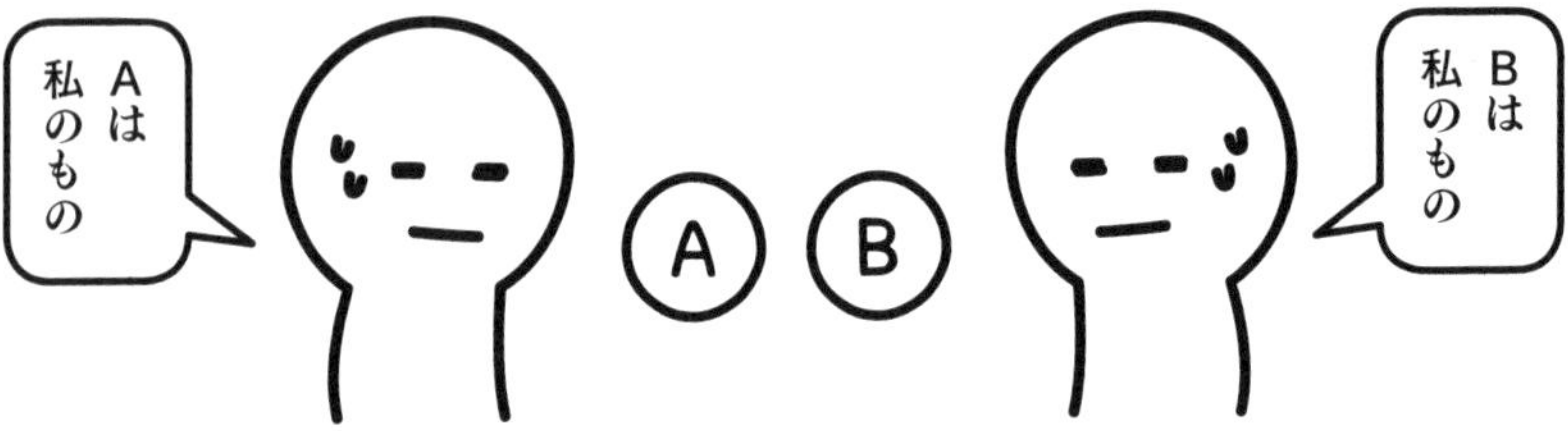

Aは私のもの
A
B
Bは私のもの

お互いのものを巡って争いが始まる

AもBも私のものではない
A
B
AもBも私のものではない

我を無くすと、争いは起きなくなる

すべてのものは同じとも言えます。縄文時代には所有という考え方はなく、すべてのものは共有の財産だったそうです。しかし、弥生時代には農作する土地が生まれ、所有するという概念が生まれました。

実は貢献という行為も、「これは俺だけのものだ！」というエゴをなくし、分かち合う無我の境地になる行為に他なりません。積極的に与えることで、自分がこれまで得てきたものは自分だけのものではないことを自覚し、「ワンネス（＝世界と自分が一体化した感覚）」に到達できるのです。これこそが貢献を通じて生まれる最大の幸せであり、このような貢献マインドによって世界から争いがなくなり、世界平和への一歩につながっていくことができるのです。

量子力学的幸せな生き方のポイント

与えることを通じて無我の境地に至り、ワンネスに到達しよう！

小さな貢献が共鳴・共振で世界を動かす

「貢献」というと、環境問題や貧困問題などの社会問題を解決するような、非常に大きなことをしなければならないイメージがあるかもしれません。しかし、実は「日々を笑顔で過ごす」といった小さな貢献でも、大きな影響を世の中に与えることができるのです。

このような小さな影響が大きな結果を及ぼすことを**バタフライ効果**と呼びます。これは1963年にアメリカのマサチューセッツ工科大学の気象学者、エドワード・ローレンツによって提唱されました。ローレンツは、気象をコンピュータでシミュレートしていたときに、小さな誤差がシミュレーション結果に大きな影響を及ぼすことに気づきました。この現象を、バタフライがブラジルで羽ばたくと、テキサスで竜巻を引き起こす可能性があるという比喩で説明しました。

例えば、ご縁のある人をちょっと喜ばせたことが、巡り巡って大きな貢献になることがあります。反対に、不安や恐怖、イライラの感情が、世の中の紛争や戦争などを引き起こし、社会にネガティブな影響を与えることもありうるのです。このことに気づくと、日々の生き方や考え方も変わってくるのではないでしょうか。

○小さな行動が共鳴・共振を起こして大きなムーブメントへ

このような個人的な小さな貢献が世の中に大きな影響を与えていることは、共鳴・共振という物理現象と似ています。例えば、ワイングラスが持つ固有の振動数と同じ振動数の音を当てると、そのグラスは共鳴を起こして振動を増幅し、割れてしまいます。また、吊り橋の固有振動数と同じ振動が風によって起きると、吊り橋が風と共振を起こして振動を増幅し、崩れて落ちてしまうこともあるのです。

グラスを割った音も吊り橋を落とした風も、それ自体はとても小さな力です。しかし、それが大きな結果をもたらすということです。個人的な小さな貢献もこれと同じことが起きると言えるでしょう。小さな行動が世界の人々と共鳴・共振を起こしたとき、その行動は社会の大きなムーブメントになることがあるのです。

SNSが発達した現在は、個人の発言の影響力も大きくなっています。その力はポジティブにもネガティブにも使うことができます。そんな自覚を持って、少しでも世の中を良くするための発言、行動をするなら、それは大きな社会貢献につながるでしょう。

量子力学的幸せな生き方のポイント

目の前の人を笑顔にして、大切にするだけで、世の中に大きな影響を与えることができる！

CHAPTER 7

「今・ここ」に集中し、五感力を鍛えよう

MENTAL

メンタル

- 出来事に対する決めつけをやめ、ニュートラルに物事を見てみよう
- 五感の力を磨いて、小さな幸せや喜びに敏感になろう
- 怒りや哀しみという「過去」にとらわれ過ぎないようにしよう
- 自分の「コンフォートゾーン」から出て、メンタルを鍛えよう

「べきべきメガネ」を外そう

イライラしていると、ますますイライラするようなことが起き、ネガティブな気分のときには、さらにネガティブな出来事が起こりやすい……。多くの人は経験から、そんな傾向があることを知っているのではないでしょうか。実はこれは、量子力学の観点から見てもありうることです。

例えば、目に見えない感情も一種のエネルギーとすれば「$E=h\nu$」という公式で扱うことができます。つまり、感情は固有の周波数を持っていることが分かります。

同じ周波数を持つもの同士は共鳴し、引き寄せ合います。さらに同じ周波数の振動を重ね合わせると、その振動は増幅されます。ですから、イライラの感情はイライラする出来事を引き寄せ、さらにイライラした気持ちも高まってしまうことがあるのです。これと同様に、ネガティブな感情はネガティブな出来

感情は固有の周波数を持っている

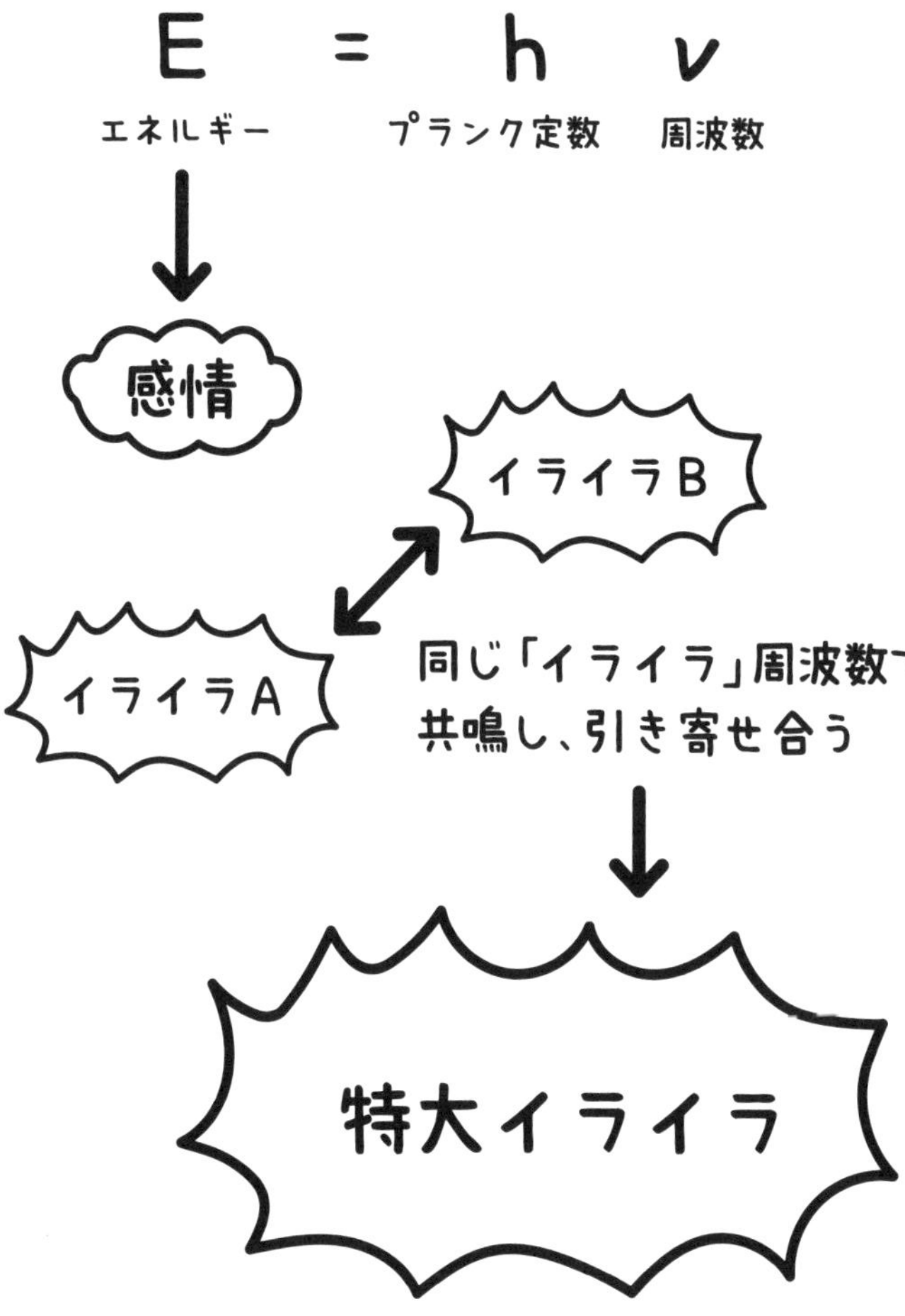

事を引き寄せ、ますますネガティブな気持ちになってしまいます。

感情をコントロールする上で重要なことは、**すべての出来事はニュートラルで意味はない**という原則です。そして出来事を意味付けているのは、私たち人間です。それぞれの人が、自分の固定観念や信念というフィルターを通して出来事を見て、ポジティブな意味やネガティブな意味を持たせているのです。

私はこのフィルターを「べきべきメガネ」と呼んでいます。「こうすべき」「こうあるべき」「これが正しい」「あれは間違っている」というフィルターを通すと、物事がそういうふうにしか見えなくなります。そして、その考え方に反する出来事に出会うと、人はイライラしてしまうわけです。

そんな「べきべきメガネ」を外せば、「そういうこともあるよね」と出来事をニュートラルな視点で柔らかく受け止められます。その結果、イライラすることもなくなり、メンタルが安定するのです。

量子力学的幸せな生き方のポイント

「すべての出来事に意味付けしているのは、自分であることを意識しよう！」

五感力を磨いて、幸せに気づく

多くの人にとって、メンタルの悩みといえば喜怒哀楽にまつわるものではないでしょうか？　例えば、「喜びがあまり感じられない」「いつも怒ってばかりいる」「哀しみから立ち直れない」「最近、楽しいことが何もない」といった状態です。実際に、日本は他の国と比べてとても恵まれた豊かな国であるのにもかかわらず、幸福度が低いと言われています。実際に「World Happiness Report（世界幸福度報告書）」によると、2023年度の国別の幸福度ランキングにおいて日本は137カ国中47位となっています。

○幸福度を高めるために、五感力を磨こう

では、どのようにすれば、幸福度を高めることができるのでしょうか。

まず、幸福度を高めるために「目に見える世界」ではなく、「目に見えない世界」を大切にしてください。目に見える世界とは、全体の5％を占める物質的な世界のこと。現実に起きている事柄です。一方、目に見えない世界とは全

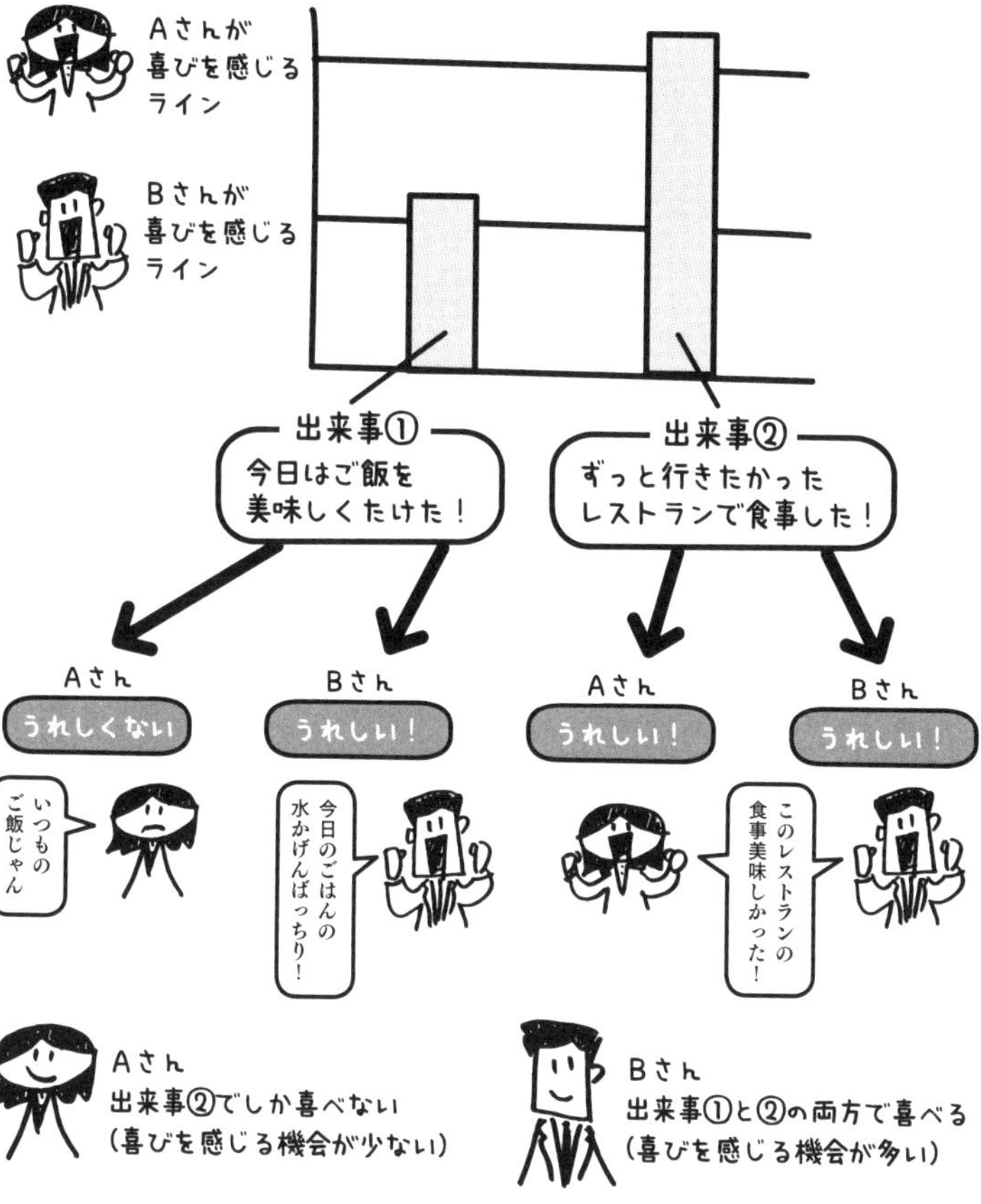

Aさんも Bさんも同じ出来事①と②が起きている

↓

気づける人は幸福を感じやすく幸福度が高い

体の95%を占めている精神的な世界です。

メンタルの悩みを解決するには、この見えない世界における「五感力」がとても大切です。五感力とは、すなわち視覚・聴覚・嗅覚・味覚・触覚を通じて物事を感じたり、気づいたりする「察知力」のことです。

五感力が高まると、これまで見過ごしてきた物理的な世界で起きる日々の出来事から、喜びや楽しみに気づくことができます。

例えば、私はいつも「今日も空気が吸えて幸せだな」「今日も水が飲めた。ありがたいな」と思っています。こうなれば、いつでも喜びや楽しみを感じられます。私たちは水が飲めることを当たり前だと思っていますが、世界には水がなくて困っている方が大勢います。そういうふうに水が飲めることはありがたいこと、と気づける人は幸福を感じやすく、幸福度が高くなります。

これは幸福の基準を低くすること、喜びや楽しみの沸点を低くするということとです。そういう意味で見習いたいのは赤ちゃんです。赤ちゃんは常に幸福度MAXで、幸せそうです。おっぱいが飲めて、暖かくて、おむつが濡れていなければハッピーだからです（笑）。

量子力学的幸せな生き方のポイント

日常の出来事の中に隠れている小さな喜びや楽しさに気づこう！

過去と未来は幻に過ぎない

前項で喜怒哀楽のうち、喜びと楽しみが感じられないことへの対策を述べました。この項では、怒りと哀しみについてどのように対処すべきかを解説したいと思います。

怒りや哀しみは人間の素直な感情ですから、怒ったり哀しんだりするのは自然なことです。しかし、それらの感情にいつまでもとらわれて、感情が憎しみや絶望にまで変わってしまったら大変です。

◯何事にもとらわれない赤ちゃんを見習おう

ここで、やはり見習いたいのは赤ちゃんです。赤ちゃんは嫌なことがあればワーッと怒ったり、急に泣いたりします。しかし、おっぱいを飲まされたり、大好きなおもちゃが出てきたりしたら、次の瞬間にはケロッとして機嫌が良くなります。

赤ちゃんは一時的には怒ったり、哀しんで泣いたりしても、それにとらわれ

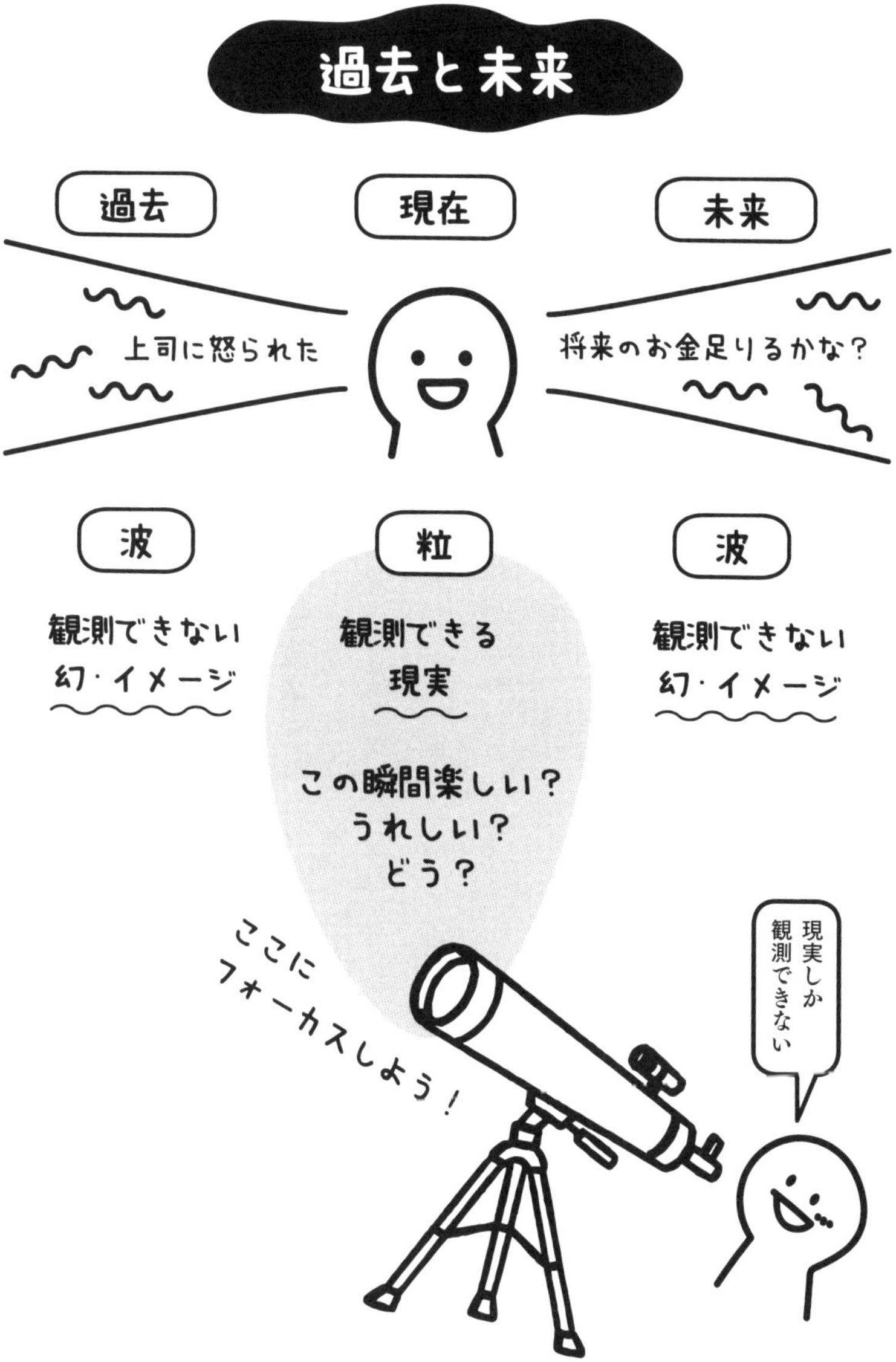
過去と未来
過去
現在
未来
上司に怒られた
将来のお金足りるかな？
波
粒
波
観測できない
幻・イメージ
観測できる
現実
観測できない
幻・イメージ
この瞬間楽しい？
うれしい？
どう？
ここにフォーカスしよう！
現実しか観測できない

ていないのです。何事もとらわれてしまうと、「あの人に嫌なことを言われた」「あの人に馬鹿にされた」と、レコードがぐるぐる回るように頭の中で繰り返し続け、そればかり考えて前に進めなくなってしまいます。これはいわば、過去に後ろ髪を引っ張られている状態です。

◯過去は過ぎ去ったものなので手放そう

皆さんにお伝えしたいのは、過去は「過ぎ去ったもの」に過ぎないということです。どんなに美味しい料理を食べても、食べ終わった後は肥料になります。そんな食べ終えた後のことを考え続けるのは、肥料をずっと食べているようなものなのです。

だから、過去のことばかりインプットしていると苦しくなってきます。過去を手放して初めて、今に意識を向けることができ、前項でお伝えした五感力も高まります。喜びや楽しみを感じやすくなるわけです。

怒りたいときや哀しみたいときは、怒っても哀しんでも構いません。しかし、それらの感情を持ち続けることでストレスとなり、メンタルを弱らせてしまうのです。怒りや哀しみという過去の感情にとらわれすぎないことが大切です。

過去も未来も観測できない幻

量子力学的に考えても、過去と未来は幻です。なぜなら、どちらも観測できない世界、粒として物質化していない波動の世界だからです。粒として物質化し、観測できるのは現在だけなのです。

過去と未来は幻でありイメージの世界に過ぎず、とらわれる必要はありません。今、観測している世界のみが現実ですから、この瞬間にできることにフォーカスしましょう。そして楽しみや喜びを感じることができれば、私たちは常に幸せでいられるのです。

量子力学的幸せな生き方のポイント

怒りや哀しみは過去の幻。今この瞬間（現在）に集中して生きていこう！

メンタルは筋トレのように鍛えられる

変化の激しい時代を生き抜いていくには、メンタルを鍛えることも大切です。新しいことにチャレンジするたびに不安や恐れを感じたり、チャレンジしたとしても何かに失敗するたびに落ち込んだりしていては、素晴らしい幸せな人生を送ることができないからです。

○コンフォートゾーンを広げよう

メンタルを鍛える方法は、筋肉を鍛える方法と似ています。筋肉はある程度の負荷を与え、適切に休息することで鍛えられます。これと同じように、メンタルも負荷を与えることで強くなっていくのです。

この負荷を与える行為は「**コンフォートゾーン（安全領域）を広げる**」と言います。

コンフォートゾーンとは、自分自身が快適だと感じる心理的な範囲のことを指します。例えば、ある人にとって、新しい環境に身を置くことや新しいことを試すことは不安であり、自分が慣れ親しんだ環境やルーティンにとどまることが快適だと感じる場合、その人のコンフォートゾーンは狭いと言えます。

　メンタルを強くするためには、コンフォートゾーンを広げるようなことをしなければなりません。コンフォートゾーンが卵の殻だとすると、殻を破って外に行かない限り、世界が広がらないの

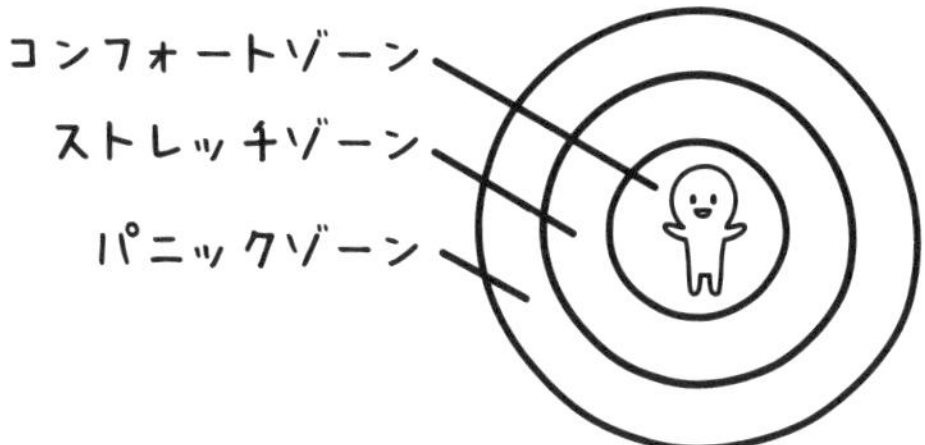

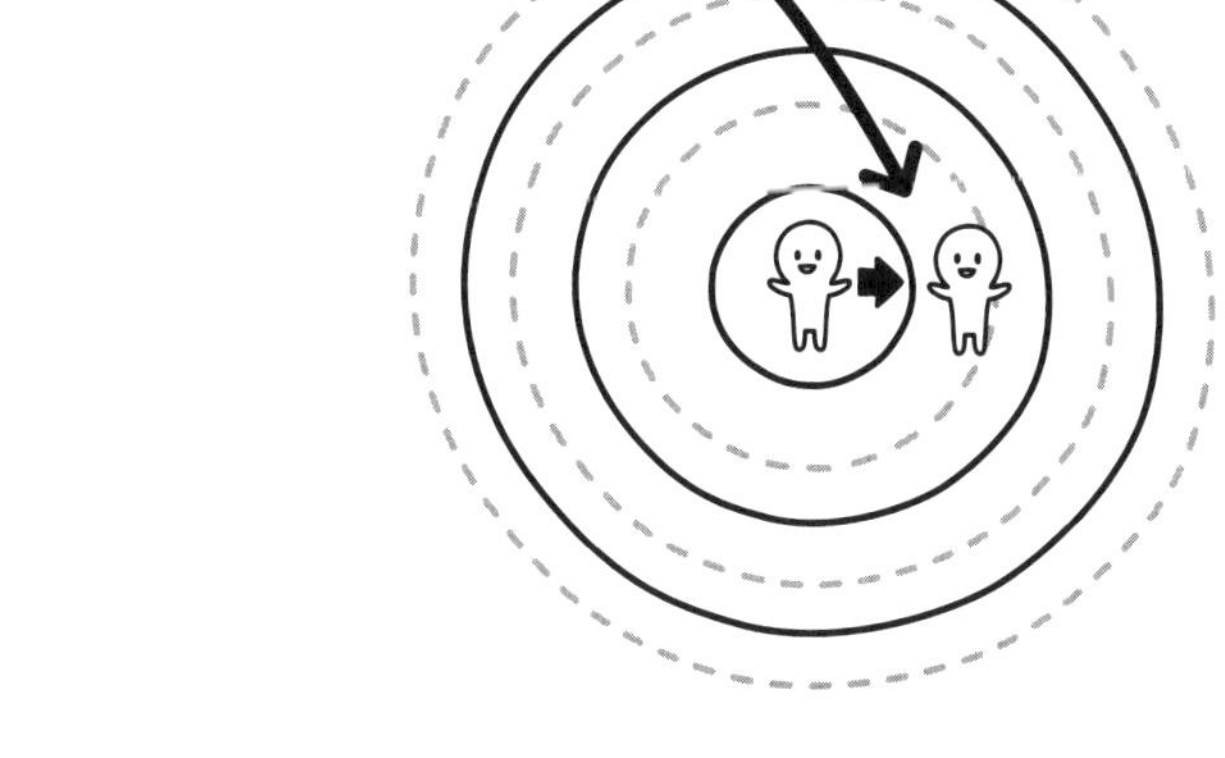

と同じイメージです。

◯コンフォートゾーンを広げる＝大きく成長するチャンス

コンフォートゾーンを広げるには、今までやったことがないことにチャレンジすることです。そのとき人は不安や恐れを感じますが、それらを乗り越えたときにメンタルが強くなるのです。

コンフォートゾーンを広げることは、量子力学的に言うと「量子飛躍」に似ています。ヘリウムの電子が同じ軌道を回り続ければ、ヘリウムは安定したままでいられるので安心・安全でしょう。しかし、ヘリウムのエネルギー状態が高まって電子が「新しい軌道」に入ったとき、ヘリウムは別の状態へと一瞬で変化するのです。

今まで田舎暮らしをしていた人が東京に住むなら、これは大きなチャレンジです。慣れない場所で暮らすことはいろいろな不安や恐れが出てきます。このような不安や恐れなどの感情が出てくるということは、コンフォートゾーンを抜け出そうとしている証であり、メンタルが鍛えられて大きく成長するチャンスなのです。

では、どのようにコンフォートゾーンを広げたらいいのでしょうか。コンフォートゾーンを広げる方法はいくつかあります。

○新しいスキルを習得する

新しいスキルを習得することで、自分自身の知識や技能を向上させることができます。

例えば、新しい言語を学んだり、プログラミングを学んだり、新しい楽器を演奏することを始めるなどです。私の場合は茶懐石に参加し、茶道を学び始めました。

○新しい場所に行く

例えば、旅行をすることで新しい文化や風習を体験することができます。また、新しい環境下で生活や仕事をすることで、自分自身の成長を促すことができます。私の場合は、一般財団法人Ｐａｎ Ａｓ・ｉａｎ協会華宝世珠理事長の紹介でイギリス王室が主催するロイヤル・アスコット競馬場の社交界に招かれました。

○新しい人と交流する

例えば、新しい趣味仲間を作ることで、自分自身の視野を広げることができます。また、新しい人との交流を通じて、自分自身のコミュニケーション能力を向上させることができます。

私の場合は、道端でご縁のあった方にお声がけをして日々コミュニケーションをとっています。

○新しいアクティビティに挑戦する

例えば、サーフィンやスカイダイビングなどのアクティビティを始めることで、自分自身の挑戦心や冒険心を刺激することができます。

私の場合は、毎月、一般財団法人Ｐａｎ Ａｓ・ｉａｎ協会が主催する中尾英力先生の茶懐石を学んでいます。

これらを実践することによって、失敗することもあるかもしれません。しかし、コンフォートゾーンを広げ、メンタルを強くすることはできますので、ぜひやってみてくださいね！

「私は、決して失望などしない。どんな失敗であろうと、新たな一歩となるからだ」（アメリカの発明家、トーマス・エジソン）

量子力学的幸せな生き方のポイント

安心・安全なコンフォートゾーンから飛び出して、メンタルを鍛えよう！

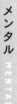

安定したメンタルは満たされた心から

人前であがったり、オドオドしたりしない安定したメンタルが欲しい……という人は数多くいるのではないでしょうか。そんな方にまずお伝えしたいのは、赤ちゃんのメンタルを見習おうということです。

◯自然体で赤ちゃんのように生きる

赤ちゃんのメンタルは最強です。どんなことにも動じませんし、地震が起きてもケロッとしていますし、新型コロナのニュースが流れても、3歳の息子もまったく平然と過ごしていました（笑）。赤ちゃんはどんな状況にも動じない、常にニュートラルな状態です。

そして、赤ちゃんは過去にとらわれず、未来への恐れもありません。常に「今・ここ」を生きている赤ちゃんは、究極にストレスフリーなメンタルだと言えるでしょう。

そんな赤ちゃんのように生きるコツは、「**自然体で生きること**」です。周りの目を気にせず、カッコつけず、常にあるがままの自分でいることができれば、緊張することはないでしょう。

◯心を満たす充足マインド

もうひとつ、**安定したメンタルに大切なのは「心を満たすこと」です**。例えば、原子には安定した状態と不安定なイオン状態があります。安定した状態の原子は、軌道が電子で満たされています。そのため、安定していてブレません。一方、不安定なイオン状態の原子は軌道上の電子が不足していたり、過剰な状態になったりしています。そんな不安定な状態だからこそ、他の不安定なイオン状態の原子と結合してしまったりします。例えば、水素イオンと酸素イオンは結合して水分子となり、初めて安定します。

これを人間に当てはめると、次のようになります。

- 欠乏マインド……不安定、病んでいる。あれができない、これができない。不安な人同士が結合して安心を求める。無いものや足りないものに意識が向

いており、欠乏感や愚痴、不満が多い

■充足マインド……すでに満ち足りている。どんな状況でも今ある幸せに意識が向いている（例：空気があってありがたい）。ちょっとしたことで喜びを感じる、気持ちが安定している、今ある幸せに感謝している

このように欠乏マインドの人のメンタルは不安定に

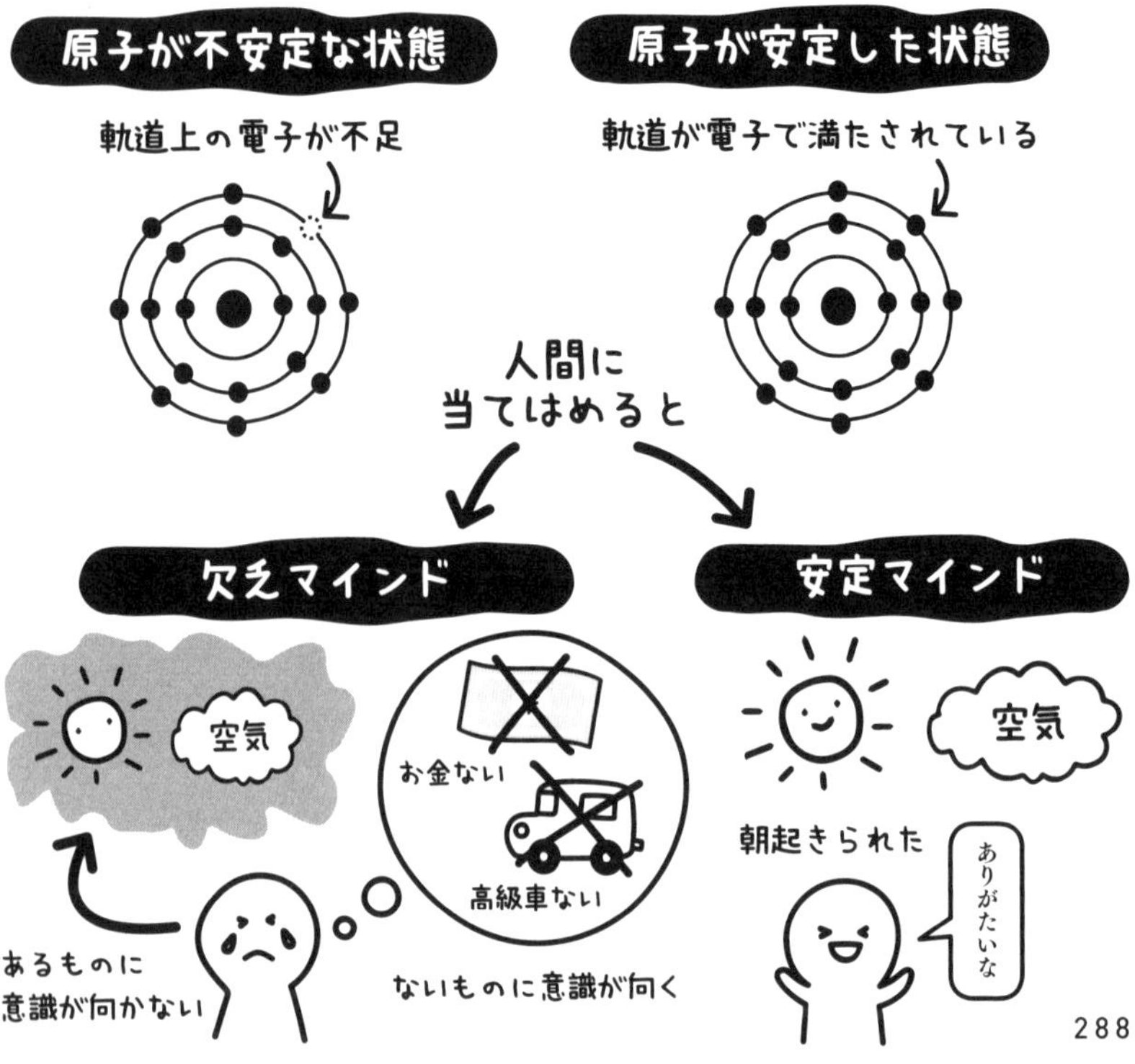

原子が不安定な状態
軌道上の電子が不足
原子が安定した状態
軌道が電子で満たされている
人間に当てはめると
欠乏マインド
空気
お金ない
高級車ない
あるものに意識が向かない
ないものに意識が向く
安定マインド
空気
朝起きられた
ありがたいな

なり、充足マインドの人のメンタルは安定するのです。

◯自分のことを毎日3つ褒めてみよう

また、メンタルを安定させるには自分を肯定し、好きになることです。できないことに意識を向けると自己嫌悪につながり、自己肯定感は下がります。そうするとメンタルはどんどん不安定になります。

しかし、できることにフォーカスすると、自己肯定感が上がり、自分を好きになれます。そうするとメンタルはどんどん安定していくのです。

自己肯定感を上げるには、自分の良いところを毎日褒める方法があります。具体的には、毎日3つ新しいところを褒めるのです。褒め続けていると、そのうち褒める基準が下がってできて当たり前のことを褒めるようになります。

例えば、

- 今日も朝起きられて素晴らしい！
- 一人で歯磨きができて素晴らしい！
- 毎日お風呂に入って素晴らしい！

など、自分を認める基準が下がるので、ますます自分を好きになることができます。自己肯定感が低い人は、自分を認める基準が高すぎるのです。

○他人と比較せずに、自分を認めよう

最後に、メンタルを安定させるには**他人と比較せず、自分を認めてあげることと**が大切です。コーチングには、次のような「3つの承認」の考え方があります。

- 存在承認（生きている存在を認めること）
- 行動承認（行動していることを認めること）
- 結果承認（結果を出したことを認めること）

このうち、「存在承認」を自分に使ってあげると自己肯定感が上がり、メンタルが安定します。

例えば、私の7歳になる息子は出産時の難産によって脳機能障害・発達障害になり、普通に会話することができません。2歳になっても3歳になっても最初は歩くこともできず、あちこちの病院に行き、治療法を探していました。

すると、ある病院で「メタトロン」という振動医学の機械を使った検査や遺伝子精密検査によって、息子がリーキーガット症候群という栄養を吸収できない病気であることが判明したのです。

それから彼に栄養の吸収を促すサプリメントを飲ませ、2週間ほど経ったある日突然、彼がついに立ち上がり、歩き出したときは、本当に涙を流すほど感動しました。この時、私は日本のアニメである「アルプスの少女ハイジ」の登場人物、「クララ」が突然車椅子から立ち上がり、「クララが立った!」とハイジが叫ぶシーンを思い出しました。

そんな息子は生きているだけでも素晴らしい。できないことはたくさんありますが、本当に存在するだけで素晴らしい、価値ある存在だと私は思います。実は私たちはこの世に命があるだけでも奇跡的なことなのです。

○人間として生きているだけで奇跡

私は、2022年に三田の弘法寺というお寺で仏道を学び、得度《とくど》しました。得度とは、迷いの世界を超えて悟りの世界に入ること。つまり、仏道へ入門することになったのです。

その時、弘法寺の管長である小田全宏先生に「盲亀浮木《もうきふぼく》という言葉を聞いたことがありますか？」と聞かれました。昔、お釈迦様が弟子たちに説いた喩えで有名な話なのですが、「ありがとう」の語源にもなっているそうです。

盲亀浮木とは、大海中に棲む目の見えなくなった老いた海亀が百年に一度水面に浮き上がってきた時に、大海に漂っている穴の空いた流木に偶然首を突っ込むというお釈迦様がお話しになった喩え話で『雑阿含経《ぞうあごんきょう》』に説かれています。

『ある時、お釈迦様が阿難尊者に「人間として命を授かった事をどのように思っているのか」と尋ねられました。すると阿難尊者は「大いなる喜びを感じています」とお答えになります。お釈迦様は「盲亀浮木」の喩えをお話になります。「例えば大海の底に一匹の目の不自由な亀がいて、その亀が百年に一度、息を吸いに波の上に浮かび上がってくるのだそうだ。ところがその大海に一本の浮木が流れていて、その木の真ん中に穴が一つ空いている。百年に一度浮かびあがってくるこの亀が、ちょうどこの浮木の穴から頭を出すことがあるだろうか」と尋ねられました。阿難尊者は「そんなことは、ほとんど不可能で考えられません」と答えると、お釈迦様は「誰もが、あり得ないと思うだろう。しかし、全くないとは言い切れない。人間に生まれるということは、この例えよりも更にあり得ない。とても有難いことなのだ」と仰っておられます。』（法相宗大本山 薬師寺公式サイトより引用）

つまり、**人間として生まれてくる確率は、奇跡であり、有ることが難しい、「有難い」こと**なのです。

このようにあなた自身について生きているだけで奇跡的で強運であることに

気づけば、自然と存在承認ができるようになるでしょう。そして、自己肯定感が上がり、自信が持てるようになり、自然とメンタルも安定してくるのです。

また、「生きているだけでありがたい」という気持ちでいると、意識が放つ波動（＝周波数）が、さらに「ありがたいこと」が人生に引き寄せられるようになります。その結果、さらに「ありがたい、ありがたい」と感謝したくなるような出来事が起きるでしょう。

量子力学的幸せな生き方のポイント

「自分を認めてあげること」が安定したメンタルの第一歩！

CHAPTER 8

使命に時間を投資すると人生は最高に楽しい

TIME

時間

- お金持ちよりも、時間に余裕を持っている人の方が豊かである
- 時間の側面だけでなく、空間の側面からもスケジュールを見直そう
- 「時間」「過去」「未来」は実体のない幻なので、今ここに集中しよう
- 使命に時間を使うことが、最も充実した人生を送る秘訣である

本当に豊かな人は「お金持ち」より「時間持ち」

豊かな人とはどのような人をイメージしますか？　一般に豊かな人は、「お金持ち」で物質的な豊かな人をイメージするかもしれません。しかし、**本当に豊かな人とは「お金持ち」ではなく「時間持ち」なのです**。いくらお金が十分にあり、仕事がうまくいっている人でも、自由な時間がなければ思うように人生を生きているとは言えないのではないでしょうか。つまり、本当に幸せで豊かな人は時間に余裕がある人なのです。実際にカリフォルニア大学の研究論文で４４１５人を対象に調査した結果、「お金よりも時間を大切にしたグループの方が幸福だった」という結果が出ています。

例えば、私の知り合いの年収1億円を稼いでいる人は、ほとんどやることがない、すきま時間だらけだと言っています。反対に、同じ年収1億円でも毎日せかせかと働いていて、一生懸命頑張ってようやく年収1億円の方もいるわけです。自由な時間を手に入れると、

■好きな時に好きなことができる
■家族との時間を増やすことができる
■好きな時に自由に旅行をすることができる
■さまざまな経験を手に入れることができる

など、さまざまなメリットがあります。

また、自由な時間を作れない人には次のような特徴があります。

■「忙しい」、「時間がない」が口ぐせである
■物事の優先順位を決めることができない
■日々時間に追われている
■やりたいことがやりたい時にできない

いかがでしたか?

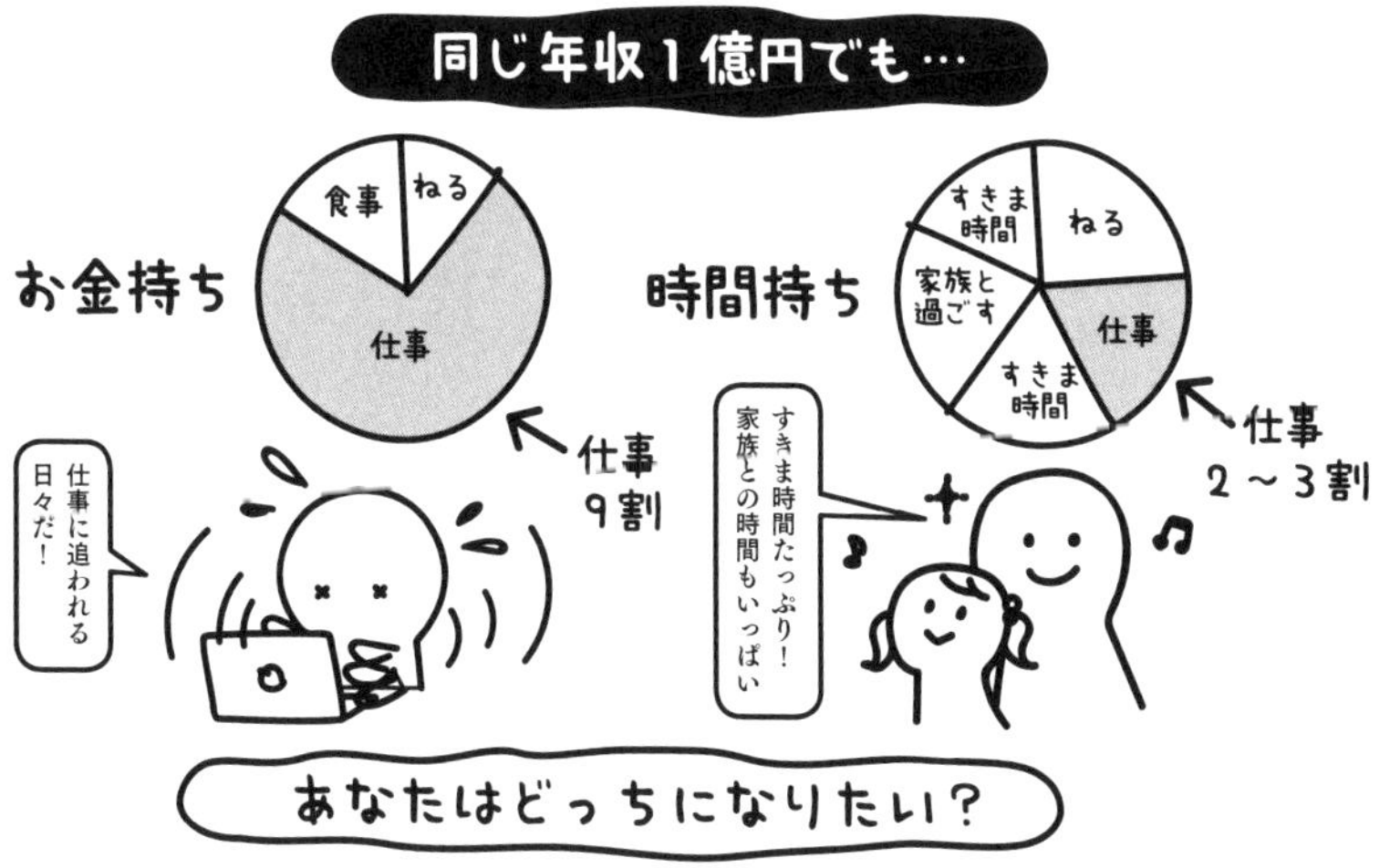

◯せかせか周波数を出していませんか？

量子力学的には、自由な時間がなく、毎日せかせかしていると、心理的に余裕ない「せかせか」周波数を発していると言えるでしょう。日々の生活に余裕がないと、そのような波動を発するため、ますます時間に追われる日々を引き寄せるようになっていきます。

もし、一つでも当てはまることがあるのであれば、これから自由な時間を作るために時間の使い方を見直す必要があります。

では、どうすれば自由な時間を手に入れることができるのでしょうか？

まずは、日々行っているタスクをノートに書き出してみてください。そして、次に自由な時間を手に入れるための質問チェックリストについて考えてみてください。

□やり方をマニュアル化できないか？
□もっと効率化する方法はないか？
□人に任せることはできないか？

□本当にやる必要はあるか？
□自動化・仕組み化できないか？
□一回の労働で済ますことはできないか？
□もっと簡単にシンプルにできる方法はないだろうか？
□そもそも辞めることはできないだろうか？

いかがでしたか？　これらの質問に答えてそのアイデアを実行すれば、自由な時間を手に入れることができるでしょう。もし、今より、もっと時間に余裕があれば旅行をすることもできますし、家族との時間もしっかり取ることができます。ですから、お金持ちになることも大事ですが、ぜひ、できるだけ自由な時間を作ることを目指してくださいね！

量子力学的幸せな生き方のポイント

幸せな人生を送るために、お金持ちより時間持ちを目指そう！

「時空間管理術」でスケジュールを組んでみよう

書店に行くと、さまざまな時間管理の方法を紹介した本があります。スケジュール帳を工夫する、優先的にこなすタスクを決めるなど、いろいろな方法がありますが、いずれも「時間」に注目した手法だと言えるでしょう。

しかし、私たちが生活している世界は、時間だけでなく、3次元の空間もあります。つまり、宇宙は時間軸と空間軸の2つから成り立っています。ですから、本来は時間だけでなく、時間と空間の2つを管理しなければならないのです。このように時間と空間を管理することを、「時空間管理術」と呼んでいます。さらに、私たちは、人と関わり合って生活していますから、時間と空間以外に人との付き合い方や人間関係も管理する必要があるのです。

◯「間《ま》」を意識して「間」法使いになろう

時間、空間、人間という漢字に共通しているのは、「間」という文字です。

この「間《ま》」の使い方が上手な人は、魔法使いならぬ「間」法使いになれます。時間であれば、すきま時間をうまく使える人。空間であれば、空きスペースをうまく使える人。人間であれば、人との距離感が絶妙な人だと言えるでしょう。「間」法使いになることで、人生がうまくいくわけです。つまり、**誰とどのような時間をどのような空間で過ごすかが大切**なのです。

例えば、いくらスケジュール管理がうまくなっても、イヤな予定ばかりが詰め込まれていたらどうでしょうか。また、居心地の悪い場所（＝空間）で過ごす予定ばかりというのもつらいでしょう。

さらに、できるだけ一緒にいて楽しい人、自分にとってプラスになる人とお付き合いする時間の方が有意義な時間を過ごすことができ楽しいものです。そして、空間についても居心地が良い空間、快適な空間で過ごした方がいいことは分かるでしょう。つまり、時間だけでなく、どこの空間で誰と過ごすかも管理する「時空間管理術」を考えるべきなのです。

自分が求める時間と空間をスケジュールする

この時空間管理術では、時間と空間の2つの軸でスケジュールを組みます。横軸には時間に関連する自分の価値観を入れます。例えば、右に行くほど「楽しい時間」、左に行くほど「つまらない時間」などです。

また、縦軸には空間に関する自分の価値観を入れます。例えば、上に行くほど「居心地が良い空間」、下に行くほど「居心地が悪い空間」などです。こうして時間と空間を4つに分類し、今の自分が求める時間と

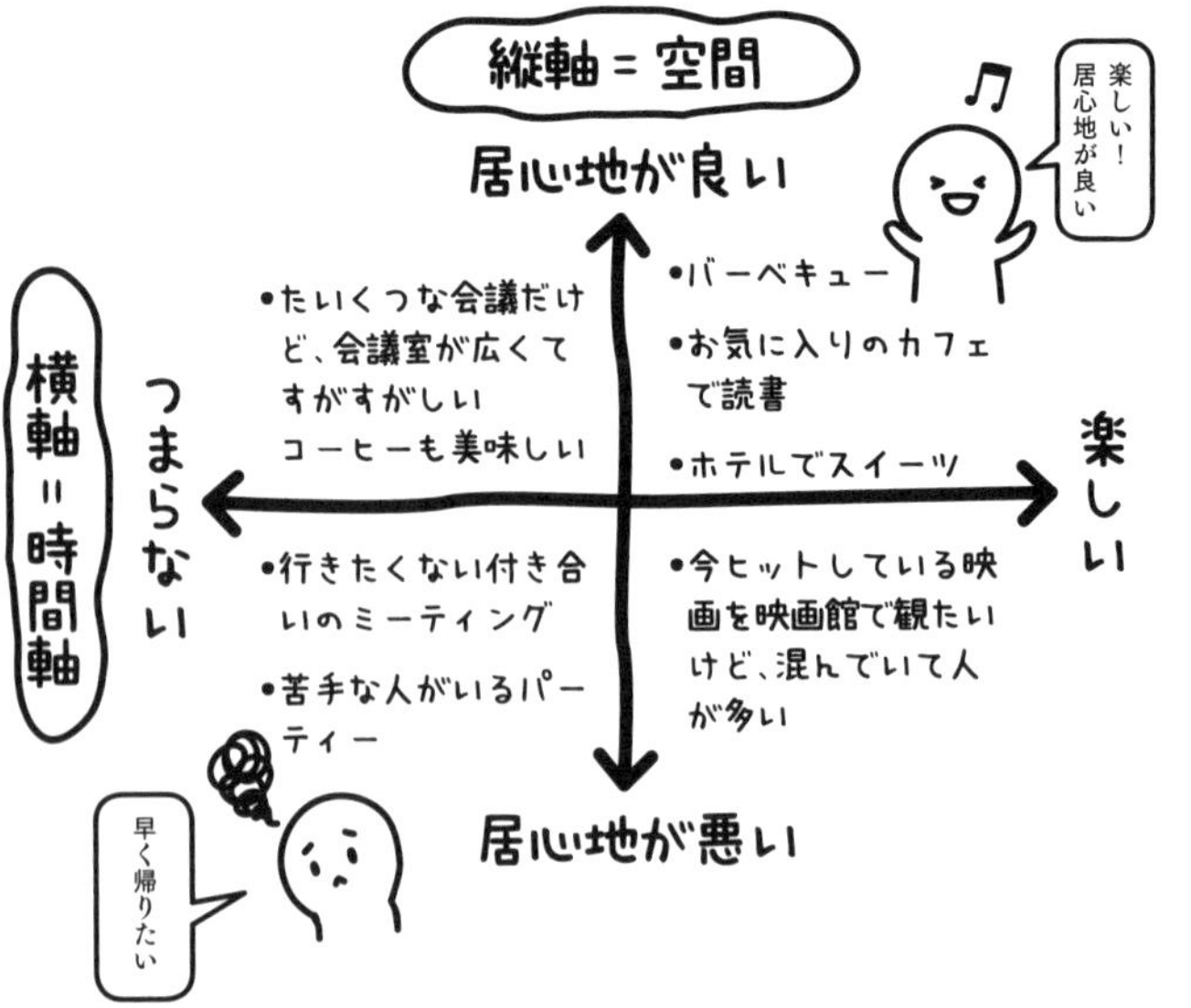

空間をスケジュール帳に入れていくのです。

人によって、それぞれの軸に入れる価値観は変わるでしょう。「楽しい」とか「居心地が良い」だけではなく、「美しい」とか「穏やか」「まったり」といったものも入れられます。

先ほどの例で言えば、図の右上は「楽しい時間」を「居心地の良い空間」で過ごす予定になります。反対に左下は「つまらない時間」を「居心地の悪い空間」で過ごす予定になります。さらに、人間関係も一緒にいて「楽しい人」「つまらない人」など、名前を書き出してみるのもいいでしょう。

このように時間と空間を管理したスケジュールを組めば、私たちのエネルギー状態や出している波動が変わっていきます。その結果、思いがけない引き寄せを起こすこともできるでしょう。

量子力学的幸せな生き方のポイント

予定を組むときは時間だけでなく、どんな空間で過ごすかも考えよう！

「時間」は存在しないかもしれない!?

電車やバスの運行スケジュール、仕事や遊びの待ち合わせなど、時間は私たちの生活と切っても切り離せないものです。しかし、最先端の物理学によると、時間は「幻」かもしれないと言われています。

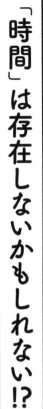

『時間は存在しない』(カルロ・ロヴェッリ著、NHK出版)では、時間には実体がなく、人間が時間という概念を作ったと述べられています。これは一体、どういうことなのでしょうか?

○過去・現在・未来は同時に存在する(ブロック宇宙論)

実は私たちが「時間はある」と考えているのは、過去・現在・未来というように時間が一方向に流れていると感じているためです。例えば、「覆水盆に返らず」ということわざがあるように水が入ったコップが倒れてしまうとコップの中の水が自然に戻ることはありませんが、コップの水がこぼれてやがて空っぽになります。コップに水が入っていた時が過去であり、コップが倒れるという現象が現在だとしたら、未来はコップの水が空になるという状態になるでしょう。このように時間というものは一方向に流れ、不可逆（元に戻らない）なため、過去・現在・未来という時間が存在しているように感じるのです。

しかし、物理学におけるブロック宇宙論では、過去・現在・未来は一方向に順番に流れるようなものではなく、**同じ空間に等しいものとして、同時に存在する**と考えられています。例えば、宇宙全体をひとつの食パンの塊のようなものだと想像してみてください。

過去はすでに過ぎ去り存在せず、未来はまだやって来ていないから存在しないはずですが、ブロック宇宙論から見れば、それらはすべて食パンという塊の中に実在しているということになるのです。つまり、あらゆる時間は、その食パンをどの断面で切るかによって表現ができるということです。

この宇宙の中に無数の星があるわけですが、地球から10万光年（1光年は光が1年かけて届く距離のこと。光の速度は秒速30万km）離れたところにある星を観察したとしましょう。

　ということは、その星から光が届くまでには10万年が過ぎてしまいますから、地球では「今」の星を見ているつもりでも、本当は10万年前の星の「過去」を見ていることになります。

　さらに、その星は10万年後に超新星爆発で消滅しているかもしれません。しかし、それは地球から見れば10万年も「未来」の出来事です。地球においては星が存在するのが「今」だからです。

　このように宇宙全体から見ると、星の過去・現在・未来は常に同時に存在

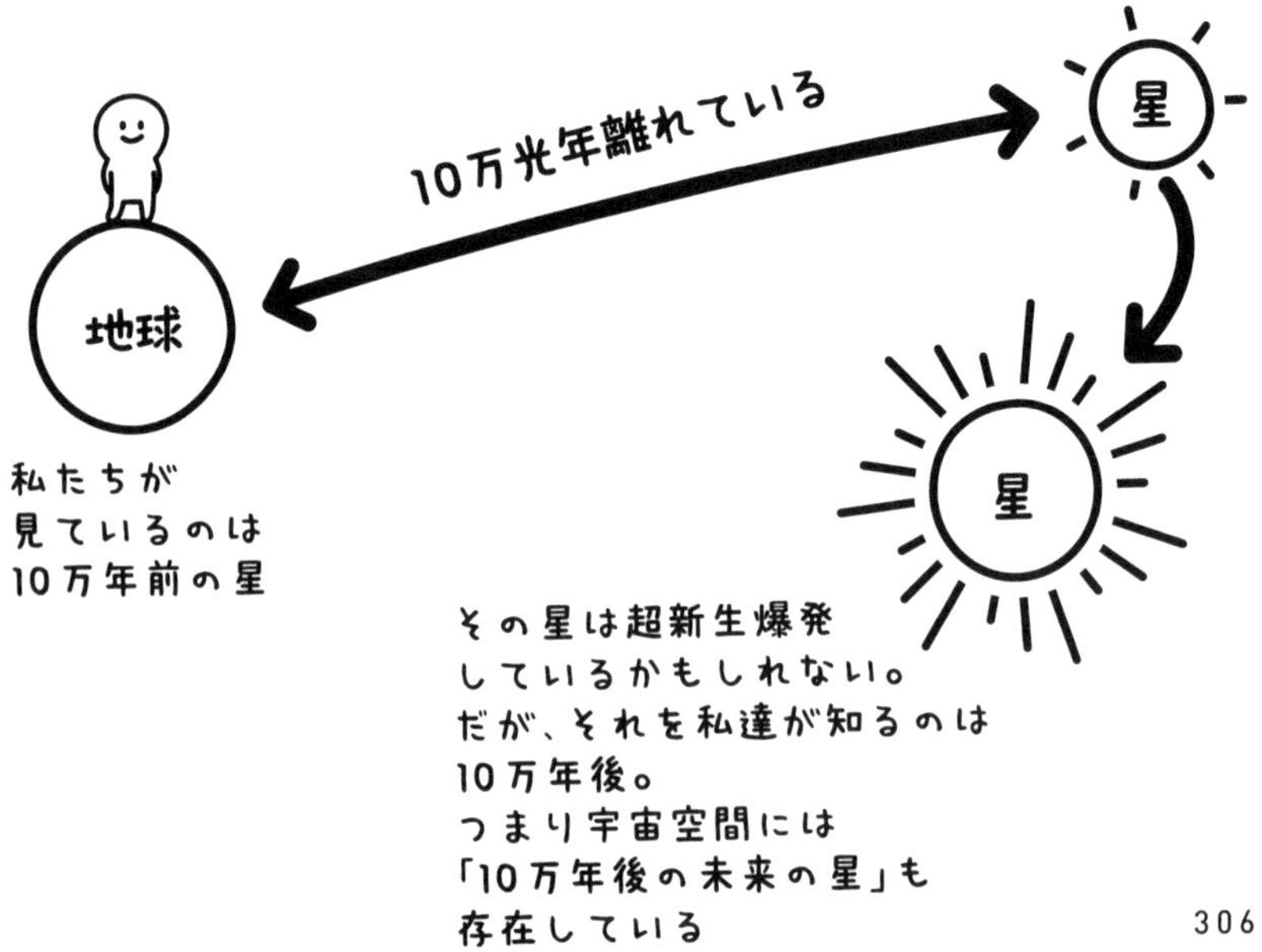
10万光年離れている
星
地球
星
私たちが
見ているのは
10万年前の星
その星は超新生爆発
しているかもしれない。
だが、それを私達が知るのは
10万年後。
つまり宇宙空間には
「10万年後の未来の星」も
存在している

していのです。仮に、地球がもっとその星に近くても、過去・現在・未来は同時に存在しているでしょう（先ほどの星と地球の距離が5万光年だとイメージしてください。やはり5万年前の過去と5万年後の未来が同時に宇宙に存在してしまっていますね？）。

つまり、「時間が存在している（過去から未来に時間が流れている）」と感じるのは、この星と地球の距離から生じる「錯覚」に過ぎないのです。もし星と地球の距離がゼロなら「今」しか存在せず、過去も未来もなくなります。すなわち、時間は実体がないのです。

一般的な時間の考え方

過去
現在
未来
時間は常に
過去から未来へ
進んでいる

ブロック宇宙論の時間の考え方

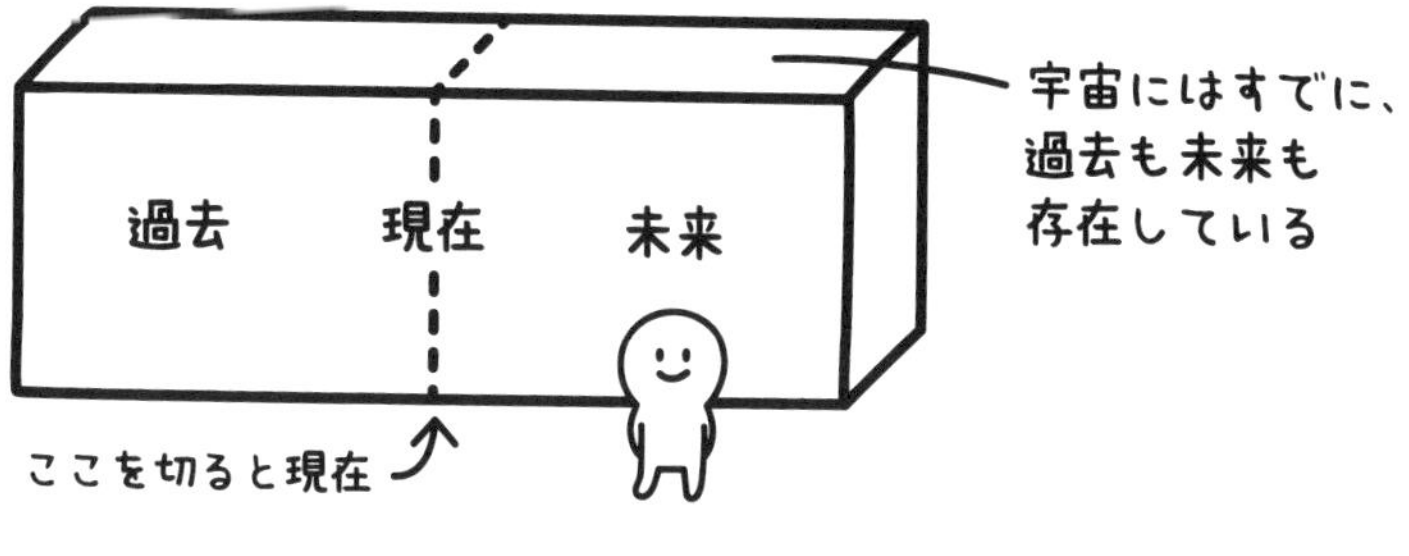
過去
現在
未来
宇宙にはすでに、
過去も未来も
存在している
ここを切ると現在

○時間は脳が作り出したイメージかもしれない

さらに量子力学の世界では、「量子テレポーテーション」というペアになった素粒子同士が、どれほど離れていても影響し合う「量子もつれ」という現象が確認されています。つまり、**量子のようなミクロの世界では過去・現在・未来が同時に存在しており、情報のテレポーテーションなども可能**になるのです。

このことから、量子論では「時間は脳が作り出したイメージである。過去・現在・未来が同時に存在しており、我々は座標を移動しているに過ぎない」という説が提唱されています。

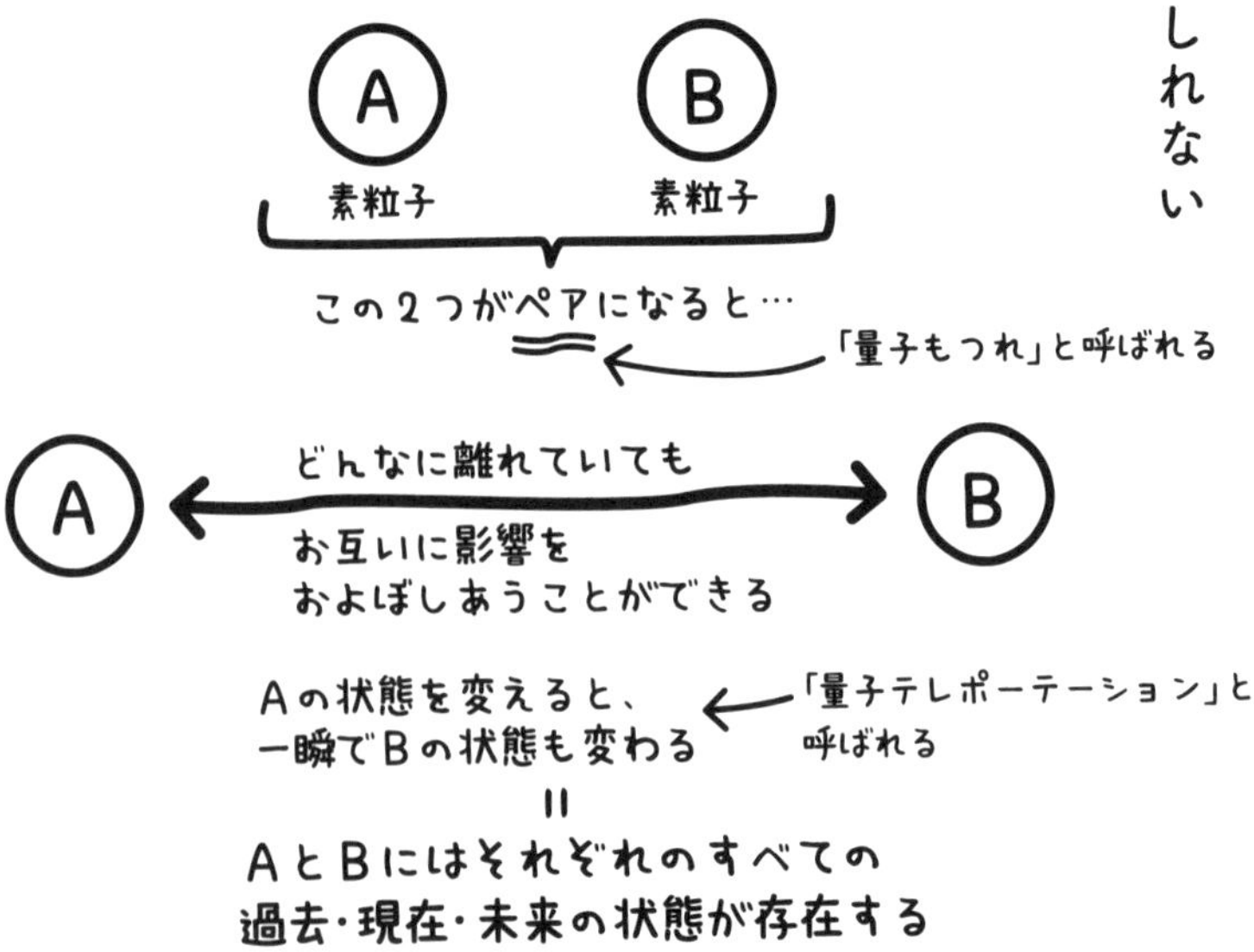
A
B
素粒子
素粒子
この2つがペアになると…
「量子もつれ」と呼ばれる
A
どんなに離れていても
B
お互いに影響を
およぼしあうことができる
Aの状態を変えると、
一瞬でBの状態も変わる
「量子テレポーテーション」と
呼ばれる
=
AとBにはそれぞれのすべての
過去・現在・未来の状態が存在する

また、宇宙は138億年前にビッグバンで誕生したと言われていますが、宇宙が誕生した直後から地球が誕生した45億年前、さらに宇宙が終焉する未来まで、すべてがパラパラ漫画のように存在しているとも言えるでしょう。

つまり、私たちはこの宇宙という巨大な食パンの塊を薄く切った一切れのような世界で生きていますが、この塊の中には過去も未来も、すでにこの宇宙空間に存在しているのです。

ここで言いたいのは、時間というものに実体はなく、ある意味で人間が作り出した幻想に過ぎないということです。ですから、時間にとらわれすぎず、「今ここ」に意識を向けて、「今ここ」の時間の使い方に集中した方がいいでしょう。

前項の時空間管理術にもつながりますが、今この瞬間の時間と空間をどのように使っていくか考えることを、ぜひ大切にしてください。

量子力学的幸せな生き方のポイント

作り出された過去や未来という時間の概念にとらわれず、今ここに集中しよう！

「今・ここ」という特異点で使命に生きる

人生という時間をより良く生きるためには、「今・ここ」に集中することが大切です。そして、「今・ここ」の時間を「使命」のために使ったとき、人は最も充実した時間を生きることができます。

では、どのようにしたら人生の使命を見つけることができるのでしょうか。

私は、誰もが再現性を持って人生の使命を見つける方法について、長年模索した時期がありました。そして、ついに見つけたのが次の方法です。

◯人生の使命を見つけるヒントは宇宙にあった！

実は、人生の使命を見つけるヒントは、宇宙に存在するブラックホールとホワイトホールにありました。ブラックホールとは、星や惑星が寿命を迎えてどんどん小さくなり、極めて密度が高くなった結果、質量が重くなって強力な重力場を形成し、その周囲の物質や光をも吸い込んでしまう天体です。

ブラックホールの重力は非常に強く、光ですら逃れられないため、暗黒体とも呼ばれます。一方、ホワイトホールはブラックホールとは逆に、物質や光を放出する特殊な天体です。

そして特異点とは、物理学的な法則が崩壊し、通常では説明できない現象が起こる点のことです。ブラックホールやホワイトホールの中心部には、特異点が存在するとされています。

実際に私のセミナーでは、受講生の使命を見つけるためにブラックホールとホワイトホールをつなげたワームホールのモデルを応用しています。

時間と空間が交わる特異

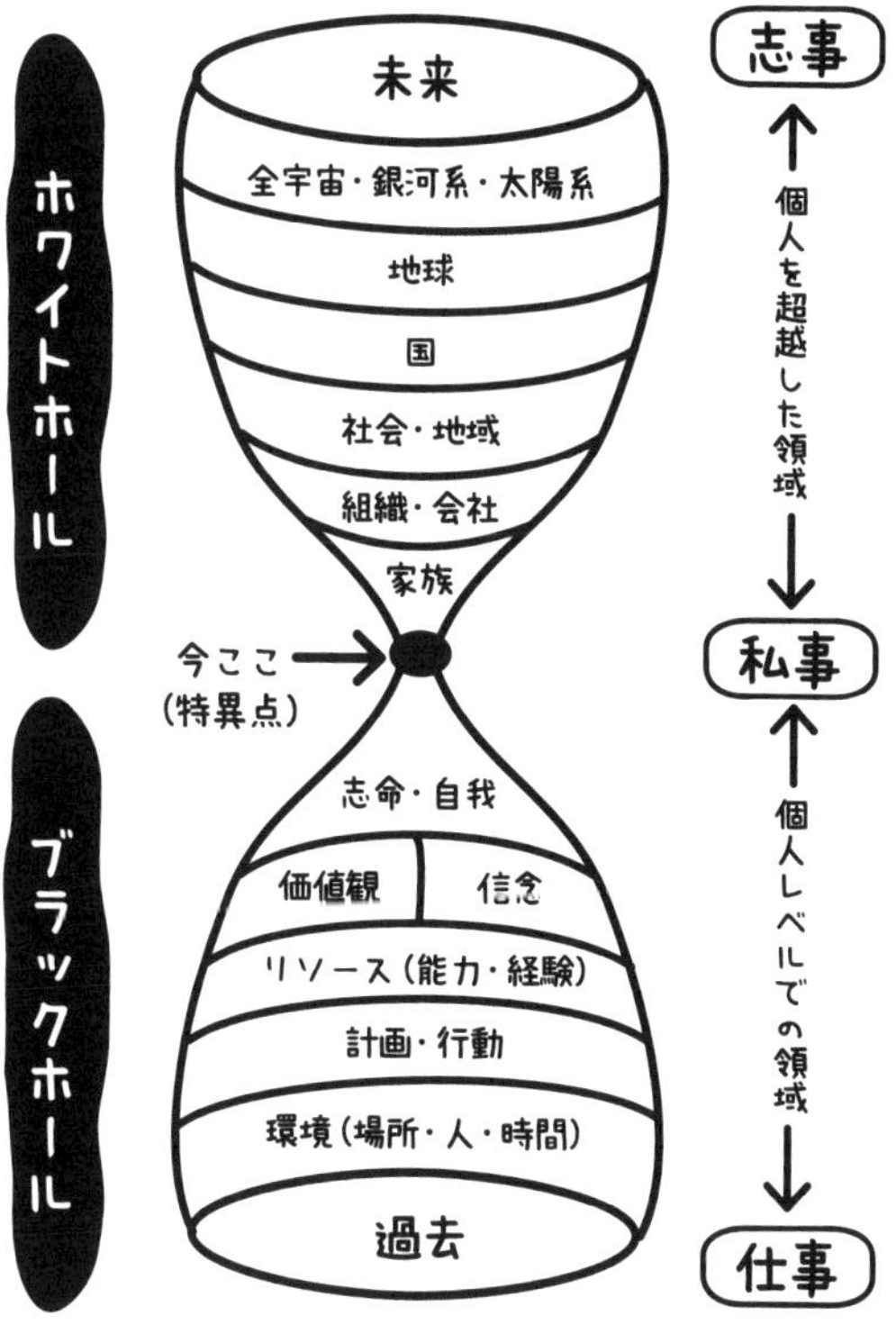

点が「今・ここ」、ブラックホールが過去、ホワイトホールが未来を示しています。現在・過去・未来という時間軸における「今」と、空間軸における「ここ」を統合し、「今・ここ」という特異点において、私たちが人生の使命に生きると、大きなエネルギーを発揮し、掃除機も驚くほどの吸引力で引き寄せが加速します。

○使命を見つけるために過去の棚おろしをしよう

使命を見つけるためには、まず人生における過去の棚おろしを行います。あなたがこれまで経験したこと、学んだことなどを書き出していくのです。

例えば、次のような質問を自分に問いかけてみてください。

- 好きなことは何ですか？
- 人からよく褒められることや、得意なことは何ですか？
- もし余命3日だったら、何をしたいですか？
- これまでの人生においてどのような成功体験がありましたか？

▪これまでの人生における失敗体験は何ですか?
▪これらの体験から学んだことは何ですか?
▪小さい頃から没頭し、ワクワクしたことは何ですか?

など、このような質問の答えの言葉やメッセージの中に、人生の使命につながるヒントが隠れているのです。

◯どんな未来を作っていきたいか考えよう

次に、現在から始まる未来へ向けたビジョンについて考えます。これから3年後、5年後、10年後にどんな未来を作っていきたいのかを書き出します。

例えば、次のような質問を自分に問いかけてみてください。

▪本当はどうなりたいの?
▪本当はどうしたいの?
▪本当は何を手に入れたいの?

これらの3つの質問を繰り返し、自問自答していくと、理想の自分像や理想の世界（ビジョン）、本当にやりたいこと（ミッション）、本当に手に入れたい価値（バリュー）が明確になってくるのです。

このように自分の人生と向き合う時間を作ると、未来のビジョンが見えてきます。使命に沿って「今ここ」という特異点を生き始めると、光すら吸い込むブラックホール級の吸引力で引き寄せが起きるわけです。

使命とは読んで字のごとく「命の使い方」であり、この一瞬一瞬を何のために生きるかを自分自身で見極めたものです。だからこそ、**最も理想的な時間の使い方は人生の目的や使命に生きること**なのです。もし今この瞬間を使命に生きることができれば、人は最もエネルギーを発揮し、有意義な時間を過ごすことができるでしょう。

例えば、私の使命は、「世界中の人々に夢と希望を与え、誰もが自己実現できる社会を創る」ことです。量子力学的な願望実現法によって関わる人の夢が叶うように講演活動やセミナーをする、それらのコンテンツを開発する、といったことに時間を使うとき、私は最もエネルギーを発揮できるのです。

このように使命に生きる時間は、私にとって最も有意義な時間になります。そして、使命に生きていない時間はあまり有意義ではなく、充実感もありません。

ぜひ、あなたも人生の使命とは何か、一度ゆっくり考える時間を作ってみてください。使命を見出し、本当にやりたいこと、好きなこと、誰かのために役立てることに時間を使っているか振り返り、もし、そうでなければ時間の使い方を見直してほしいと思います。

量子力学的幸せな生き方のポイント

最高の時間管理術は使命に沿って、今この瞬間を生きること！

時間の過ごし方は価値観に合わせよう

どのように時間を過ごすか、言い換えればどのように生きるかに正解はありません。例えば、日本人は真面目で、死ぬまで働くことに喜びを感じる人が多い印象があります。反対にアメリカ人はなるべく早く引退して、ゆっくり過ごすことを目指している人が多いようです。

これは良い・悪いではありませんから、自分にとってのベストを選びましょう。自分の価値観で生きると幸せになりやすいものです。何を大切にして生きるのか、自分の価値観を知ることからスタートしてみてください。

もしあなたが会社員だとしたら、会社の価値観と自分の価値観が合っていれば幸せな人生を送りやすくなります。また、一概に会社を辞めた方が幸せになれるとも限りません。ルールがない方がいい人もいれば、あった方がいい人もいるからです。

あなたが人生において、最も大事にしている考え方や価値観は何でしょうか？　その価値観を明確にすることで、自分軸で生きることができるようになります。そして、その自分軸で生きることによって自分らしく生きることができるのです。

ワーク

あなたにとって最高の一日とは、どんな一日ですか？　自分にとって最高の一日をイメージしながら書き出してみてください

時間の使い方ワーク

左の図の例を参考にしながら、ご自身の最高の一日を書き出してください

〈例〉

朝起きたら何をする？	ジョギング、朝食
午前中は何をして過ごす？	集中して執筆
お昼はどうする？	素敵な場所でランチ
午後はどうする？	仕事の打ち合わせ
夕方から夜はどうする？	家族と夕食、お風呂、早めに寝る

〈最高の一日書きこみ用〉

朝起きたら何をする？	
午前中は何をして過ごす？	
お昼はどうする？	
午後はどうする？	
夕方から夜はどうする？	

CHAPTER 9

縁によって新しい縁が生まれる

ENCOUNTER

出会い

- 一つ一つのご縁を大切にすることによって、思いがけないご縁が生まれる
- マイナスに思える出会いの中に、プラスになるものがある
- 陽の引き寄せと陰の引き寄せはバランスよく使うことで、良いご縁に恵まれる
- 人との出会いのベースに愛を置けば、さまざまな苦しみはなくなる

ご縁のわらしべ長者とは？

新しいチャンスは、新しい出会いによってもたらされます。そのために、異業種交流会やイベントに繰り返し参加している方もいるかもしれません。しかし、出会いを求める前に、出会いというものがどれほど貴重なものかを考えた方がいいでしょう。あなたは、出会いの確率はどのくらいだと思いますか？

実は、大宇宙の中で同じ時間、同じ場所、今ここの瞬間を共有する確率というのは、隕石があなたの頭を直撃するくらいの確率なのです。今までの人生で、あなたの頭に隕石が落ちてきたことはあるでしょうか？　おそらくないでしょうから、そもそも「人との出会い」は奇跡なのだ、ということに気づくと思います。

また、本との出会いも奇跡と言えます。世界中に過去の歴史から数えればとてつもない量の本があるなかで、本書に出会うのは奇跡的なのです。

出会いがそれほど貴重なものであるからこそ、出会いを大事にすると人生はうまくいきます。一期一会のご縁を大事にすれば、またいいご縁を引き寄せることができるのです。

○ご縁を大事にすればいいご縁につながる

アメリカの社会心理学者ミルグラムによる実験で、「知り合いの知り合い」を繰り返したどって行くと、6人目でほぼ誰とでもつながるスモールワールド現象が提唱されました。

もし、会いたい芸能人がいるのであれば、あなたの友達の知り合いに

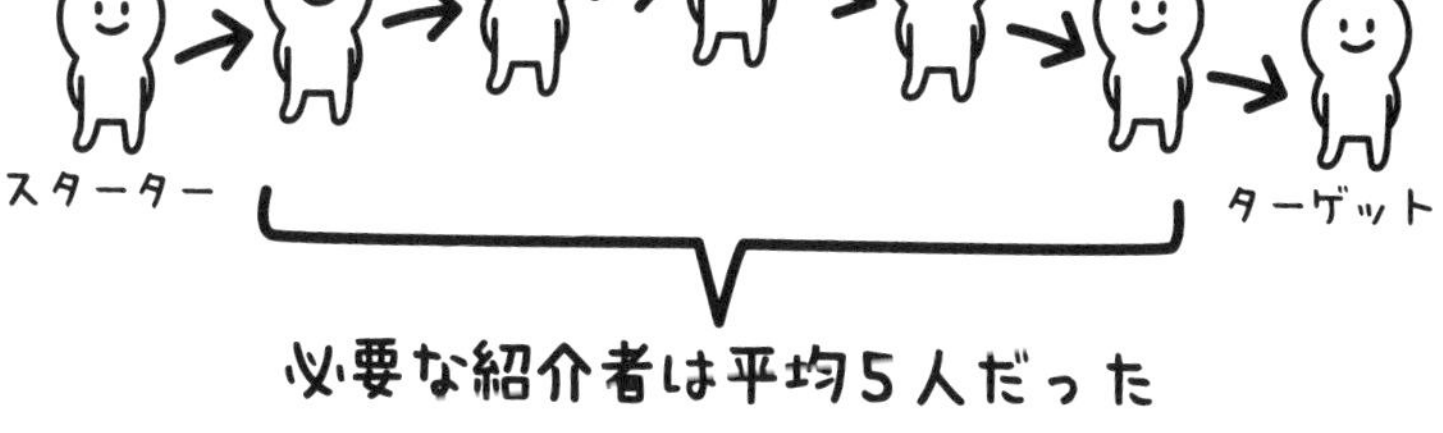

全米からランダムに指定された人物に、
手紙をリレーしていった実験

いるかもしれません。友達の知り合いの友達がその芸能人かもしれません。

あなたが会いたい理想のパートナーも、あなたの友達とつながっているかもしれません。ご縁を大事にすることによって、いいご縁を手に入れることができるのです。

実際、一人一人の方との出会いを大切にしていると、やがて普通に生きていては会えないような人に出会えることがあります。

○私に起こった「ご縁のわらしべ長者」体験

私もいろいろなご縁を大切にしているうちに、気がついたら英国王室主催の競馬レース「ロイヤル・アスコット」に招かれ、故・エリザベス女王が主催する社交パーティーにまで参加することができました。もともとミジンコ以下のサラリーマンですから、これはなかなかあり得ない体験だったと思います。このように出会いとつながりを大切にすることで、「ご縁のわらしべ長者」という現象も起きるのです。

あるとき、あの瞬間、あの人に出会っていなければどうなっていただろう……と、これまでのご縁のありがたさに改めて気づき、外食中に涙が溢れて止まらなくなったことがあります。ビリヤードの玉は、玉同士がぶつかるときに角度が少しでも異なったらポケットに入らないように、これまでの奇跡の出会いやご縁のおかげさまで今ある幸せを手に入れていることに気づき、号泣してしまったのです。

この本が出版できたのも、奇跡的な出会いのおかげでした。有名なタレントさんが、たまたま私のYouTube番組をイヤフォンで聞きながら見ているときに目黒駅のレストランで私を見かけて声をかけてくれました。そして、YouTuberさんを紹介してもらい、さらにその方の著書を担当した編集者からのご縁で、本書の編集者を紹介してもらうことができたのです。

そして、この編集者はもともと名著『7つの習慣』という世界的ベストセラー作家、ジェームス・スキナー著『図解 成功の9ステップ』やトヨタ、ソニー、リッツ・カールトンなど大企業をコンサルしていた伝説のコンサルタント、ロイス・クルーガー著『8つの鍵』などの担当編集者でした。私が2冊目の著書『「量子力学的」願望実現の教科書』で11の法則について書いていたことから「7、8、9、11」はタイトルに使われていたため、本書では、残る数字10を用いて「10の分野」を量子力学で解説する本になったのです。

さらに、編集者と初めて打ち合わせを行った1週間後に、私の40歳の誕生日パーティーを明治記念館で企画していたのですが、偶然にもジェームス・スキナー氏とロイス・クルーガー氏と私の3人によるコラボ講演会を行う予定だったのです。

まさに、奇跡の出会いの連続と引き寄せで本書を出版することができたと言えるでしょう。

もし、人生で成功したいのであれば、すべての出会いを大切にすることから始めてみてくださいね！

量子力学的幸せな生き方のポイント

出会いは奇跡であり、大切にすることでさらに思いがけない出会いとなる！

最悪のマイナスは最高のプラスにつながっている

出会いとは不思議なもので、「誰と出会うか」は私たちには分かりません。今回、私がこの本を出すにあたってご縁をいただいたチームも、まったく予測していないメンバーでした。

人と人とのご縁から新しいご縁ができるのは、ある意味で確率の世界です。仏教の世界ではこれを縁起といい、人と人が出会った瞬間に縁が起きて、その縁によってまた縁が起きると言われています。出会いやつながりは、この縁起の連鎖なのです。

○マイナスの出会いもプラスの出会いに逆転できる

そして、このご縁は一見マイナスに見えても、後から振り返ればプラスだったということもよくあります。私は元妻にミジンコ以下と言われ、最初はマイナスの出来事に感じました。しかし、その出来事のおかげで今の理想の妻に出会えたり、ミジンコネタで本を書いたり、セミナーができるようになったのです。

このように、どんな最悪のマイナスな出会いにも「あのときのことがあったおかげさまで、こんないいことがあった」ということがあるのです。この出会いとつながりの法則が分かっていれば、苦しい状況であっても、希望の光に意識を向けることができます。その結果、マイナスをプラスに変えることもできるのです。

ただ、マイナスの出来事の中のプラス面に気づかなければ、そのままどんどん底に沈んでいってしまいます。そうなる前に、マイナスな出会いの中にもプラスの出会いやチャンスがあるかもしれないと考えてみてください。そこを突破すれば、必ず明るい未来につながっていくでしょう。

◯ マイナスとプラスはお互いに補完し合っている

これは量子力学の世界において、ニールス・ボーアが提唱した相補性の原理に関連しています。相補性の原理とは、「相容れない2つのものがお互いに補い合って世界を形成している」という考え方です。

例えば、「電子の速度を測定しようとすると位置が測定できず、位置を測定しようとすると速度が測定できない」という不確定性原理も相補性のひとつです。また、素粒子が波動性と粒子性を併せ持つというのも相補性だと言えます。

ボーアは、相補性の原理を東洋思想における陰陽思想の太極図で表現していました。太極図は、中国の哲学である道教や儒教、易学などにおいて、宇宙や人間の本性、そして自然の摂理を表現するために用いられる図像です。

太極図は、白と黒の2つの魚眼が相対的に配置された円の中に、それぞれが互いに一つずつを内包する形で描かれています。白い部分は「陽」、黒い部分は「陰」と呼ばれ、陽は陰を生み出し、陰は陽を生み出すという相対的な関係を表しています。

ニールス・ボーア

これは陰陽の相対性を示しながらも、その間には一体性が存在することを表しています。つまり、陰と陽は対立しつつも相補的な関係を持ち、宇宙や人間の本性もまた、この相補的な関係の中に存在しているという考え方を表しています。

これは出会いも同じです。例えば、嫌な出会いがあった場合を陰だとして、陰の中にも陽がある（陰中の陽という）ように、その出会いがきっかけで良縁を引き寄せることもあるのです。

「真実と明快さとは、相補的なものだ」
（デンマークの理論物理学者、ニールス・ボーア）

量子力学的幸せな生き方のポイント

マイナスの出会いに打ちのめされたとき、そこにプラスを探してみよう！

宿命のニュートン力学、運命の量子力学

この世界の出会いには、いろいろな考え方があります。出会う人は最初から決まっていて、宿命的に出会うと考える人。そうではなくて、出会う人は自分で変えられる、選べると考える人。これはどちらも正しいかもしれない、と私は思います。

○ニュートン力学的な考え方＝すでにすべて決まっている

出会う人は最初から決まっているというのは、宇宙が生まれた瞬間から未来はすべて決まっているという決定論的な考え方です。自分の人生のシナリオも決まっていて、自分がこれからどうなるのかは決まっているという説です。反対に人生は決まっておらず、自分の自由意志で決められるという考え方もあるわけです。

決定論的な考え方は、ニュートン力学的な考え方と言えるでしょう。ボールを決まった角度と速度で投げたら、ボールが落ちる場所は予測することが可能

ニュートン力学の世界

ボールは「ここ」に落ちる

運動方程式で
ボールが落ちる場所、
どのくらいのスピードで
落ちるか特定できる

量子力学の世界

電子の位置は確率的に
どこにあるか分かる

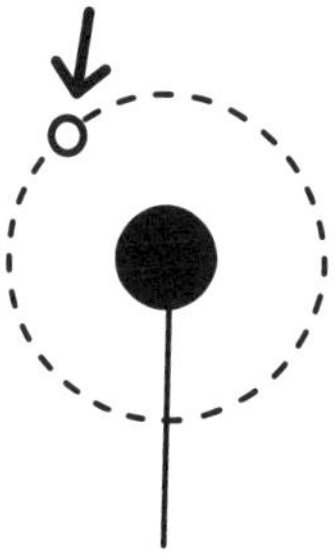

原子核

宿命

- 自分の意志で変えられない
- 生まれつき

性格

才能
（絶対音感など）

運命

- 選択することができる
- 行動によって変えられる

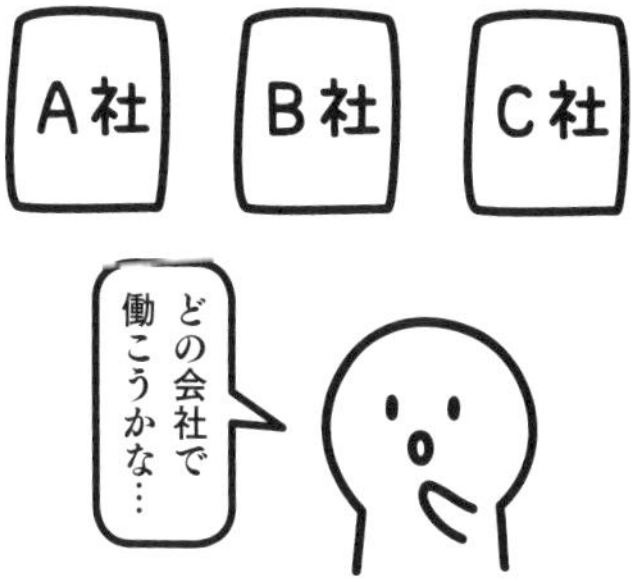

です。これは運動方程式で計算すれば、ボールがどこに、どれくらいのスピードで落ちるかは特定できるからです。

○量子力学的な考え方＝さまざまな可能性を含む

一方、量子力学は決定論ではありません。例えば、不確定性原理により電子の位置と速度を同時に測定することはできません。また、電子の位置は波動関数を使って確率的にどこにあるか分かりますが、その場所はあらかじめ確定しておらず、いろいろな場所にある可能性があります。「絶対にこうなる」とは言い切れないけれども、今この瞬間の確率的にはこうなりそうですよ、というあいまいな世界が量子の世界なのです。

○宿命も運命もどちらも必要な考え方

さて、ニュートン力学的な考え方と量子力学的な考え方は、運命と宿命の違いに似ています。宿命は、生まれつき持っている性格や才能、身体的特徴などが挙げられます。例えば、身長が高いことや、音楽的な才能があることなど、自分の意思で変えることができない運命的な要素です。また、ある人が生まれた家庭環境や社会的背景によって、特定の職業に就かざるを得ない、というような宿命的な状況もあります。

一方、運命は、将来において自分が選択することができる選択肢によって変化するものです。例えば、ある人が就職先を選ぶとき、自分の意思で会社や業界を選ぶことができます。このように、自分自身の行動によって運命を切り開くことができる可能性があるのが、運命の特徴です。

簡単に言うと、宿命は過去や環境によって決まるものであり、変えることができないものですが、運命は将来起こることを予想するものであり、自分の行動によって変えることができる可能性があるものです。

よく占いで生年月日や生まれた場所を聞かれることがありますが、これらで分かることは、宿命だと言えるでしょう。しかし、同じ日に同じ場所で生まれた双子の兄弟でも、結婚相手や仕事はそれぞれ自分の意思で選べます。そこに

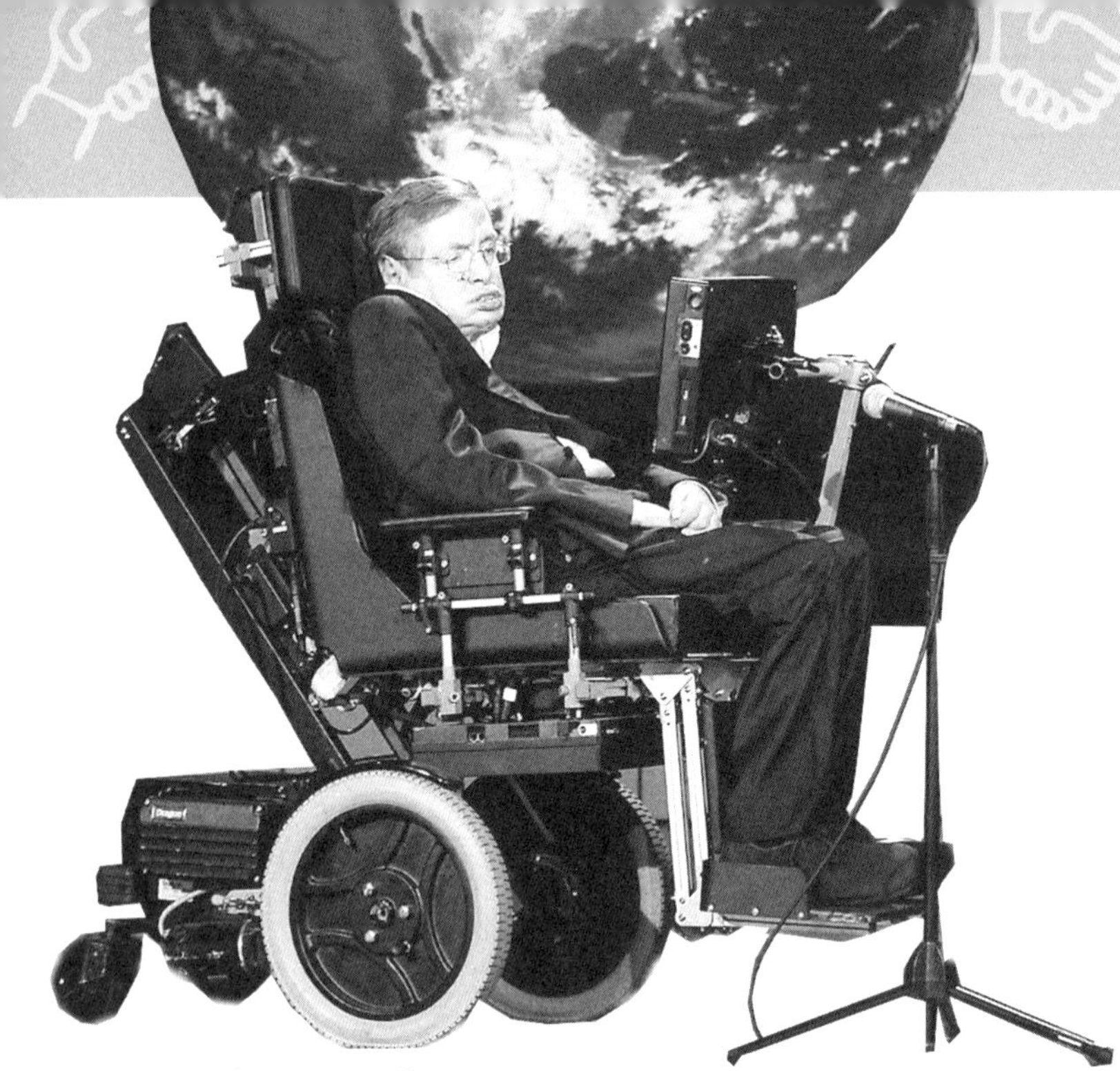

スティーヴン・ホーキング

自由な意思がありますから、これは運命だと言えるでしょう。**宿命は変えられないかもしれませんが、運命は変えられます。**まさに変えられない宿命がニュートン力学だとしたら、変えられる可能性がある運命は量子力学なのです。

ミクロの見えない世界を解明する量子力学の世界は、たしかに世界の95%を占めています。一方で、目に見えるマクロの世界を解明するニュートン力学もこの世界の一部です。

ですから、もし日本に生まれるという宿命を持って生まれたら、日本語を話すことになる確率はかなり高いでしょう。いきなりアラビア語を選ぶことは難しいと思います。また、日本人と結婚する確率も高いでしょう。このように宿命と運命は、どちらの考え方も必要なのではないでしょうか？

「すべてが運命で決まっていて、何も変えることはできないと主張する人でさえ、道路を渡るときには左右を確認する」
（イギリスの理論物理学者、スティーヴン・ホーキング）

量子力学的幸せな生き方のポイント

宿命と運命、どちらの存在も認めて生きていこう！

「陽の引き寄せ」と「陰の引き寄せ」

出会いを左右するこの世界の法則の中に、私が「陽の引き寄せ」と「陰の引き寄せ」と呼んでいる法則があります。

◯出会いやチャンスを引き寄せる陽の引き寄せ

陽の引き寄せとは、高速道路を時速300㎞で走っているイメージです。高速道路をアクセル全開で走って移動し続けるようなもので、「今いける！」「チャンス！」と思ったらそこに向かって突撃していき、出会いやチャンスを引き寄せるのが「陽の引き寄せ」です。異業種交流会や飲み会、合コンなどにできるだけ参加して出会いを作るパターンです。

◯勝手にチャンスが舞い込む陰の引き寄せ

もうひとつの「陰の引き寄せ」では、高速道路を時速5㎞で走るくらいほとんど動きません。静かに待っていると、向こうから勝手にチャンスが舞い込ん

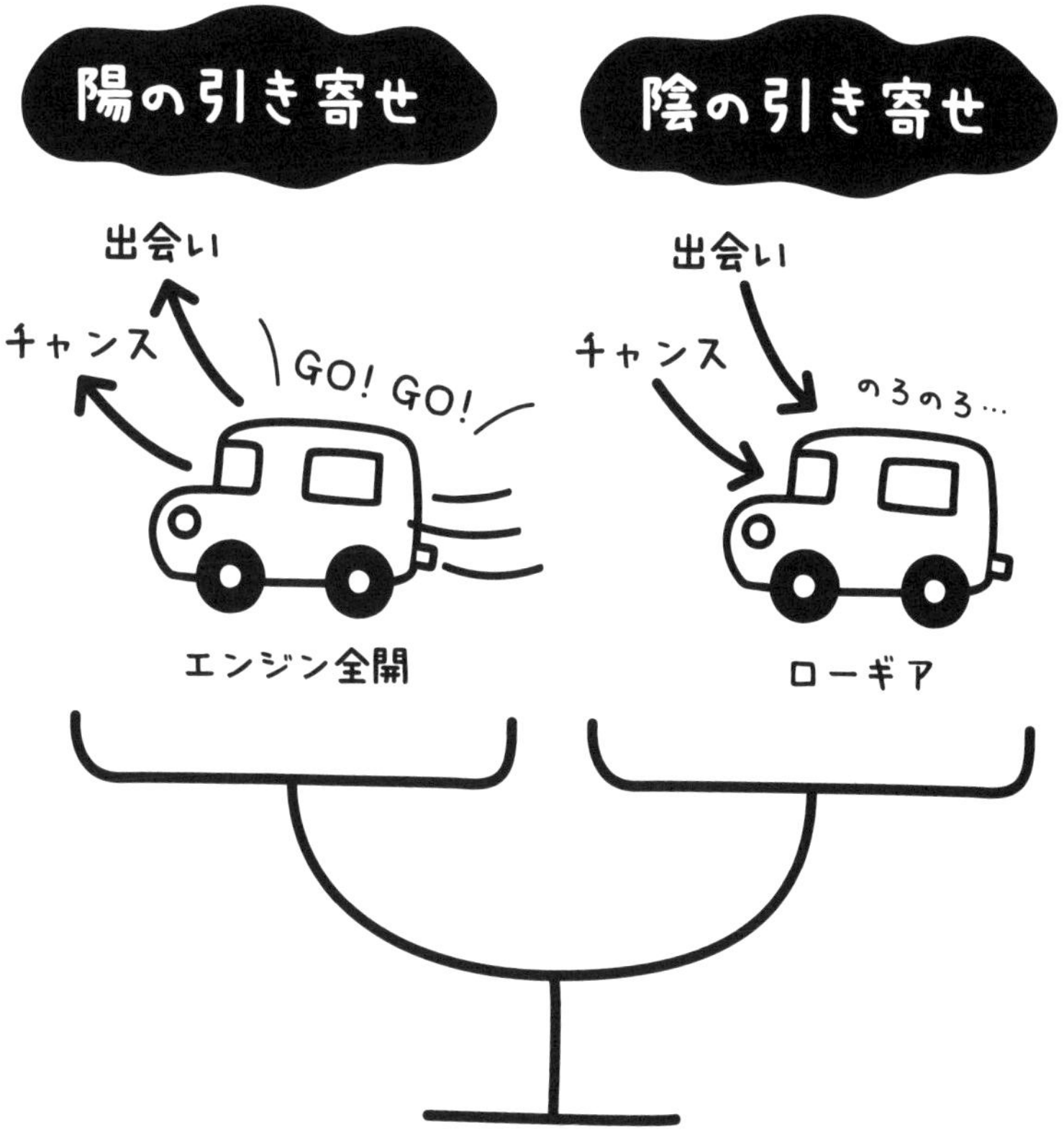

2つの引き寄せのバランスが大事！

でくるイメージです。少し古いですが、ハンドパワーで有名になったMr．マリックの「きてます、きてます！」という決めゼリフのように、向こうから引き寄せが来るのが陰の引き寄せです。

◯陰と陽のバランスが大事

この引き寄せは、どちらかに偏りすぎるととても危険です。陽が強すぎると、調子に乗りすぎて高速道路で大事故を起こすような失敗をします。反対に、陰が強すぎると何も起きず、現実が変わらないこともあり得ます。この2つのバランスをうまくとっていくと、物事がスムーズに進み、より良い出会いやチャンスがあるのです。

私が『あなたの夢を叶えもん』（サンマーク出版）という本を出したときのエピソードですが、最初は出版社がたくさん集まるイベントに、自分から参加していました。そこで、いろいろな出版社の方と名刺交換をしていたのです。まさに「陽の引き寄せ」の実践です。

それから半年後、サンマーク出版の方から「本を出しませんか？」というメッセージがSNS経由で届いたのです。これは向こうから届いたので「陰の引き寄せ」と言えるでしょう。その結果、私は本を出すという夢を叶えたのです。

このように「陽の引き寄せ」と「陰の引き寄せ」をバランスよく実践することで、素晴らしい出会いに恵まれるのです。ぜひ、試してみてくださいね。

量子力学的幸せな生き方のポイント

自分から動くこと、じっと機会を待つこと。その両方のバランスが大切！

愛とは目の前の人の幸せを願うこと

人と人との出会いにおいて、愛は外せないテーマです。しかし、この愛も愛情や愛着というように、別の一文字が付くとまったくの別物になります。情ということから執着、とらわれの意味が入ってくるのです。

◯愛情と愛の違い

愛情は条件付きのものですから、条件が変わってくれば消えてしまいます。恋愛して結婚しても、美しさや収入が減ってしまうと旦那さんや奥さんに愛情がなくなってしまい、別れてしまうことはよくあります。

一方、愛にはどんな条件も付きません。もし、あなたに子どもがいるとしたら、子どもがどんな状態でも愛することができるのではないでしょうか。例えば、子どもが万引きなどの悪いことをして警察に捕まったとしても、子どものことは愛し続けるでしょう。

しかし、これが愛情だったら「そんなことするなら、もういいわ」と別れてしまうかもしれません。無条件に愛するのが、本当の愛なのです。

○私が考えた愛の定義

では、「愛する」とは一体、どういう意味なのでしょうか。愛の定義はさまざまなものがあると思いますが、私は、「愛するとは、目の前の人の幸せと成長を願うこと」と定義しています。例えば、子どもの幸せ、子どもがすくすく成長し、立派になることを願う……これを私は愛と呼んでいます。

このように無条件の愛で人と関われば、周りの環境や相手がどのように変化しても関係なく愛することができますから、苦しむことはありません。しかし、愛情や愛着で人と関わると、その条件から相手が変わってしまうことで苦しみが生まれてしまいます。

最近、いつまでも子離れできず、いつまでも子どもに干渉し続ける親が増えています。これも愛ではなく、愛情というとらわれた心で子どもに接しているせいかもしれません。

ずっと自分が育てようとするのは愛着です。本当に子どもの幸せを考えたなら、子どもが自立して、子どもたちの望みが叶うことを願うでしょう。その方が子どもたちは幸せだからです。

◯愛は水蒸気、愛情は氷

そんな愛と愛情の違いは、水蒸気と氷の違いに似ています。愛は水蒸気のようにふわふわとし、柔らかくぶつかることがありません。一方、愛情は氷のように固く、自分のものにしたいととらわれているイメージです。

氷はぶつかり合うとお互いが痛みを感じ、傷つきます。これも愛情によって嫉妬が生まれ、苦しむことに似ているのではないでしょうか。本当の愛があれば、出会う人はすべて自由であり、苦しむことはないのです。

結婚相手もお金がある・ないという条件で選ぶのではなく、お金があるときもないときも、変わらず支え合うのが愛でしょう。パートナーを選ぶときは、愛情ベースか愛ベースかをしっかりと見極めた方がいいと思います。

「すばらしいユーモアのセンスの持ち主だったおふくろから、僕は人間の精神の到達できる最高の形というものは、笑いと人間愛だと言うことを教えられたのだ」（アメリカの物理学者、リチャード・フィリップス・ファインマン）

量子力学的幸せな生き方のポイント

愛にはとらわれない自由さがあり、愛情には相手を条件で縛る苦しみがある

CHAPTER 10

見えない世界を科学的に理解する

SPIRITUAL

スピリチュアル

- 言葉は「見えない世界」を「見える世界」に転換するカギとなる
- スピリチュアルは測定技術の発達で科学になる
- 世界は「映画」「ゲーム」だと考えると苦しみは消える
- 人間はあらゆるものを作り出せる創造主かもしれない

「脳科学」と「量子力学」が融合する時代が到来!?

私たちがあれこれ悩んだり、考えたりする意識。意識とはどこにあるのでしょうか？　意識とは一体なんなのでしょうか？　意識とは、そもそもなにかということは、最先端の科学でも解明されていません。さまざまな研究や理論があるなかで、私は「**意識とは素粒子などの量子の一種ではないか**」と考えています。

現在、自然界で知られている素粒子は17種類ありますが、意識の正体はこのような素粒子の一種かもしれません。

例えば、意識は時空間を自由に飛び回ることができます。また、未来や過去に意識を飛ばすこともできますし、空間的にはハワイや宇宙を意識することで、それらをイメージすることもできます。身近なところでは、自分がいる部屋の扉の向こうに意識を飛ばしたり、自宅のキッチンに意識を向ければ、そのキッチンのイメージが湧いてきたりするでしょう。

この自由に飛び回る意識は、自由にそのあたりを飛び回る電子のような素粒子によく似ています。意識の正体は電子だという意見を唱える人もいますが、その可能性もあります。

もし、意識が電子などの素粒子であれば、意識を向けることで素粒子の振る舞いが変わる二重スリット実験の謎も解けるかもしれません。観測しようと意識を向けた瞬間に、意識を構成する素粒子が実験結果に影響を与えていると考えられるわけです。

◯脳の働きに量子力学的メカニズムが関わっている？

実際、オックスフォード大学のロジャー・ペンローズ博士が提唱する量子力学と脳科学を融合する「量子脳理論」があります。ロジャー・ペンローズ博士は、2020年にブラックホールの研究発展に寄与したとしてノーベル物理学賞を受賞された理論物理学者です。

量子脳理論とは、脳は従来考えられてきた電気化学的アプローチによる信号処理をしているだけでなく、量子力学的メカニズムが重要な役割を担っているとする仮説です。特に、意識や心については量子力学的な効果が深く関わっており、このような意識は、クオンタム・マインド（量子意識）とも言われます。彼は「量子意識の解明なくして機械が意識を生むことはない」と断言しています。

この量子意識が他者や宇宙とつながっており、量子テレポーテーションや臨死体験、死後の世界や生まれ変わりにも関連することから、量子脳理論については懐疑的な研究者も多く、トンデモ科学的な見方をされていました。

ところが、2022年4月にアルバータ大学と米プリンストン大学の研究グループで行われた研究によると、人間の意識は量子的な効果で発生しているという実験結果が示されました。

さらに同年秋には、ダブリン大学トリニティ・カレッジ神経科学研究所の研究チームが、「人間の脳は量子計算を行っている」ことを実験的に突き止めたと発表しました。さらなる追加試験は必要ですが、現状、量子脳理論が実験的に確かめられつつあると言えるでしょう。

私自身も慶応大学大学院で人工知能の研究を行っているときに、ロジャー・ペンローズ博士の「量子脳理論」をヒントに、量子力学の理論を応用して「量子進化的アルゴリズム」というオリジナルな人工知能アルゴリズムを開発し、修士課程を修了しました。

最近はChatGPTという人工知能サービスの登場により、人工知能技術が飛躍的に発展し、AIブームとなっています。この発展の背景に、人間が予測もしていなかった量子的な振る舞いが、人工知能アルゴリズムに見られたという話も聞いています。まさに、人工知能技術の量子飛躍が起こったと言えるでしょう。量子力学とAIが融合することによって、人間とそっくりな意識や心を生み出せる時代が、到来するのではないかと考えています。

量子力学的幸せな生き方のポイント

私たちの脳や意識の働きも、量子力学で解明されるかもしれない

イメージを具現化するカギは言葉

意識、イメージや思考は目に見えないものです。量子力学的に言えば、これらは観測されるまでは波の状態であり、実体がありません。しかし、自分が意識したことを言語化したり、行動したりすると、それが目に見える形になります。

例えば、レストランでハンバーグ定食をイメージして、それを言葉に出してオーダーすると目の前にハンバーグ定食が現れますよね。その流れは下の図のようになります。

このようにイメージや意識など波

波の世界
①何を食べようか？
メニュー
オムライス
サラダ
パスタ
ハンバーグ
あらゆる料理の可能性がパラレルに存在する
②決めた！　ハンバーグ定食にしよう！
思考の段階
粒の世界
③「ハンバーグ定食をください」とオーダーする
ハンバーグ定食をください
オーダー
かしこまりました
観測できる言葉（目に見える世界への橋渡し）

の状態のものを言語化すると、外部から観測可能な粒の状態に変換され、物事が創造されるのです。つまり、物事を具現化するときは、この言葉の力がキーポイントになるということです。

私たち人間が物事を創造する、無から有を生み出すエネルギーの源というのは、実は言葉の力かもしれません。言葉を持たない動物、例えば猿が新しい道具や飛行機、スマートフォンを発明できないのも、言葉に何かを創造する力、波を粒にする力があると考えられるのではないでしょうか。あなたも、言葉の力を使って物事を具現化してみてくださいね！

量子力学的幸せな生き方のポイント

「意識・イメージ・思考」は目に見えない波の状態であり、言葉と行動は目に見える粒の状態である

スピリチュアルは測定技術の進歩で解明できるかもしれない

よく「スピリチュアルと科学の違いは何か」と聞かれることがあります。一般には、科学で解明できない現象をスピリチュアルと呼んでいます。例えば、「幽霊は存在するのか、存在しないのか」、「神様は存在するのか、存在しないのか」、「宇宙人はいるのか、いないのか」、「死後の世界はあるのか、ないのか」などは、現在の科学では測定できず、解明されていないため、スピリチュアルな領域だと言えるでしょう。

◯宇宙の95％は科学的に解明されていない

では、実際に科学で解明できているものは宇宙にどのくらいあるのでしょうか？　プロローグでもお伝えしましたが、私たちが住む宇宙で測定技術を使って観測できるものは、たった5％しかありません。残りの95％であるダークマターとダークエネルギーは、現在の測定技術では、観測することができない正体不明なものなのです。つまり、この宇宙の95％は科学的に解明されていないスピリチュアルなものだと言えるでしょう。

世の中でスピリチュアルやオカルトとされている現象は、単に現在の測定技術では計測できないために、怪しまれたり、認められていなかったりするものなのです。しかし、中世の錬金術や魔法とされてきたことがのちに科学になったのは、その仕組みが解明され、測定技術で計測されるようになったためです。

例えば、磁石には鉄のような金属がくっつきますが、昔は何故くっつくのか解明されていなかったため、オカルトのような現象に感じたかもしれません。今では、鉄は磁性体を帯びる金属で磁気誘導によって鉄は磁石にくっつく金属であることが分かっています。

また、もし、中世の時代に携帯電話を使って遠隔の人と会話をしていたら、当時の人にはテレパシーのような超能力やオカルト現象だと思われるかもしれません。しかし、現在では、携帯電話も音の信号を電気信号に変換し、電磁波のエネルギーを送受信していることが測定できるため、科学的に解明されています。つまり、**測定技術さえ進歩すれば、現在スピリチュアルやオカルトとされている事柄も、科学的に解明されるかもしれない**のです。

○風水には科学的な根拠があるかもしれない？

知り合いのあるベンチャー企業の営業マンに聞いた話ですが、彼の会社ではある測定技術によって、人間の血液内のヘモグロビンの量を遠隔で測定できるそうです。そして、このような測定による数値は、実験室内の環境がわずかに変わるだけで影響を受けることが分かったそうです。

例えば、室内の花瓶の位置を被験者の右側から左側に移すだけで、実験結果がわずかに変わったり、室内の温度や湿度が変わるだけで、測定結果が微妙に変化したりすると言います。

つまり、科学的な実験結果は、環境が微細に変わるだけで変化してしまうのです。おそらく、壁紙や調度品の配置など、わずかな環境の変化も実験結果に影響を与えているのでしょう。

量子レベルで見れば、環境の微細な変化は空間にある量子場やエネルギー状態が変わっている可能性もあります。つまり、室内の環境の変化が量子のようなミクロレベルでは、大きな変化を生み出している可能性があります。

このことから、風水（気の流れを読み、家の中の家具の配置や置くものを調整する技術）には、科学的な根拠があるかもしれません。いずれ、さまざまなスピリチュアルやオカルトと思われていることが測定技術の発展により、科学的に証明されるときが来ることでしょう。

ヴェルナー・ハイゼンベルク

「客観的事実など存在しない。あるのは自分の目を通して見た事実だけである」

（ドイツの理論物理学者、ノーベル物理学賞受賞者、ヴェルナー・ハイゼンベルク）

量子力学的幸せな生き方のポイント

「スピリチュアルなどを頭から否定せず、中立な立場で見てみよう！」

同じ言葉を発しても、引き寄せるものが変わる理由

言葉に言霊《ことだま》が宿るとは、昔から言われていることです。

言霊とは、日本の神道や霊的信仰において、言葉に宿る霊的な力やエネルギーのことを指します。つまり、言葉にはその言葉自体に力が宿っており、それが人や物事に影響を与えるとされています。

言霊の考え方には、「言葉は魂を持つ」という信念が根底にあります。つまり、人が口にする言葉には、その人自身の意識や感情が宿っており、それが周囲の人々や環境に影響を与えるとされているのです。

例えば、同じ「ありがとう」という言葉でも、頭から高い声で「ありがとう」と言う人もいれば、表面的に口先だけ「ありがとう」と言う人や、心をこめて「ありがとう！」と言う人もいます。中には腹や丹田から「ありがたき幸せ〜！」と涙を流しながら、魂から感謝する人もいるかもしれません（笑）。

これらの「ありがとう」は、どれも同じ言葉ですが、声の周波数やトーンが違います。それが言霊のエネルギーだと私は考えています。同じ言葉でも声の周波数が変わると、伝わる波動（＝エネルギー）も変わるからです。

つまり、**「言霊のエネルギー＝言葉×声の周波数」と表現できるのではないでしょうか。**

例えば、「最近調子はどう？」と聞かれたときに、低いトーンで小さな声で「とても元気です……」と答える人と、高いトーンで大きな声で「とても元気です！」と答える人とでは言霊の

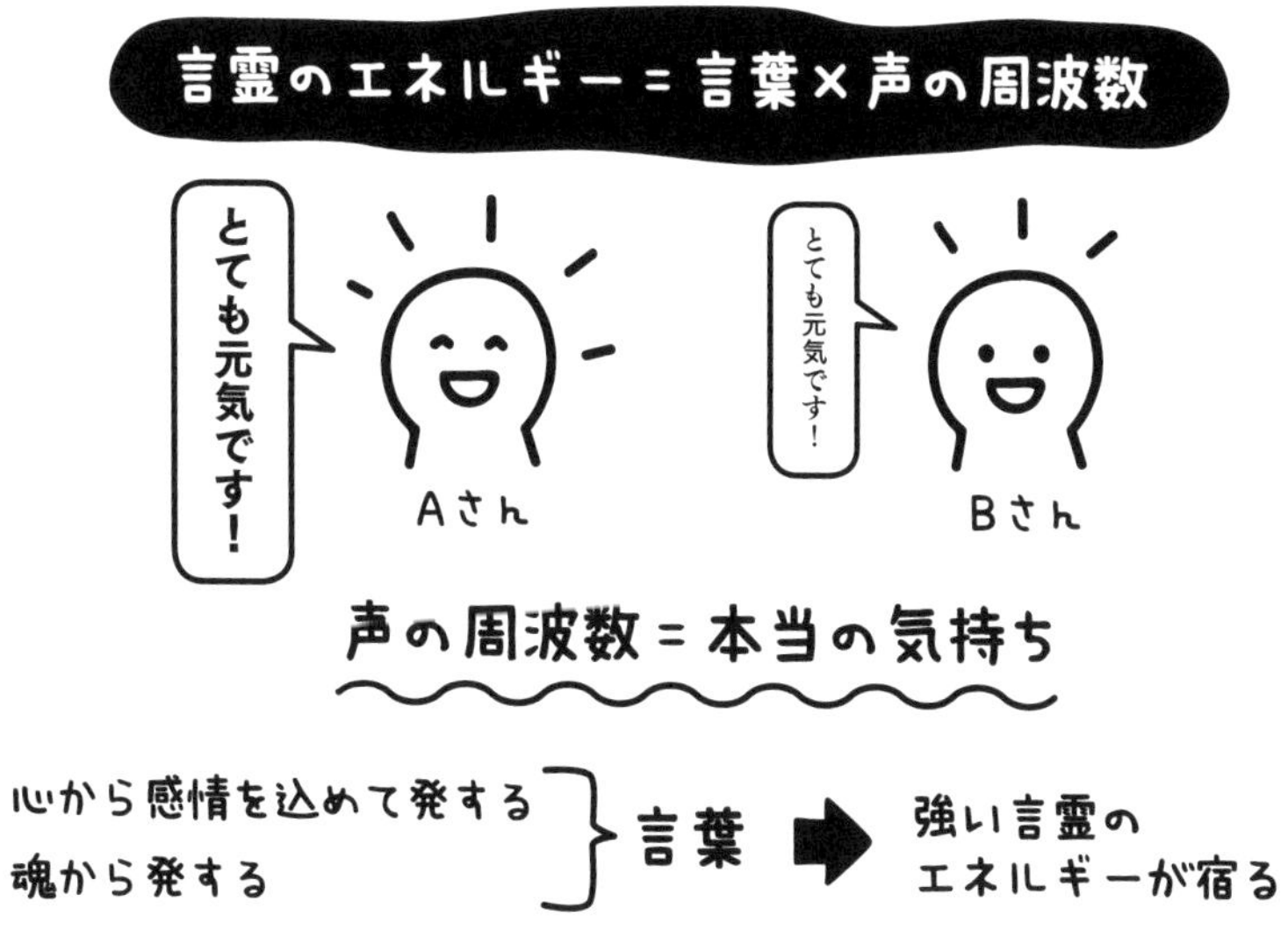
言霊のエネルギー＝言葉×声の周波数
とても元気です！
Aさん
とても元気です！
Bさん
声の周波数＝本当の気持ち
心から感情を込めて発する
魂から発する
言葉
強い言霊のエネルギーが宿る

エネルギーがかなり違いそうですよね。同じ「元気です」という言葉を使っていても、声のトーンや周波数が変わることによって、相手への伝わり方が変わってくるのです。

つまり、同じ言葉のようでも、声の周波数や振動のエネルギーによって、言葉の力（＝言霊）が変わってくるということなのです。

ある相談者をコーチングしているとき、言霊のエネルギーの違いによって相手の本当の気持ち、本音を読み取れたことがありました。前の旦那さんとの関係性が悪いためにパニック障害になっていた方なのですが、最初は旦那さんのことを「すごく愛おしい存在です」と言っていたのです。

しかし、言霊のエネルギーから本音ではないことが伝わってきたので、「旦那さんに対して良いイメージを持っているのですか？」と再確認しました。すると、その方は突然号泣して「本当は旦那に対して憎しみや怒りでいっぱいです。でも妊娠中に暴言を吐かれたのがトラウマになっていて、本当の気持ちが言えなくなっています……」と告白されたのです。

このように、言葉には周波数という形で本当の気持ちが言霊のエネルギーとして伝わるのです。そして、周波数の違いによって引き寄せるものが変わってきます。思考や口先だけの言葉ではなく、心から感情を込めて発する言葉や魂から発する言葉には強い言霊のエネルギーが宿るため、物事が現実化しやすくなるのです。あなたも、言霊をうまく使って現実創造に活かしてみてくださいね！

量子力学的幸せな生き方のポイント

言葉×声の周波数で伝わり方は変わる。言葉は心を込めて伝えよう！

前世を覚えている人がいる理由

あなたは前世の記憶がありますか?

実は私の元妻は、前世の記憶がある人でした。彼女は生まれ変わりの瞬間の記憶も持っており、『前世を記憶する子どもたち』(イアン・スティーヴンソン著、角川文庫)という本の事例にも載っているほどです。

しかし、一般にほとんどの人は前世の記憶を持っていません。もし、すべての人類が前世の記憶を持って生まれているのであれば、前世はあると思えるのですが、なぜ一部の人間しか前世の記憶を持っていないのでしょうか。現在の妻と映画を観に行ったときに、この質問に対する答えのヒントが見つかりました。

◯私たちは映画の主人公かもしれない

私は過去にドラマや映画を見てもそれらの内容をほとんど忘れてしまうタイプです。一方、妻はこれまでに見た何百本もの映画の内容をほとんど記憶しており、主人公がどのようなセリフを話してストーリーがどのように展開していくのか記憶しており、同じ映画を2回以上見るときは、まるで予言者のようにそれらのストーリー展開を言い当てることができたのです。一方、私は、同じ映画を見ても毎回新鮮な気持ちで映画を楽しむことができました。

そこで私は、ふと思いました。元妻は前世の記憶を持っている。私は持っていない。今の妻は過去に見た映画やドラマの記憶を持っている。私はほとんど忘れている。そこで、前世の記憶と映画の記憶がつながり、生まれ変わりがどのように行われているのか閃いたのです。つまり、私たちが住んでいる世界はもしかしたら映画の中の世界かもしれません。

私たちは一人一人が俳優として、人生という映画の舞台に登場しているのです。この映画の面白いところは、セリフもシナリオも全部アドリブなところです。一般に映画というものはあらかじめシナリオもセリフも決められていますが、私たちが人生で体験するこの映画は、自分の意思でセリフも行動も決められるので、私たちはこの映画の世界が現実だと思い込んでいるのです。
そして、この映画を鑑賞しているのが「本当の自分」もしくは真我や魂で、死んだらまた次の映画を選んで出演します。ですから、過去世は過去に出演した映画のようなものなのです。私たちは膨大な映画に出演している（何度も生まれ変わっている）ので、過去に見た映画の内容を忘れると同じように多くの方は過去に出演したときの記憶を覚えていないのです。

しかし、たまたま記憶力が良く、妻のように過去に出演した映画の内容を覚えている人が前世の記憶を持っていると言われているのではないでしょうか。デジャ・ヴュ（既視感）というのも、過去に出演した映画で同じようなシーンがあったのかもしれません。このように映画を選択する行為が、輪廻転生なのかもしれません。

◯私たちは仮想現実の中で生きている？

また、最近では哲学者のニック・ボストロムが「この世界はゲームのようかな仮想現実かもしれない」というシミュレーション仮説を提唱しています。シミュレーション仮説とは、私たちが現実世界を生きているのではなく、高度に発達した技術によって作られた仮想現実の中に存在している可能性があるという仮説です。

つまり、私たちが体験している現実は、実際にはコンピュータによってシミュレートされたものであるという考え方です。

昨今は、仮想現実（VR）やメタバースなどの技術によって、仮想と現実の境目がなくなってくると、将来、本当に私たちは仮想現実の世界で生活

する時代がやってくるかもしれません。

◯幻かもしれない世界で、どう生きたいですか？

さらに、最先端の宇宙研究によると、私たちが住む3次元の世界は2次元のスクリーン上にすべての情報が書き込まれており、そこから再生されたホログラムのような幻かもしれない、という仮説（ホログラフィー原理）も提唱されています。

般若心経では「色即是空、空即是色」というように、「この世界は空であり、実体はない」と説かれています。これはまさに現実は映画のような作り物で、それを本物だと思い込んでいるから苦しんでいるのだよ、という教えにほかならないでしょう。

私たちが自分で現在の映画を選んで出演し、主人公を演じているだけだと気がつけば、人生をもっと楽に生きられるのではないでしょうか。映画の主人公が借金まみれになろうと、大切な人が事故で亡くなろうと、映画を見ている人

（本当の自分＝真我）にとって直接関係ないからです。映画を鑑賞している人のように気楽に人生というエンターテイメントを楽しむことができるのです。

「すべては空であり、実体がない。そういうふうに考えてみませんか？　そうすると、あらゆる苦しみから解放されますよ」とお釈迦様は説いていたわけです。つまり、この真理に気づいている人が悟りを開いた人と言えるでしょう。あなたも、人生の苦しみから解放されるために、このような考え方を取り入れてみたらいかがでしょうか。きっと、人生が楽しくなっていくでしょう。

量子力学的幸せな生き方のポイント

私たちが生きているのは映画の世界であり、私たちは俳優かもしれない

あいまいさを認める東洋思想

一般的に、西洋文化と東洋文化ではコミュニケーションのスタイルに違いがあります。西洋文化では、イエスかノーか、はっきり答えてもらいたい……そう言って迫り、はっきりと自分の意見を述べることが一般的です。質問には「はい」と「いいえ」で答えることが期待され、直接的な言葉遣いが多いです。例えば、質問に「あなたはこれが好きですか？」と聞かれた場合、はっきりと「はい、好きです」または「いいえ、好きではありません」と答えることが期待されます。

一方、東洋文化では、イエスかノーか答えをハッキリさせないという、あいまいさを認め、言葉の裏に隠れた意味や気持ちを読み取ることが重要視されます。直接的に意見を述べることは、時には不適切だと考えられています。例えば、「あなたはこれが好きですか？」と聞かれた場合、直接的に「はい」と答えるのではなく、微妙なニュアンスを含んだ回答をすることが一般的です。また、相手の感情や空気を読みながら、最適な答えを模索することが重要視されます。

このように、西洋文化と東洋文化では、コミュニケーションのスタイルに違いがあります。しかし、世界がグローバル化する中で、文化の垣根を越えたコミュニケーションがますます必要とされるため、相手の文化背景を理解し、柔軟なコミュニケーションスタイルを持つことが重要になってきています。

○量子コンピュータとは？

コンピュータの世界でも、これまでのコンピュータは0か1かを区別するビットという単位を使って発達してきました。しかし、これからの時代を担う量子コンピュータは、0と1を

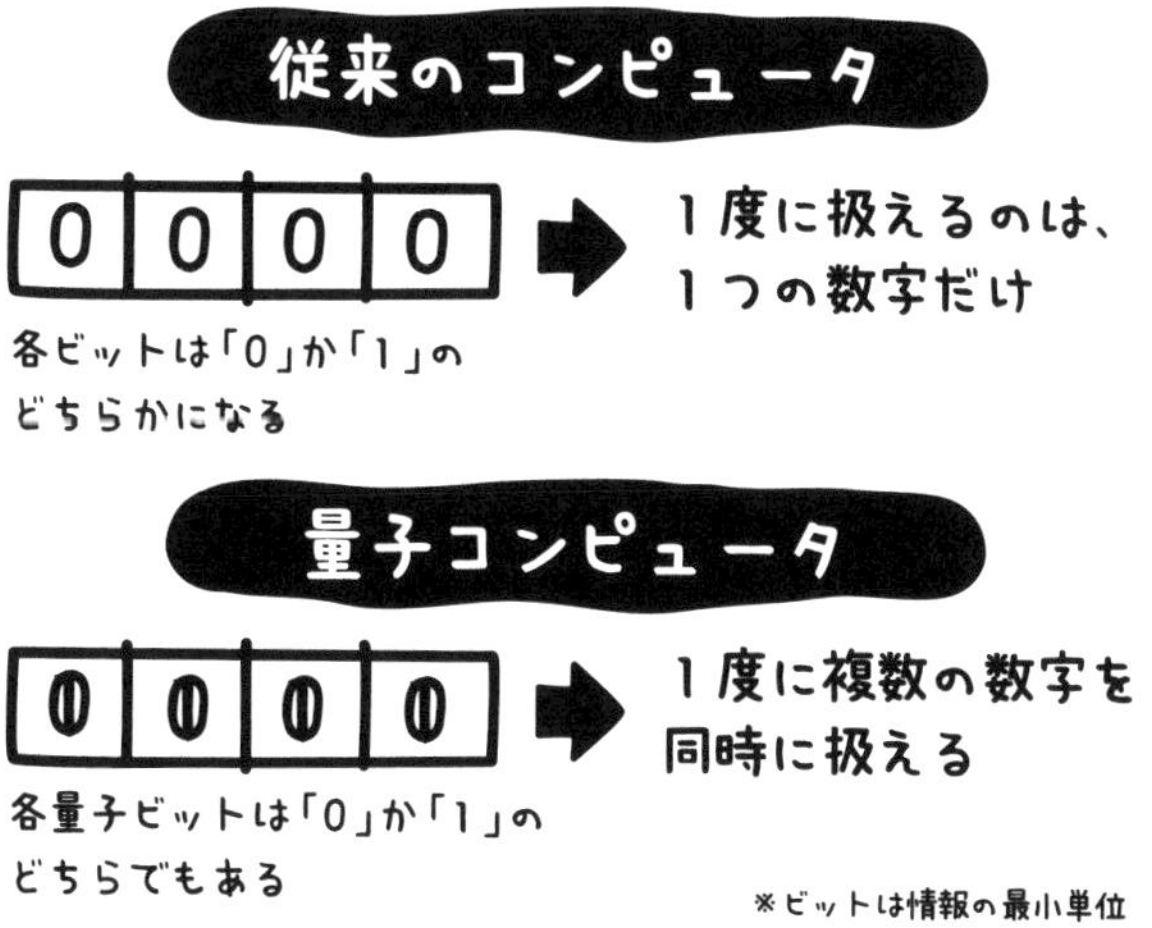
従来のコンピュータ
0 0 0 0
1度に扱えるのは、1つの数字だけ
各ビットは「0」か「1」のどちらかになる
量子コンピュータ
1度に複数の数字を同時に扱える
各量子ビットは「0」か「1」のどちらでもある

※ビットは情報の最小単位

重ね合わせた量子ビットを用います。0と1を重ね合わせて、並行に計算することで従来のコンピュータをはるかに超える処理速度で計算することができます。

これは量子力学をベースにしたコンピュータですが、東洋思想と非常に考え方が似ています。

善と悪、白と黒、イエスかノーという二元論は西洋思想的ですが、東洋思想では正解は一つではなく、どれも可能性があると考えます。これはまさに、

〈西洋思想〉	〈カテゴリー〉	〈東洋思想〉
左脳	心理学	右脳
形	医学	氣
粒 $E=mc^2$ 量	量子力学	波 $E=h\nu$ 質
二元論	哲学	多元論
一神教	宗教	多神教
0 or 1	コンピュータ	0 and 1
見える世界		見えない世界

量子力学で活用される確率的な考え方です。
西洋思想は左脳的で、白黒はっきりさせるので粒子性を持っている思想です。東洋思想は右脳的で、あいまいな波動性を持っている思想です。これらの量子力学、哲学、宗教や医学、コンピュータも、図のように整理できます。そして、これからはあらゆるジャンル・分野において西洋思想と東洋思想が統合され、活用されていく時代になるでしょう。

量子力学的幸せな生き方のポイント

これからの時代、西洋思想と東洋思想を統合して活用しよう!

私たちは万物の創造主？

この宇宙は誰が作ったのか？　この宇宙の果てには何があるのか？　遠い夜空を眺めながら、誰もが一度は考えたことがあるのではないでしょうか。

すべての創造物の原点は、誰かの意識やイメージです。例えば、ライト兄弟は、鳥のように空を飛びたいなと意識して、空を飛ぶ鳥のような乗り物をイメージしました。そして、その乗り物を作るためにはどうしたらよいかと思考し、設計図と模型を作り、1903年に有人動力飛行に成功したのです。

ライト兄弟は、飛行機の存在しない世界から飛行機という創造物を生み出したのです。まさに、宇宙創造のプロセスと同じように無から有を生み出したと言えるでしょう。他にも人間は、インターネット、スマートフォン、コンピュータなどさまざまなものを発明しています。

◯宇宙を作ったのも人間？

では、人間を作ったのは誰でしょうか？　一般にキリスト教では、アダムとイブ、神道では、伊邪那美《いざなみ》と伊邪那岐《いざなぎ》という神様が人間を創造したと言われていますが、ご先祖様を辿っていけば、最終的に人間を創造できる力を持っているのは、人間のみだと分かるでしょう。私も本書を執筆している現在、3歳と7歳である息子を創造しました。

また、世の中にはゼウスやアルテミスなどのギリシャ神話の神様や天照大御神《あまてらすおおみかみ》や日本武尊《やまとたけるのみこと》などの神道の神様などさまざまな神様が存在しています。では、これらの神様は一体誰が創造したのでしょうか？　これらの神様もギリシャ神話や『古事記』や『日本書紀』などの物語を創造したのは人間ではないでしょうか。つまり、この世の創造物のあらゆるものは人間が作ったと言えるかもしれません。

そして、このように考えていくと宇宙もまた、人間が作ったのではないか……と私は考えています。

◯宇宙はあまりにも人間に都合よく作られている

このような考え方は物理学の世界では「人間原理」と言います。「人間原理」では『宇宙がなぜこのような宇宙であるのかを理解するためには、われわれ人間が現に存在しているという事実を考慮に入れなければならない』と主張しています。

さらに、「人間原理」には、人間のような知的生命体が存在しないと、そもそも観測されるべき宇宙は存在しないという「強い人間原理」と、人間の存在を必然とするような宇宙の構造を考えるという「弱い人間原理」という2つの考え方があります。つまり、簡単に言うと、**この世に宇宙を観測できる人間が存在しない限り、宇宙は存在しないという考え方です**。

なぜこのような考え方が生まれてきたかというと、この宇宙があまりにも人間に都合よく作られているからです。

例えば、太陽と地球の距離が今より少しでも近すぎたら、暑くて人間は地球に住めませんし、離れすぎたら寒くて住めません。また、酸素、窒素と二酸化炭素の濃度も、人間にとってちょうどいい濃度なのです。植物が光合成で酸素を作ってくれるのも、人間にとってあまりに都合のいい話です。

ということは、この地球が作られたのも奇跡的であり、地球に酸素があるのも奇跡的であり、太陽との距離も奇跡的……これはさすがに広い宇宙でもあり得ないほど天文学的な数の偶然が重なった奇跡だということが言われているのです。

◯私たちは、人生を自由に創造できる

そして、人間が存在しているからこそ、宇宙が存在しているという考え方に至ったのです。そう考えると、この宇宙も人間が創造したのかもしれません。実際に、近年は、量子コンピュータの技術が発展してきていますが、この宇宙は人間が創造した巨大な量子コンピュータ上のシミュレーションが宇宙を創造し、そのシミュレーションの中で人間が生きているのではないかという「シミュレーション仮説」が生まれています。

仮に私たちが生きているのがシミュレーションゲームの世界のようなところだとすると、私たちにはどんなものでも創造できる力があることになります。

この世界を映画やシミュレーションゲームのように実体のない幻の世界だとすると、人によっては虚無感を抱く人もいるかもしれません。しかし、逆にこの世界がゲームなら、もっと自由に好きなように、自分の意思で創造していけ

ると思ってみてください。

こう考えると、自己実現は非常に簡単だと言えるでしょう。これを「チョロイ」の法則と私は呼んでいます。本当にあなたは何でも創造することができるのです。人間の創造する力は、無限大であり、あなたには無限の可能性があるのです。あなたもこの世界の創造主です。さあ、これからどんな人牛を創っていきたいですか？

量子力学的幸せな生き方のポイント

この宇宙を作ったのが人間だとしたら、人間には本当に無限の可能性がある

人間に秘められた力

テレビやアニメでは、さまざまな超能力を持ったキャラクターが登場します。そんなすごい力が欲しい……と子どもの頃に思った人は多いでしょう。実は、私たちの中にはそんな力が眠っているかもしれません。

◯松果体《しょうかたい》が活性化すると、宇宙の図書館にアクセスできる！

例えば、額の奥には松ぼっくりのような形をした「松果体」と呼ばれる器官があると言われています。これを活性化すると、さまざまな能力が発揮できると言われているのです。

松果体が活性化すると、「量子場情報」と私が呼んでいるアカシックレコード（宇宙の図書館）にアクセスすることができると言われています。天才的な発明家やアーティスト、有名な予言者などはそこにアクセスして、さまざまな情報をダウンロードしているそうです。私自身も誰かから教わったり、学んだ内容ではない知識が急に降りてきたりして、セミナーや講演会でお話しすることがあります。

他にも、さらに衝撃的な経験をしたこともあります。「ルーシー」というSFアクション映画では、主人公の潜在能力が突然目覚めて超人的なパワーを手に入れるのですが、この主人公と同じような衝撃的な体験がありました。

ある日の朝、起きると同時に尾骶骨から背中を通って頭頂までズドーンとエネルギーが流れるという不思議な体験をしました。

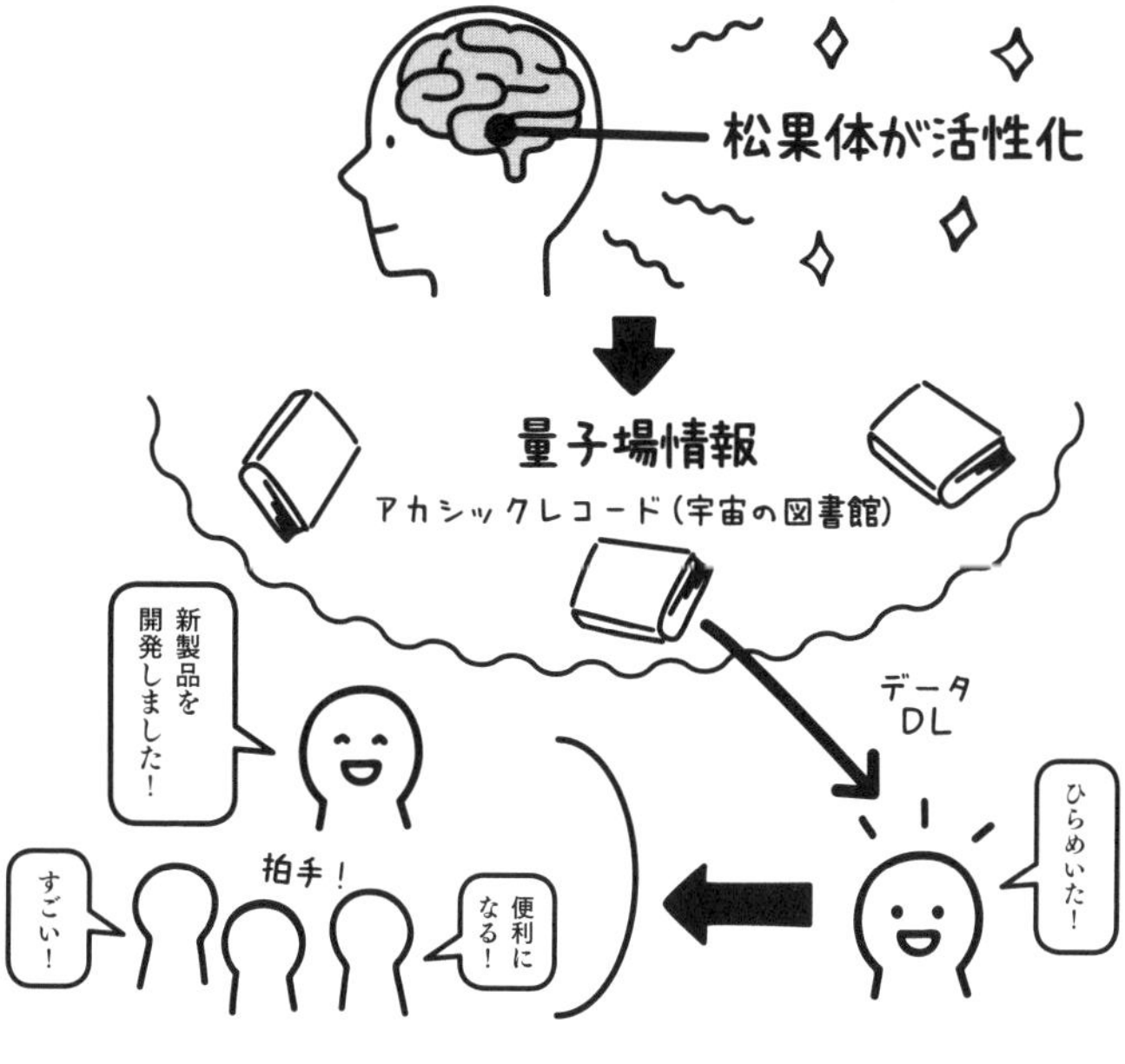

　すると突然、五感が研ぎ澄まされ、あらゆるものとつながっているような感覚になり、３００km離れた遠隔にいる人が見えたり、人が考えていることや心の状態が読めたりして、まるで千里眼やテレパシーのような超人的な能力が手に入ったのです。残念ながらこの能力は3日後、嘘のように消えてしまいましたが……（笑）。

　この体験を通じて人間には、秘められた能力があるのだと気づきました。このような能力は、五感を研ぎ澄ませ、日々の出来事にヒントを見出すことで高めることができると考えています。

　例えば、身の回りに起きる出来事には人生を幸せに導くようなさまざまなヒントが隠れていることがあります。私の経験では、レストランの予約をしようと電話したところ、なかなか電話がつながらないことがあったのですが、これは「このレストランには行くな」というメッセージかもしれないと察知して別の店を予約したところ、お客様にとても喜ばれたことがあります。

このような日々の何気ない出来事には、神様からのヒントがあるのではないでしょうか。昔から日本には、あらゆるものには神様が宿っているという「八百万の神々」という考え方がありますが、一瞬一瞬の出来事やあらゆるモノから神様からメッセージを受け取ることができれば、幸せな人生に導かれていくことができるのです。

ほとんどの人はこれらのヒントやメッセージに気づかずに生きていますが、これらに気づくことで物事がうまくいきやすくなるのかもしれません。あなたも五感力を磨き、日々の出来事や体験からヒントを手に入れ、秘められた力を活用してみてくださいね！

量子力学的幸せな生き方のポイント

人間に秘められた、さまざまな力を活用するかどうかは自分次第

おわりに

最後までお読みいただき、ありがとうございました。

「はじめに」でお伝えした通り、多くの人は「成功すれば幸せになれる」「なにかを手に入れれば幸せになれる」と思っています。しかし、表面上は素敵な人と結婚できた、社会的に成功したとしても、幸せでない人は大勢います。

何億円という年収があっても健康を害していたり、家族と不仲であったりというように、目に見えないプライベートの部分がうまくいっていないのです。

なにかを達成したからといって、必ず幸せになれるわけではありません。

では、どうすればいいのでしょうか？

大切なのは、今ある幸せに気づくことです。当たり前だと思っていることのありがたさに感謝することで、まず目に見えない波動（心の幸福度）が上がっていきます。するとその結果、目に見える物質的な形でも成功していくのです。

成功したから幸せになれるのではありません。幸せだから成功するというのが、本当の順序なのです。

これまでの時代、多くの人が名誉、地位、お金といった粒子的な成功を求めてきました。しかし、これからの時代は目に見えない幸せという波動的なものが大切になります。そこを満たすことで、結果的に成功も一緒にバランスよく手に入るのです。

現代の日本人は便利であることに慣れすぎて、ありがたいと思う気持ちが薄れてしまっています。「当たり前」と考えて感謝しないことが、日本人を幸せから遠ざけているのではないでしょうか。

農家の方がお米や野菜を作ってくれるから、私たちは美味しいご飯が食べられる。ごみ収集車が来てくれるから、清潔な環境で暮らすことができる。すべてが感謝すべきことの連続なのです。

人生で大切なのは、今すでに手に入れている幸せに気づくこと。そして、目に見える5%の成功ではなく、目に見えない95%に目を向けることで幸せも成功もバランスよく手に入れることができます。

この本を通して、あなたに出会えたことに心から感謝いたします。

そして、あなたが身の回りにあるたくさんの幸せに気づき、つぎつぎと夢を叶え、最高の理想の人生を送られることを心より願っています。

これまで出会った方々、ご支援・ご指導いただいたすべての方々に心より感謝申し上げます。本当にありがとうございました。

高橋宏和

参考文献

『幸福の達人』Testosterone／著　ユーキャン
『科学的に幸せになれる脳磨き』岩崎一郎／著　サンマーク出版
『「量子力学的」願望実現の教科書』高橋宏和著／著　SBクリエイティブ
『「量子力学的」お金と引き寄せの教科書』高橋宏和／著　SBクリエイティブ
『思考のすごい力』ブルース・リプトン／著　西尾香苗／訳　PHP研究所
『量子論がみるみるわかる本』佐藤勝彦／監修　PHP研究所
『量子物理学の発見』レオン・レーダーマン／クリストファー・ヒル／著　青木薫／訳　文藝春秋
『思考のパワー』ブルース・リプトン／スティーブ・ベヘアーマン／著　千葉雅／監修　島津公美／訳　ダイヤモンド社
『素粒子の世界』秋本祐希／著　洋泉社
『イメージは物質化する』ボブ・プロクター／著　岩元貴久／訳　きこ書房
『成功者がしている100の習慣』ナイジェル・カンバーランド／著　児島修／訳　ダイヤモンド社
『限られた時間を超える方法』リサ・ブローデリック／著　尼丁千津子／訳　かんき出版
『ストレスフリー超大全』樺沢紫苑／著　ダイヤモンド社
『時代を変えた科学者の名言』藤嶋昭／著　東京書籍
『アイデアの作り方』ジェームス・W・ヤング／著　竹内均／解説　今井茂雄／訳　CCCメディアハウス
『老子』蜂屋邦夫／訳注　岩波書店
『心に火をつける言葉』遠越段／著　総合法令出版
『Quantum Theory and the Flight from Realism: Philosophical Responses to Quantum Mechanics』Christopher Norris／著　CRC Press
『宇宙飛行士、「ホーキング博士の宇宙」を旅する』若田光一／著　小山宙哉／イラスト　日本実業出版社
『困ります、ファインマンさん』R・P・ファインマン／著　大貫昌子／訳　岩波書店
『世界的な大富豪が人生で大切にしてきたこと60』ジム・ロジャーズ／著　プレジデント社
『友よ、水になれ―父ブルース・リーの哲学』シャノン・リー／著　棚橋志行／訳　亜紀書房

高橋　宏和（たかはし　ひろかず）

一般社団法人イーアイ・アカデミー 代表理事、一般財団法人Pan Asian協会 理事

使命：世界中へ夢や希望を与え、愛と感謝で満たすこと

1981年生まれ。英国在住の高校時に学校代表として欧州数学選手権に出場。世界６位のロンドン大学インペリアルカレッジ物理学科に合格するも、帰国し慶應義塾大学理工学部に入学。同大学大学院理工学研究科総合デザイン工学専攻に進学。オックスフォード大学教授ロジャー・ペンローズ博士の量子脳理論をヒントに人工知能プログラムを開発し、博士前期課程を修了。卒業後はITの会社に就職し、10年間、システム開発に従事。

KDDI財団常務理事の実父によるカンボジアでの学校設立に影響を受け、社会貢献活動を開始。2022年10月に一般財団法人Pan Asian協会主催でケンブリッジ大学にスカラーシップとして寄付。故エリザベス女王主催ロイヤルアスコットにて社交界デビュー。弘法寺で仏道を学び得度する。仏教の他に東洋哲学、チベット密教、ヨガ哲学、成功哲学、心理学、脳科学を解明し、科学的メソッド「量子力学コーチング®」を確立。

近年は世界的コンサルタントのロイス・クルーガー氏と共に、経営者向けコーチング「ベイビーブレイン®」を開発。

現在は、令和８年８月８日に武道館にて「自分・相手・家族・ご先祖様・地域・日本・世界・宇宙」に感謝する「八方感謝デー」の実現を目指す。

■ HP：https://ei-infinity.com/
■ YouTube：量子力学で幸せと成功を引き寄せる【赤ちゃんねる】
https://www.youtube.com/@akachannel358/featured
公式SNSの登録者・フォロワー数、累計25万人以上（2023年７月現在）。
■ 著書：『あなたの夢を叶えもん』（サンマーク出版）、『「量子力学的」願望実現の教科書』『「量子力学的」お金と引き寄せの教科書』（SBクリエイティブ）は台湾語、韓国語訳も刊行。

「量子力学的《りょうしりきがくてき》」幸《しあわ》せな生《い》き方大全《かたたいぜん》

2023年７月26日　初版発行

著者／高橋《たかはし》　宏和《ひろかず》

発行者／山下　直久

発行／株式会社KADOKAWA
〒102-8177　東京都千代田区富士見2-13-3
電話　0570-002-301（ナビダイヤル）

印刷所／大日本印刷株式会社
製本所／大日本印刷株式会社

●お問い合わせ
https://www.kadokawa.co.jp/（「お問い合わせ」へお進みください）
※内容によっては、お答えできない場合があります。
※サポートは日本国内のみとさせていただきます。
※Japanese text only

定価はカバーに表示してあります。

ISBN 978-4-04-605952-9　C0095